Algebra Readiness Builders

Fourth Grade Math

Spanish Edition

Rhonda Brady and Katherine Patten LaChance

Algebra Readiness Educators, LLC

Los derechos de autor y reproducción de materiales

Algebra Readiness Educators, LLC
P.O. Box 2188
Orange, Texas 77631

www.AlgebraReadinessEducators.com

klachance@AREducators.com

rbrady@AREducators.com

Expresiones de gratitud

Hacemos llegar nuestro profundo agradecimiento y reconocimiento a las siguientes personas:

Christy Reves

Christy recibió su Licenciatura en Ciencias en Estudios Interdisciplinarios de la Universidad de Lamar en Beaumont, Texas.

Christy ha sido una maestra profesional con 16 años enseñando en la escuela primaria, intermedia y secundaria. Christy ha enseñado matemáticas, ciencias, estudios sociales, y Álgebra 1. También ha sido una presentadora a nivel local, estatal y nacional en las conferencias de matemáticas. Christy vive en Orange, Texas con su esposo Jim. Tienen dos hijos adultos y nietos gemelos.

Christy ha sido una influencia constante en el desarrollo del álgebra en la serie de Ejercicios de preparación (Builders). Ella ha puesto a prueba dos de nuestros libros y fue instrumental en el desarrollo de esos libros. Estamos agradecidos por las muchas contribuciones a nuestra serie de libros.

"Ha sido un privilegio trabajar con Kathy y Rhonda en su viaje de desarrollo de la serie de Ejercicios de Preparación al Álgebra (Builders). Debido a que los ejercicios están diseñados para repasar y practicar las habilidades, así como el vocabulario, los estudiantes a desarrollar confianza en sí mismo en sus habilidades matemáticas. Como educador, he sido testigo de los éxitos de los estudiantes en cada nivel de los ejercicios, y la disposición del estudiante para trabajar y completar los espacios en blanco. Los ejercicios también proporcionan pre-enseñanza de varias habilidades que permiten a los estudiantes tiempo para dominar las habilidades antes de tener que usarlos en aplicaciones. La serie de Preparación Constructor Álgebra ha enriquecido sin duda mi curriculum."

Christy Reves 1-4-2014

Phil y Rachel Brady, y Cliff, Christopher y Marianne LaChance.
Por Soportar muchas horas de abandono para nosotras poder completar nuestros libros.

Elizabeth R. Patten. Por alentarnos y apoyarnos de muchas maneras. Sin su ayuda, nuestros libros seguirían siendo sólo nuestras tareas.

Christopher LaChance. Diseño la cubierta para los libros y dio un necesario apoyo tecnológico.

Gracias, muy especial a Della Alford y Ricky Ryan. Por haber editado nuestros libros de precisión matemática en numerosas ocasiones. Estamos muy agradecidos a su atención a los detalles.

Testimonio de los estudiantes

"Creo que los ejercicios de álgebra fueron muy útiles para mí. Me tomó tiempo al principio, pero mientras mas los practicaba mas rápido los completaba. Me ayudaron a prepararme para desarrollar nuevas habilidades. No he tenido que trabajar tan duro en el nuevo material, ya que hemos practicado todas las noches."

"Matemáticas siempre ha sido mi tema más débil. Estoy constantemente luchando para retener la información. Son la práctica adicional de que todo el mundo puede beneficiarse".

"Siempre fui un estudiante perezoso, e hice grados ok sin tratar. Cuando empecé Álgebra 1, luché. La señora LaChance me presentó a los Ejercicios de álgebra, y realmente ayudó con mi comprensión de lo que acabo de aprender y cosas que ya habíamos aprendido con tareas que

Como obtener los mejores resultados

Nuestros libros están diseñados para mejorar las habilidades que se necesitan para la preparación al álgebra. Cuando se utiliza con eficacia, los estudiantes practican habilidades hasta que estas se convierten en habilidades autonomas que permite una comprensión más profunda de los futuros conceptos matemáticos.

- Como tarea en el primer día de clases se introduce el “Builder (ejercicios) #1”. Esto establecerá las espectativas para el año!
- Asigne los ejercicios como tarea todos los días de lunes a jueves.
- Utilice 20 minutos al día en la hora de clase, durante la primera semana, para introducir y trabajar a través de asignaciones los ejercicios de la tarea.
- Para la tercera semana de clases el promedio los estudiantes son capaces de completar los ejercicios en 15 minutos.
- Ten la clave proyectada cuando los estudiantes entren al salon para que puedan comprobar y corregir la asignación del día anterior.
- Recuerde que las habilidades se desarrollan y dominan con el tiempo; solo revise problemas únicamente solicitados por los estudiantes.
- Los estudiantes deben ser responsables por las tareas completadas y corregir sus ejercicios diariamente.

Después de haber pasado varios años en busca de un recurso que desarrollara las habilidades necesarias para el éxito en matemáticas, decidimos escribir la nuestra. Los resultados de nuestros estudiantes en la prueba obligatoria del estado mejoraron drásticamente después de la puesta en práctica de nuestros ejercicios. Disfrutan del mismo éxito mediante la aplicación de los ejercicios como sus tareas diarias .

Ejercicios de Cuarto Grado # 1

Nombre: ______________________________

Cálculo: Sumar y restar números enteros

```
  341        189
+  54      -  25
-----      -----
```

Datos de multiplicación - Tome su tiempo en segundos___.

5 x 3	5 x 6	5 x 8	5 x 4	5 x 9	5 x 6
5 x 0	5 x 2	5 x 4	5 x 7	5 x 1	5 x 5

Valor posicional : Números enteros

Millones	,	Centena de millar	Decena de millar	Millares	,	Centena	Decena	Unidades

4,761

Escribe el valor de cada dígito del número anterior. Use la tabla de valor posicional de ayuda.

4 x 1000 = 4,000

7 x 100 = 700

6 x 10 =

1 x 1 =

Total =

Comparaciones

Utilice símbolos de desigualdad para comparar.

> (mayor que)

< (menor que)

23 [<] 32

23 es menor que 32

454 [>] 445

454 es mayor que 445

6,032 [ ] 6,111

Dinero

Escribir el valor de cada moneda por debajo de la moneda.

25¢ ____ ____ ____ ____ ____

Ahora escriba el valor como un número decimal.

$0.25 ____ ____ ____ ____ ____

Escribe el valor total de todas las monedas.

$ 0. ___ ___ ___ ___ ¢

Compare y ordene

Ordenar los siguientes números de menor a mayor.

4,739 ____________

7,439 ____________

4,937 ____________

4,379 ____________

Recta Numérica

Escribir el valor representado en la recta numérica al lado de la letra.

0 A 2 B C D

A 1 ________ B ________

Vocabulario

Valor Posicional
Número Entero
Centena
Suma
Diferencia
Producto

________________ es 10 veces el lugar de las decenas.

________________ es la respuesta cuando se multiplica.

________________ es el valor de la posición de un dígito en un número.

________________ es la respuesta cuando se agrega.

________________ son un conjunto de números comienzan en " 0 " y el aumento de " 1 ".

________________ es la respuesta cuando se resta.

Ejercicios de Cuarto Grado # 2

Nombre: ______________________

Cálculo: Sumar y restar números enteros

```
  249        465
+  30      -  52
-----      -----
```

Datos de multiplicación - Tome su tiempo en segundos___.

2 x 3	2 x 6	2 x 8	2 x 4	2 x 9	2 x 7
2 x 0	2 x 2	2 x 4	2 x 7	2 x 1	2 x 5

Valor posicional : Números enteros

Millones	,	Centena de millar	Decena de millar	Millares	,	Centena	Decena	Unidades

3,054

Escribe el valor de cada dígito del número anterior. Use la tabla de valor posicional de ayuda.

3 x =

0 x =

5 x =

4 x =

Total =

Comparaciones

Utilice símbolos de desigualdad para comparar.

> (mayor que)
< (menor que)

62 ☐ 36

624 ☐ 642

5,865 ☐ 5,856

Dinero

Escribir el valor de cada moneda por debajo de la moneda.

5¢ ____ ____ ____ ____

Ahora escriba el valor como un número decimal.

$0.05 ____ ____ ____ ____

Escribe el valor total de todas las monedas.

$ 0. ___ ___ ___ ___ ¢

Compare y ordene

Ordenar los siguientes números de menor a mayor.

5,325 ____________

5,235 ____________

5,352 ____________

5,532 ____________

Recta Numérica

Escribir el valor representado en la recta numérica al lado de la letra.

5 A 7 B 9 C D

A ______ B ______

C ______ D ______

Vocabulario

Valor Posicional
Número Entero
Centena
Suma
Diferencia
Producto

______________________ es la respuesta cuando se agrega.

______________________ es la respuesta cuando se resta.

______________________ es el valor de la posición de un dígito en un número.

______________________ es la respuesta cuando se multiplica.

______________________ es 10 veces el lugar de las decenas.

______________________ son un conjunto de números comienzan en " 0 " y el aumento de " 1 ".

Ejercicios de Cuarto Grado # 3

Nombre: ______________________

Cálculo: Sumar y restar números enteros

953 + 47	752 - 42

Datos de multiplicación - Tome su tiempo en segundos___.

3 x 3	3 x 6	3 x 8	3 x 4	3 x 9	3 x 7
3 x 0	3 x 2	3 x 4	3 x 7	3 x 1	3 x 5

Valor posicional : Números enteros

Millones	,	Centena de millar	Decena de millar	Millares	,	Centena	Decena	Unidades

61,321

Escribe el valor de cada dígito del número anterior. Use la tabla de valor posicional de ayuda.

6 x =

1 x =

3 x =

2 x =

1 x =

Total =

Comparaciones

Utilice símbolos de desigualdad para comparar.

> (mayor que)

< (menor que)

94 ☐ 49

589 ☐ 598

7,684 ☐ 7,648

Dinero

Escribir el valor de cada moneda por debajo de la moneda.

5¢ ____ ____ ____ ____ ____

Ahora escriba el valor como un número decimal.

$0.05 ____ ____ ____ ____ ____

Escribe el valor total de todas las monedas.

$ 0. ___ ___ ___ ___ ¢

Compare y ordene

Ordenar los siguientes números de menor a mayor.

2,531 ____________

2,315 ____________

2,351 ____________

2,513 ____________

Recta Numérica

Escribir el valor representado en la recta numérica al lado de la letra.

11 A 15 B C D

A ______ B ______

C ______ D ______

Vocabulario

Valor Posicional
Número Entero
Centena
Suma
Diferencia
Producto

____________________ es la respuesta cuando se agrega.

____________________ son un conjunto de números comienzan en " 0 " y el aumento de " 1 ".

____________________ es la respuesta cuando se multiplica.

____________________ es 10 veces el lugar de las decenas.

____________________ es el valor de la posición de un dígito en un número.

____________________ es la respuesta cuando se resta.

Ejercicios de Cuarto Grado # 4

Nombre: ______________________

Cálculo: Sumar y restar números enteros	
348 + 39	736 - 28

Datos de multiplicación - Tome su tiempo en segundos___.

4 x 3	4 x 6	4 x 8	4 x 4	4 x 9	4 x 7
4 x 0	4 x 2	4 x 4	4 x 7	4 x 1	4 x 5

Valor posicional : Números enteros

Millones	,	Centena de millar	Decena de millar	Millares	,	Centena	Decena	Unidades

10,684

Escribe el valor de cada dígito del número anterior. Use la tabla de valor posicional de ayuda.

1 x =

0 x =

6 x =

8 x =

4 x =

Total =

Comparaciones

Utilice símbolos de desigualdad para comparar.

> (mayor que)

< (menor que)

87 ☐ 78

256 ☐ 265

4,236 ☐ 4,326

Dinero

Escribir el valor de cada moneda por debajo de la moneda.

1¢ ____ ____ ____ ____ ____

Ahora escriba el valor como un número decimal.

$0.01 ____ ____ ____ ____ ____

Escribe el valor total de todas las monedas.

$ 0. ___ ___ ___ ___ ¢

Compare y ordene

Ordenar los siguientes números de menor a mayor.

2,584 ________

2,485 ________

2,458 ________

2,845 ________

Recta Numérica

Escribir el valor representado en la recta numérica al lado de la letra.

0 2 A 6 B C D

A ______ B ______

C ______ D ______

Vocabulario

Valor Posicional
Número Entero
Centena
Suma
Diferencia
Producto

________________ es el valor de la posición de un dígito en un número.

________________ es la respuesta cuando se multiplica.

________________ es 10 veces el lugar de las decenas.

________________ es la respuesta cuando se agrega.

________________ son un conjunto de números comienzan en " 0 " y el aumento de " 1".

________________ es la respuesta cuando se resta.

Ejercicios de Cuarto Grado # 5

Nombre: ______________________________

Cálculo: Sumar y restar números enteros

```
  953        752
+  65      -  64
```

Datos de multiplicación - Tome su tiempo en segundos___.

6 x 3	6 x 6	6 x 8	6 x 4	6 x 9	6 x 7
6 x 0	6 x 2	6 x 4	6 x 7	6 x 1	6 x 5

Valor posicional : Números enteros

Billones	,	Centena del millón	Decena del millón	Millones	,	Centena de millar	Decena de millar	Millares	,	Centena	Decena	Unidades

1,204,356

Escribe el valor de cada dígito del número anterior.
Use la tabla de valor posicional de ayuda.

1 x =
2 x =
0 x =
4 x =
3 x =
5 x =
6 x =
Total =

Comparaciones

Utilice símbolos de desigualdad para comparar.

> (mayor que)
< (menor que)

58 ☐ 85

658 ☐ 685

8,520 ☐ 8,502

Dinero

Escribir el valor de cada moneda por debajo de la moneda.

_____ _____ _____ _____ _____

Ahora escriba el valor como un número decimal.

_____ _____ _____ _____ _____

Escribe el valor total de todas las monedas.

$ 0. ___ ___ ___ ___ ¢

Compare y ordene

Ordenar los siguientes números de menor a mayor.

16,651 __________

16,156 __________

16,516 __________

16,165 __________

Recta Numérica

Escribir el valor representado en la recta numérica al lado de la letra.

16 A 18 B C D

A ______ B ______

C ______ D ______

Vocabulario

Valor Posicional
Número Entero
Centena
Suma
Diferencia
Producto

__________________ es 10 veces el lugar de las decenas.

__________________ es el valor de la posición de un dígito en un número.

__________________ son un conjunto de números comienzan en " 0 " y el aumento de " 1 ".

__________________ es la respuesta cuando se multiplica.

__________________ es la respuesta cuando se agrega.

__________________ es la respuesta cuando se resta.

Ejercicios de Cuarto Grado # 6

Nombre: ____________________

Cálculo: Sumar y restar números enteros

634 + 67	651 - 52

Datos de multiplicación - Tome su tiempo en segundos___.

7 x 3	7 x 6	7 x 8	7 x 4	7 x 9	7 x 7
7 x 0	7 x 2	7 x 4	7 x 7	7 x 1	7 x 5

Valor posicional : Números enteros

Billones	,	Centena del millón	Decena del millón	Millones	,	Centena de millar	Decena de millar	Millares	,	Centena	Decena	Unidades

556,056

Escribe el valor de cada dígito del número anterior.
Use la tabla de valor posicional de ayuda.

5 x =
5 x =
6 x =
0 x =
5 x =
6 x =
Total =

Comparaciones

Utilice símbolos de desigualdad para comparar.

> (mayor que)
< (menor que)

98 ☐ 89

769 ☐ 796

1,374 ☐ 1,347

Dinero

Escribir el valor de cada moneda por debajo de la moneda.

___ ___ ___ ___ ___ ___

Ahora escriba el valor como un número decimal.

___ ___ ___ ___ ___ ___

Escribe el valor total de todas las monedas.

$ 0. ___ ___ ___ ___ ¢

Compare y ordene

Ordenar los siguientes números de menor a mayor.

54,321 ________

54,231 ________

54,312 ________

54,213 ________

Recta Numérica

Escribir el valor representado en la recta numérica al lado de la letra.

A 8 10 B C D

A ______ B ______

C ______ D ______

Vocabulario

Valor Posicional
Número Entero
Centena
Suma
Diferencia
Producto

________________ son un conjunto de números comienzan en " 0 " y el aumento de " 1 ".

________________ es la respuesta cuando se agrega.

________________ es 10 veces el lugar de las decenas.

________________ es el valor de la posición de un dígito en un número.

________________ es la respuesta cuando se resta.

________________ es la respuesta cuando se multiplica.

Ejercicios de Cuarto Grado # 7

Nombre: ______________________________

Cálculo: Sumar y restar números enteros

```
  956        874
+  67      -  88
```

Datos de multiplicación - Tome su tiempo en segundos___.

8 x 3	8 x 6	8 x 8	8 x 4	8 x 9	8 x 7
8 x 0	8 x 2	8 x 4	8 x 7	8 x 1	8 x 5

Valor posicional : Números enteros

Billones	,	Centena del millón	Decena del millón	Millones	,	Centena de millar	Decena de millar	Millares	,	Centena	Decena	Unidades

8,546,574

Escribe el valor de cada dígito del número anterior. Use la tabla de valor posicional de ayuda.

8 x =
5 x =
4 x =
6 x =
5 x =
7 x =
4 x =
Total =

Comparaciones

Utilice símbolos de desigualdad para comparar.
> (mayor que)
< (menor que)

725 ☐ 752

85,654 ☐ 85,564

333,645 ☐ 333,654

Dinero

Escribir el valor de cada moneda por debajo de la moneda.

_____ _____ _____ _____ _____ _____

Ahora escriba el valor como un número decimal.

_____ _____ _____ _____ _____ _____

Escribe el valor total de todas las monedas.

$ 0. ___ ___ ___ ___ ¢

Compare y ordene

Ordenar los siguientes números de menor a mayor.

54,741 __________
54,471 __________
54,147 __________
54,417 __________

Recta Numérica

Escribir el valor representado en la recta numérica al lado de la letra.

A 8 9 B C D

A ______ B ______
C ______ D ______

Vocabulario

Valor Posicional
Número Entero
Centena
Suma
Diferencia
Producto

________________ es 10 veces el lugar de las decenas.
________________ es la respuesta cuando se resta.
________________ es el valor de la posición de un dígito en un número.
________________ es la respuesta cuando se agrega.
________________ es la respuesta cuando se multiplica.
________________ son un conjunto de números comienzan en " 0 " y el aumento de " 1".

Ejercicios de Cuarto Grado # 8

Nombre: ____________________

Cálculo: Sumar y restar números enteros

159 + 41	905 - 35

Datos de multiplicación - Tome su tiempo en segundos___.

8 x 3	8 x 6	8 x 8	8 x 4	8 x 9	8 x 7
8 x 0	8 x 2	8 x 4	8 x 7	8 x 1	8 x 5

Valor posicional : Números enteros

Billones	,	Centena del millón	Decena del millón	Millones	,	Centena de millar	Decena de millar	Millares	,	Centena	Decena	Unidades

4,875,965

Escribe el valor de cada dígito del número anterior.
Use la tabla de valor posicional de ayuda.

4 x =
8 x =
7 x =
5 x =
9 x =
6 x =
5 x =
Total =

Comparaciones

Utilice símbolos de desigualdad para comparar.
> (mayor que)
< (menor que)

897,576 ☐ 897,567

73,487 ☐ 73,478

152,785 ☐ 152,875

Dinero

Escribir el valor de cada moneda por debajo de la moneda.

_____ _____ _____ _____ _____ _____

Ahora escriba el valor como un número decimal.

_____ _____ _____ _____ _____ _____

Escribe el valor total de todas las monedas.

$ 0. ___ ___ ___ ___ ¢

Compare y ordene

Ordenar los siguientes números de menor a mayor.

976,843 __________

976,834 __________

976,434 __________

967,433 __________

Recta Numérica

Escribir el valor representado en la recta numérica al lado de la letra.

A 51 B 53 C D

A _______ B _______

C _______ D _______

Vocabulario

Valor Posicional
Número Entero
Centena
Suma
Diferencia
Producto

____________________ es la respuesta cuando se multiplica.

____________________ es la respuesta cuando se agrega.

____________________ es la respuesta cuando se resta.

____________________ son un conjunto de números comienzan en " 0 " y el aumento de " 1 ".

____________________ es 10 veces el lugar de las decenas.

____________________ es el valor de la posición de un dígito en un número.

Ejercicios de Cuarto Grado # 9

Nombre: ___________________________

Cálculo: Sumar y restar números enteros	
197,574 + 52,985	1,657 - 735

Datos de multiplicación - Tome su tiempo en segundos___.

9 x 3	9 x 6	9 x 8	9 x 4	9 x 9	9 x 7
9 x 0	9 x 2	9 x 4	9 x 7	9 x 1	9 x 5

Valor posicional : Números enteros

Billones	,	Centena del millón	Decena del millón	Millones	,	Centena de millar	Decena de millar	Millares	,	Centena	Decena	Unidades	.	Décimas	Centésimas

Escribe los 2 números en el cuadro y contesta las preguntas.

A. 4,674,094
B. 4,234,532

¿Qué número es el más grande? ______

¿ Qué número tiene el valor más alto en la posición de los centenas?

Comparaciones

Utilice símbolos de desigualdad para comparar.
> (mayor que)
< (menor que)

1,584,572 ☐ 1,548,725

873,978,576 ☐ 874,000,576

564,875,655 ☐ 564,857,655

Dinero

Completa la tabla que muestra 3 maneras de obtener la cantidad deseada.

$0.53	1	2	3
Centavo	3	3	
Moneda de cinco	0	10	
Moneda de diez	0	0	
Moneda de veinticinco	2	0	
Moneda de medio dolar	0	0	

¿Cual es la menor cantidad de monedas que necesitas?

Decimales

Sombra en cada cuadrícula para representar el decimal dado.

Esta es una manera fácil de ver lo que debería sombrear, 5 de cada 100 espacios.

0.05
100

0.50
100

Deberías sombra 50 espacios de 100 o 5 filas de 10. Ambos son afir-maciones correctas.

Utilice símbolos de desigualdad para comparar.
> (mayor que)
< (menor que)

Valor de Dígitos

Escribir el valor del dígito subrayado.

1,65_7_,584.52	**7,000**
22,705.0_6_	**0.06**
976,_4_34	______
_5_7,054.76	______

Recta Numérica

Escribir el valor representado en la recta numérica al lado de la letra.

0 A 1 B C D

A ______ B ______

C ______ D ______

Vocabulario

Desigualdad
Número decimal
Millares
Billones
Expanded Notation
Decenas

______________ es 10 veces el lugar de las centenas.

______________ son números en el sistema de base 10 con uno o más lugares a la derecha del punto decimal.

______________ es 10 veces el lugar de las centenas de millones.

______________ es un número escrito a cabo para mostrar todos los valores de lugar.

______________ es una oración matemática donde un lado no es igual al del otro lado.

______________ es 10 veces el lugar de las unidades.

Ejercicios de Cuarto Grado # 10 Nombre: ____________

Cálculo: Sumar y restar números enteros

```
  107,625          2,547
+  44,496       -    659
```

Datos de multiplicación - Tome su tiempo en segundos___.

6 x 2	6 x 7	6 x 8	6 x 5	6 x 1	6 x 4
6 x 0	6 x 3	6 x 4	6 x 7	6 x 6	6 x 8

Valor posicional : Números enteros

Billones	,	Centena del millón	Decena del millón	Millones	,	Centena de millar	Decena de millar	Millares	,	Centena	Decena	Unidades	.	Décimas	Centésimas

Escribe los 2 números en el cuadro y contesta las preguntas.

A. 439,205.09
B. 1,000,205.00

¿Qué número es el más grande? _______

¿ Qué número tiene el valor más alto en la posición de las

Comparaciones

Utilice símbolos de desigualdad para comparar.
> (mayor que)
< (menor que)

489,678 ☐ 498,678

796,687,821 ☐ 769,687,821

684,658 ☐ 684,568

Dinero

Completa la tabla que muestra 3 maneras de obtener la cantidad deseada.

$0.29

	1	2	3
Centavo			
Moneda de cinco			
Moneda de diez			
Moneda de veinticinco			
Moneda de medio dolar			

¿Cual es la menor cantidad de monedas que necesitas?

Decimales

Sombra en cada cuadrícula para representar el decimal dado.

0.35 (100)　　0.70 (100)

☐

Utilice símbolos de desigualdad para comparar.
> (mayor que)
< (menor que)

Valor de Dígitos

Escribir el valor del dígito subrayado.

1,657,5_8_4.52 ________

22,705._0_6 ________

_9_76,434 ________

57,05_4_.76 ________

Recta Numérica

Escribir el valor representado en la recta numérica al lado de la letra.

21 A 22 B C D

A ______ B ______

C ______ D ______

Vocabulario

Desigualdad
Número decimal
Millares
Billones
Expanded Notation
Decenas

_______________ son números en el sistema de base 10 con uno o más lugares a la derecha del punto decimal.

_______________ es un número escrito a cabo para mostrar todos los valores de lugar.

_______________ es una oración matemática donde un lado no es igual al del otro lado.

_______________ es 10 veces el lugar de las centenas.

_______________ es 10 veces el lugar de las unidades.

_______________ es 10 veces el lugar de las centenas de millones

Ejercicios de Cuarto Grado # 11

Nombre: ______________________

Cálculo: Sumar y restar números enteros

551,489 + 87,561	8,741 - 975

Datos de multiplicación - Tome su tiempo en segundos___.

6 x 5	6 x 8	6 x 2	6 x 9	6 x 1	6 x 3
6 x 6	6 x 4	6 x 7	6 x 3	6 x 7	6 x 8

Valor posicional : Números enteros

Billones	,	Centena del millón	Decena del millón	Millones	,	Centena de millar	Decena de millar	Millares	,	Centena	Decena	Unidades	,	Décimas	Centésimas

Escribe los 2 números en el cuadro y contesta las preguntas.

A. 235,900.03
B. 233,009.03

¿Qué número es el más pequeño? ______

¿ Qué número tiene el valor más alto en la posición del millar?

Comparaciones

Utilice símbolos de desigualdad para comparar.
> (mayor que)
< (menor que)

671,586,124 ☐ 675,186,124

51,798 ☐ 51,789

157,698,009 ☐ 157,869,009

Dinero

Completa la tabla que muestra 3 maneras de obtener la cantidad deseada.

$0.42	1	2	3
Centavo			
Moneda de cinco			
Moneda de diez			
Moneda de veinticinco			
Moneda de medio dolar			

¿Cual es la menor cantidad de monedas que necesitas?

Decimales

Sombra en cada cuadrícula para representar el decimal dado.

0.60 100 ☐ 0.56 100

Utilice símbolos de desigualdad para comparar.
> (mayor que)
< (menor que)

Valor de Dígitos

Escribir el valor del dígito subrayado.

1,657,584.52 ________

22,705.06 ________

976,434 ________

57,054.76 ________

Recta Numérica

Escribir el valor representado en la recta numérica al lado de la letra.

6 A 7 B C D

A ______ B ______

C ______ D ______

Vocabulario

Desigualdad
Número decimal
Millares
Billones
Expanded Notation
Decenas

________________ son números en el sistema de base 10 con uno o más lugares a la derecha del punto decimal.

________________ es un número escrito a cabo para mostrar todos los valores de lugar.

________________ es una oración matemática donde un lado no es igual al del otro lado.

________________ es 10 veces el lugar de las centenas.

________________ es 10 veces el lugar de las unidades.

________________ es 10 veces el lugar de las centenas de millones.

Ejercicios de Cuarto Grado # 12

Nombre: ______________________

Cálculo: Sumar y restar números enteros

499,999 + 87,561	8,000 - 555

Datos de multiplicación - Tome su tiempo en segundos___.

6 x 4	6 x 9	6 x 3	6 x 8	6 x 6	6 x 1
6 x 2	6 x 7	6 x 8	6 x 6	6 x 9	6 x 7

Valor posicional : Números enteros

Billones	,	Centena del millón	Decena del millón	Millones	,	Centena de millar	Decena de millar	Millares	,	Centena	Decena	Unidades	.	Décimas	Centésimas

Escribe los 2 números en el cuadro y contesta las preguntas.

A. 101,010.01
B. 101,100.10

¿Qué número es el más pequeño?
______

¿ Qué número tiene el valor más alto en la posición de las décimas?

Comparaciones

Utilice símbolos de desigualdad para comparar.
> (mayor que)
< (menor que)

1,687,264,652 ☐ 1,687,462,652

235,432 ☐ 253,432

258,654,633 ☐ 258,645,633

Dinero

Completa la tabla que muestra 3 maneras de obtener la cantidad deseada.

$0.88	1	2	3
Centavo			
Moneda de cinco			
Moneda de diez			
Moneda de veinticinco			
Moneda de medio dolar			

¿Cual es la menor cantidad de monedas que necesitas?

Decimales

Sombra en cada cuadrícula para representar el decimal dado.

0.70 (100) ☐ 0.52 (100)

Utilice símbolos de desigualdad para comparar.
> (mayor que)
< (menor que)

Valor de Dígitos

Escribir el valor del dígito subrayado.

1,657,584.5̲2 ________

2̲2,705.06 ________

97̲6,434 ________

57,0̲54.76 ________

Recta Numérica

Escribir el valor representado en la recta numérica al lado de la letra.

34 A 35 B C D

A ______ B ______

C ______ D ______

Vocabulario

Desigualdad
Número decimal
Millares
Billones
Expanded Notation
Decenas

________________ es un número escrito a cabo para mostrar todos los valores de lugar.

________________ es 10 veces el lugar de las centenas.

________________ es 10 veces el lugar de las centenas de millones.

________________ son números en el sistema de base 10 con uno o más lugares a la derecha del punto decimal.

________________ es 10 veces el lugar de las unidades.

________________ es una oración matemática donde un lado no es igual al del otro lado.

Ejercicios de Cuarto Grado # 13

Nombre: ______________________________

Cálculo: Sumar y restar números enteros

699,999 + 25,561	8,000 - 777

Datos de multiplicación - Tome su tiempo en segundos___.

7 x 4	7 x 9	7 x 3	7 x 8	7 x 6	7 x 1
7 x 2	7 x 7	7 x 8	7 x 6	7 x 9	7 x 7

Valor posicional : Números enteros

Billones	,	Centena del millón	Decena del millón	Millones	,	Centena de millar	Decena de millar	Millares	,	Centena	Decena	Unidades	.	Décimas	Centésimas

Escribe los 2 números en el cuadro y contesta las preguntas.

A. 534,453.45
B. 534,435.45

¿Qué número es el más grande? _______

¿ Qué número tiene el valor más alto en la posición de las decenas?

Redondea

Redondea cada número a la posición de las **decenas** más

4<u>2</u>7 ____________

17,0<u>4</u>5 ____________

Poema para redondear:

Encontrar su lugar,

Mira justo al lado

Cuatro o menos ignorer

Cinco o más, añadir 1 más.

Subrayar el valor de posición, se le pide estimar el número a continuación, siga el poema.

Dinero

Completa la tabla que muestra 3 maneras de obtener la cantidad deseada.

$1.18	1	2	3
Centavo			
Moneda de cinco			
Moneda de diez			
Moneda de veinticinco			
Moneda de medio dolar			

¿Cual es la menor cantidad de monedas que necesitas?

Decimales

Sombra en cada cuadrícula para representar el decimal dado.

$0.46 \quad \frac{}{100}$ $\square$ $0.60 \quad \frac{}{100}$

Utilice símbolos de desigualdad para comparar.
> (mayor que)
< (menor que)

Valor de Dígitos

Escribir el valor del dígito subrayado.

3<u>8</u>9.05 ________

685.<u>5</u>4 ________

7,610.1<u>7</u> ________

92,<u>6</u>84.36 ________

Recta Numérica

Escribir el valor representado en la recta numérica al lado de la letra.

4.5 A B 6.0 C D

A ______ B ______

C ______ D ______

Vocabulario

Desigualdad
Número decimal
Millares
Billones
Expanded Notation
Decenas

____________________ es 10 veces el lugar de las unidades.

____________________ es una oración matemática donde un lado no es igual al del otro lado.

____________________ es 10 veces el lugar de las centenas de millones .

____________________ es un número escrito a cabo para mostrar todos los valores de lugar.

____________________ es 10 veces el lugar de las centenas de millones.

____________________ son números en el sistema de base 10 con uno o más lugares a la

Ejercicios de Cuarto Grado # 14

Nombre: ______________________

Cálculo: Sumar y restar números enteros

```
  399,999
+  68,514
```

```
  5,000
-   594
```

Datos de multiplicación - Tome su tiempo en segundos___.

7 x 6	7 x 4	7 x 1	7 x 7	7 x 3	7 x 6
7 x 0	7 x 5	7 x 2	7 x 8	7 x 9	7 x 7

Valor posicional : Números enteros

Billones	,	Centena del millón	Decena del millón	Millones	,	Centena de millar	Decena de millar	Millares	,	Centena	Decena	Unidades	.	Décimas	Centésimas

Escribe los 2 números en el cuadro y contesta las preguntas.

A. 685,469.32

B. 685,496.23

¿Qué número es el más grande? ______

¿ Qué número tiene el valor más alto en la posición de las

Redondea

Redondea cada número a la posición del **millar** más

5,627 ______

17,045 ______

Poema para redondear:

Encontrar su lugar,

Mira justo al lado

Cuatro o menos ignorer

Cinco o más, añadir 1 más.

Subrayar el valor de posición, se le pide estimar el número a continuación, siga el poema.

Dinero

Completa la tabla que muestra 3 maneras de obtener la cantidad deseada.

$1.72	1	2	3
Centavo			
Moneda de cinco			
Moneda de diez			
Moneda de veinticinco			
Moneda de medio dolar			

¿Cual es la menor cantidad de monedas que necesitas?

Decimales

Sombra en cada cuadrícula para representar el decimal dado.

0.08 $\frac{}{100}$ 0.80 $\frac{}{100}$

Utilice símbolos de desigualdad para comparar.

> (mayor que)

< (menor que)

Valor de Dígitos

Escribir el valor del dígito subrayado.

389.0_5_ ______

48,_6_85.54 ______

257,6_1_0.17 ______

_9_2,684.36 ______

Recta Numérica

Escribir el valor representado en la recta numérica al lado de la letra.

11.5   A   B   C   13.0   D

A ______ B ______

C ______ D ______

Vocabulario

Desigualdad
Número decimal
Millares
Billones
Expanded Notation
Decenas

______________ son números en el sistema de base 10 con uno o más lugares a la derecha del punto decimal.

______________ es 10 veces el lugar de las centenas de millones.

______________ es un número escrito a cabo para mostrar todos los valores de lugar.

______________ es 10 veces el lugar de las centenas de millones.

______________ es 10 veces el lugar de las unidades.

______________ es una oración matemática donde un lado no es igual al del otro lado.

Ejercicios de Cuarto Grado # 15

Nombre: ______________________

Cálculo: Sumar y restar números enteros

```
  9,9 9 9.9
+   5 4 2.3
-----------
          .
```

```
  3,0 0 0.9
-   8 8 8.5
-----------
          .
```

Datos de multiplicación - Tome su tiempo en segundos___.

7 x 2	7 x 7	7 x 5	7 x 3	7 x 6	7 x 7
7 x 1	7 x 4	7 x 0	7 x 9	7 x 8	7 x 6

Valor posicional : Números enteros

Billones	,	Centena del millón	Decena del millón	Millones	,	Centena de millar	Decena de millar	Millares	,	Centena	Decena	Unidades	.	Décimas	Centésimas

Escribe los 2 números en el cuadro y contesta las preguntas.

A. 784,354.58
B. 748,345.85

¿Qué número es el más pequeño? ______

¿ Qué número tiene el valor más alto en la posición de las désimas?

Redondea

Redondea cada número a la posición de la **centana** más

5,<u>6</u>27 ______

17,<u>6</u>45 ______

Poema para redondear:

Encontrar su lugar,

Mira justo al lado

Cuatro o menos ignorer

Cinco o más, añadir 1 más.

Subrayar el valor de posición, se le pide estimar el número a continuación, siga el poema.

Dinero

Completa la tabla que muestra 3 maneras de obtener la cantidad deseada.

$1.93	1	2	3
Centavo			
Moneda de cinco			
Moneda de diez			
Moneda de veinticinco			
Moneda de medio dolar			

¿Cual es la menor cantidad de monedas que necesitas?

Decimales

Sombra en cada cuadrícula para representar el decimal dado.

0.57   0.70

100   100

Utilice símbolos de desigualdad para comparar.

> (mayor que)

< (menor que)

Valor de Dígitos

Escribir el valor del dígito subrayado.

38<u>9</u>.05 ______

248,6<u>8</u>5.54 ______

2<u>5</u>7,610.17 ______

92,684.<u>3</u>6 ______

Recta Numérica

Escribir el valor representado en la recta numérica al lado de la letra.

1.25   A   B   C   3.0   D

A ______ B ______

C ______ D ______

Vocabulario

Desigualdad
Número decimal
Millares
Billones
Expanded Notation
Decenas

______________ es un número escrito a cabo para mostrar todos los valores de lugar.

______________ son números en el sistema de base 10 con uno o más lugares a la derecha del punto decimal.

______________ es 10 veces el lugar de las centenas de millones.

______________ es una oración matemática donde un lado no es igual al del otro lado.

______________ es 10 veces el lugar de las centenas.

______________ es 10 veces el lugar de las unidades.

Ejercicios de Cuarto Grado # 16

Nombre: ____________________

Cálculo: Sumar y restar números enteros

2,9 9 9.3 + 7 4 2.1 .	2,0 0 0.5 - 2 2 2.2 .

Datos de multiplicación - Tome su tiempo en segundos___.

7 x 6	7 x 3	7 x 0	7 x 9	7 x 6	7 x 2
7 x 8	7 x 4	7 x 6	7 x 7	7 x 8	7 x 7

Valor posicional : Números enteros

Billones	,	Centena del millón	Decena del millón	Millones	,	Centena de millar	Decena de millar	Millares	,	Centena	Decena	Unidades	.	Décimas	Centésimas

Escribe los 2 números en el cuadro y contesta las preguntas.

A. 231,351.54
B. 231,531.45

¿Qué número es el más grande?

______

¿ Qué número tiene el valor más alto en la posición de las centenas?

Redondea

Redondea cada número a la posición de la **centana** más

7,2̲88

____

14,9̲22

____

Poema para redondear:

Encontrar su lugar,

Mira justo al lado

Cuatro o menos ignorer

Cinco o más, añadir 1 más.

Subrayar el valor de posición, se le pide estimar el número a continuación, siga el poema.

Dinero

Completa la tabla que muestra 3 maneras de obtener la cantidad deseada.

$2.74	1	2	3
Centavo			
Moneda de cinco			
Moneda de diez			
Moneda de veinticinco			
Moneda de medio dolar			

¿Cual es la menor cantidad de monedas que necesitas?

Decimales

Sombra en cada cuadrícula para representar el decimal dado.

0.72 (100) 0.80 (100)

Utilice símbolos de desigualdad para comparar.
> (mayor que)
< (menor que)

Valor de Dígitos

Escribir el valor del dígito subrayado.

389.0̲5 ________

8̲,685.54 ________

257,610.1̲7 ________

92,684̲.36 ________

Recta Numérica

Escribir el valor representado en la recta numérica al lado de la letra.

0.5 A B C 2.0 D

A ______ B ______

C ______ D ______

Vocabulario

Desigualdad
Número decimal
Millares
Billones
Expanded Notation
Decenas

____________ es una oración matemática donde un lado no es igual al del otro lado.

____________ es 10 veces el lugar de las centenas.

____________ son números en el sistema de base 10 con uno o más lugares a la derecha del punto decimal.

____________ es un número escrito a cabo para mostrar todos los valores de lugar.

____________ es 10 veces el lugar de las unidades.

____________ es 10 veces el lugar de las centenas de millones.

Ejercicios de Cuarto Grado # 17

Nombre: ______________________________

Cálculo: Sumar y restar números enteros

7,999.42 + 561.93	6,000.26 - 777.77

Datos de multiplicación - Tome su tiempo en segundos___.

8 x 6	8 x 3	8 x 0	8 x 9	8 x 6	8 x 2
8 x 8	8 x 4	8 x 6	8 x 7	8 x 8	8 x 7

Números

Completa la tabla de abajo escribiendo en los números numéricamente o en palabras.

345	
	Tres mil seiscientos dieciocho

Redondea

Redondea cada número a la posición de la **centana** más cercano.

Esto significa 1 moneda de diez centavos por cada 10 centavos.

1,357,045

____

Valor posicional / Dinero

¿Cuantos centavos ahi en $0.10? ____

¿Cuántas monedas de diez centavos ahi en $0.10? _____

¿Cuántos centavos equivalen a una moneda de diez centavos? 10

¿Qué parte de una moneda de diez es un centavo? $\frac{1}{10}$

Dinero

Comience en el costo y añadir monedas hasta que se suma a la cantidad pagada

Completa la tabla que muestra 3 maneras de obtener la cantidad deseada.

Costo **$2.74** **Pago** **$3.00**

		Contar hasta
Centavo	1	$2.75
Moneda de cinco		
Moneda de diez		
Moneda de veinticinco	1	$3.00
Moneda de medio dolar		

¿Cuál es el cambio total que debe recibir?

Relación del valor posicional

10 "unidadess" es igual a 1 "decenas". ¿Cuántas "decenas" es igual a una "centena"?

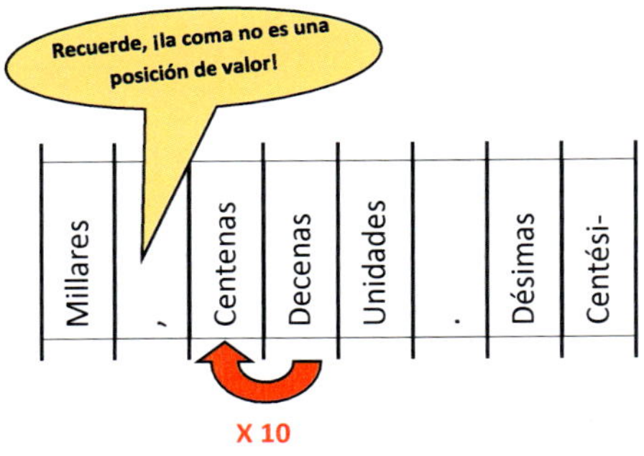

Recuerde, ¡la coma no es una posición de valor!

Millares	,	Centenas	Decenas	Unidades	.	Désimas	Centési-

X 10

10 decenas = 1 centena

Medición

Determinar el perímetro de la figura a continuación contando los bordes exteriores. __________unidades

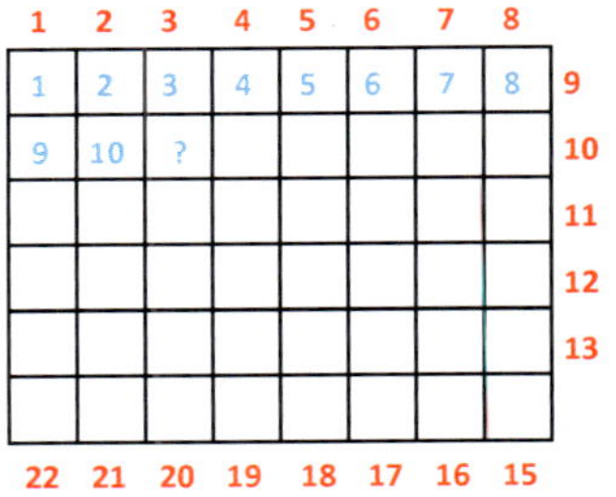

1 2 3 4 5 6 7 8 9 10 11 12 13 ... 15 16 17 18 19 20 21 22

1 2 3 4 5 6 7 8 9 10 ?

Determinar el área de la figura anterior, contando los cuadrados .
______ unidades cuadradas.

Recta Numérica

Escribir el valor representado en la recta numérica al lado de la letra.

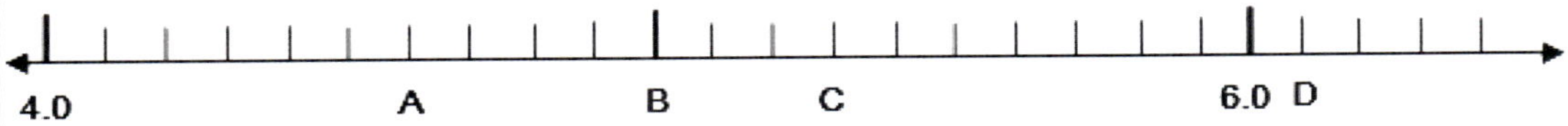

4.0 A B C 6.0 D

A _______ B _______

C _______ D _______

Vocabulario

Mayor que
Menor que
Período
Dígitos
Equivalente
Sumados

____________________ consiste en añadir un número a otro.

____________________ es tener el mismo valor.

____________________ se muestra el uso de >.

____________________ se muestra el uso de <.

____________________ es cada grupo de tres dígitos separados por comas en el gráfico el valor relativo.

____________________ son cualquiera de los números 0 a 9 empleados para formar los números.

Ejercicios de Cuarto Grado # 18

Nombre: ____________________

Cálculo: Sumar y restar números enteros

$$\begin{array}{r} 3{,}999.00 \\ +\ 815.18 \\ \hline \end{array}$$

$$\begin{array}{r} 6{,}000.26 \\ -\ 458.84 \\ \hline \end{array}$$

Datos de multiplicación - Tome su tiempo en segundos___.

8 x 7	8 x 6	8 x 8	8 x 9	8 x 6	8 x 4
8 x 5	8 x 1	8 x 3	8 x 7	8 x 0	8 x 2

Números

Completa la tabla de abajo escribiendo en los números numéricamente o en palabras.

612	
	Cuatrocientos dieciocho

Redondea

Redondea cada número a la posición de la **centana** más cercano.

4,635,2̲18

____

Valor posicional / Dinero

¿Cuantos centavos ahi en $0.30? ____

¿Cuántas monedas de diez centavos ahi en $0.30? _____

¿Cuántas monedas de diez equivalen a un dolar?

¿Qué parte de un dolar es una moneda de diez?

Dinero

Comience en el costo y añadir monedas hasta que se suma a la cantidad pagada

Encuentra la cantidad de cambio que debe recibir.

Costo	Pago
$2.49	$3.00

	Contar hasta	
Centavo	1	
Moneda de cinco		
Moneda de diez		
Moneda de veinticinco		
Moneda de medio dolar	1	

¿Cuál es el cambio total que debe recibir?

Relación del valor posicional

¿Cuántas "unidades" es igual a una "centena"?

Millares	,	Centenas	Decenas	Unidades	.	Désimas	Centési-

X 10 x 10

10 x 10 = 100

Entonces, _____unidades = _____ Centenas

Medición

Perimetro ________ unidades

Area

________ unidades cuadradas

Recta Numérica

Escribir el valor representado en la recta numérica al lado de la letra.

3.0 A B 4.0 C D

A ______ B ______

C ______ D ______

Vocabulario

Mayor que
Menor que
Período
Dígitos
Equivalente
Sumados

______________________ se muestra el uso de >.

______________________ son cualquiera de los números 0 a 9 empleados para formar los números.

______________________ es tener el mismo valor.

______________________ consiste en añadir un número a otro.

______________________ es cada grupo de tres dígitos separados por comas en el gráfico el valor relativo.

______________________ se muestra el uso de <.

Ejercicios de Cuarto Grado # 19   Nombre: ____________________

Cálculo: Sumar y restar números enteros	
7,8 4 6.9 2 + 5 9 1.9 3	6,3 6 5.2 0 - 7 5 8.0 8

Datos de multiplicación - Tome su tiempo en segundos___.

8 x 9	8 x 7	8 x 0	8 x 4	8 x 6	8 x 2
8 x 1	8 x 4	8 x 5	8 x 3	8 x 7	8 x 8

Números

Completa la tabla de abajo escribiendo en los números numéricamente o en palabras.

5,345	
	Trescientos veintitrés mil seiscientos dieciocho

Redondea

Redondea cada número a la posición del **millar** más cercano.

4,63<u>5</u>,218

____

Valor posicional / Dinero

¿Cuantos centavos ahi en $0.70? _____

¿Cuántas monedas de diez centavos ahi en $0.70? _____

¿Cuántas unidades tiene una decena?

¿Qué parte de una decena es una unidad?

Dinero

Comience en el costo y añadir monedas hasta que se suma a la cantidad pagada

Encuentra la cantidad de cambio que debe recibir.

Costo **$2.25**   **Pago** **$3.00**   Contar hasta

Centavo		
Moneda de cinco		
Moneda de diez		
Moneda de veinticinco		
Moneda de medio dolar		

¿Cuál es el cambio total que debe recibir?

Relación del valor posicional

¿Cuántas "unidades" es igual a una "centena"?

Millares , Centenas Decenas Unidades . Désimas Centési-

_____decenas = _____ Centenas

Medición

Perimetro _______ unidades

Area _______ unidades cuadradas

Recta Numérica

Escribir el valor representado en la recta numérica al lado de la letra.

A   7.2   B   C   9.0   D

A _______ B _______

C _______ D _______

Vocabulario

Mayor que
Menor que
Período
Dígitos
Equivalente
Sumados

_________________ se muestra el uso de >.

_________________ es tener el mismo valor.

_________________ se muestra el uso de <.

_________________ son cualquiera de los números 0 a 9 empleados para formar los números.

_________________ consiste en añadir un número a otro.

_________________ es cada grupo de tres dígitos separados por comas en el gráfico el valor relativo.

Ejercicios de Cuarto Grado # 20

Nombre: ______________________

Cálculo: Sumar y restar números enteros	
1,2 9 7.3 1 + 3,5 0 6.0 8	5,0 2 8.4 8 - 4 6 9.8 2

Datos de multiplicación - Tome su tiempo en segundos___.

8 x 5	8 x 8	8 x 1	8 x 2	8 x 0	8 x 7
8 x 3	8 x 6	8 x 9	8 x 4	8 x 5	8 x 8

Números

Completa la tabla de abajo escribiendo en los números numéricamente o en palabras.

2,302	
	Doscientos mil

Redondea

Redondea cada número a la posición de la **decena** más cercano.

3,967,321

____

Valor posicional / Dinero

¿Cuantos centavos ahi en $1.10? _____

¿Cuántas monedas de diez centavos ahi en $1.10? _____

¿Cuántas decenas tiene una centena?

¿Qué parte de una centena es una decena?

Dinero

Comience en el costo y añadir monedas hasta que se suma a la cantidad pagada

Encuentra la cantidad de cambio que debe recibir.

Costo **$2.45** **Pago** **$3.00** Contar hasta

Centavo		
Moneda de cinco		
Moneda de diez		
Moneda de veinticinco		
Moneda de medio dolar		

¿Cuál es el cambio total que debe recibir?

Relación del valor posicional

¿Cuántas "unidades" es igual a una "centena"?

Millares	,	Centenas	Decenas	Unidades	.	Désimas	Centési-

_____désimas = _____ decenas

Medición

Perimetro _________ unidades

Area _________ unidades cuadradas

Recta Numérica

Escribir el valor representado en la recta numérica al lado de la letra.

6.0 A 6.8 B C D

A _______ B _______

C _______ D _______

Vocabulario

Mayor que
Menor que
Período
Dígitos
Equivalente
Sumados

_________________ es cada grupo de tres dígitos separados por comas en el gráfico el valor relativo.

_________________ se muestra el uso de <.

_________________ consiste en añadir un número a otro.

_________________ es tener el mismo valor.

_________________ se muestra el uso de >.

_________________ son cualquiera de los números 0 a 9 empleados para formar los números.

Ejercicios de Cuarto Grado # 21

Nombre: ______________________

Cálculo: Sumar y restar números enteros

$$\begin{array}{r} 6{,}624.02 \\ +\ 5{,}469.82 \\ \hline \end{array}$$

$$\begin{array}{r} 4{,}368.92 \\ -\ 954.38 \\ \hline \end{array}$$

Datos de multiplicación - Tome su tiempo en segundos___.

9 x 5	9 x 8	9 x 1	9 x 2	9 x 0	9 x 7
9 x 3	9 x 6	9 x 9	9 x 4	9 x 5	9 x 8

Números

Completa la tabla de abajo escribiendo en los números numéricamente o en palabras.

8,405	
	Cinco mil seicientos dos

Redondea

Redondea cada número a la posición del **millar** más cercano.

3,967,321

____

Valor posicional / Dinero

¿Cuantos centavos ahi en $1.40? ____

¿Cuántas monedas de diez centavos ahi en $1.40? _____

¿Cuántos centavos tiene una moneda de diez?

¿Qué parte de una moneda de diez es un centavo?

Dinero

Comience en el costo y añadir monedas hasta que se suma a la cantidad pagada

Encuentra la cantidad de cambio que debe recibir.

Costo **$2.37**

Pago **$3.00**

Contar hasta

Centavo		
Moneda de cinco		
Moneda de diez		
Moneda de veinticinco		
Moneda de medio dolar		

¿Cuál es el cambio total que debe recibir?

Relación del valor posicional

¿Qué parte de una "decena" es una "unidad"?
(dar marcha atrás)

Millares	,	Centenas	Decenas	Unidades	.	Désimas	Centésimas

÷ 10

10 ÷ 10 = 1
10 "unidades" hacen una "decena"

Medición

Perimetro ________ unidades

Area
________ unidades cuadradas

Recta Numérica

Escribir el valor representado en la recta numérica al lado de la letra.

A B 0.8 1.0 C D

A ______ B ______
C ______ D ______

Vocabulario

Mayor que
Menor que
Período
Dígitos
Equivalente
Sumados

______________________ es tener el mismo valor.

______________________ son cualquiera de los números 0 a 9 empleados para formar los números.

______________________ es cada grupo de tres dígitos separados por comas en el gráfico el valor relativo.

______________________ se muestra el uso de >.

______________________ consiste en añadir un número a otro.

______________________ se muestra el uso de <.

Ejercicios de Cuarto Grado # 22

Nombre: ___________________________

Cálculo: Sumar y restar números enteros	
1,2 9 7.0 0 + 4,8 1 2.2 4	5,0 0 0.4 0 - 4 5 9.7 8

Datos de multiplicación - Tome su tiempo en segundos___.

9 x 2	9 x 9	9 x 7	9 x 3	9 x 5	9 x 1
9 x 0	9 x 4	9 x 9	9 x 6	9 x 8	9 x 7

Números

Completa la tabla de abajo escribiendo en los números numéricamente o en palabras.

5,014	
	Cuatrocientos dos mil dieciseis

Redondea

Redondea cada número a la posición del **millar** más cercano.

3,258,544

____

Valor posicional / Dinero

¿Cuantos centavos ahi en $1.90? ____

¿Cuántas monedas de diez centavos ahi en $1.90? _____

¿Cuántas monedas de diez ahi en un dolar?

¿Qué parte de un dolar es una moneda de diez?

Dinero

Comience en el costo y añadir monedas hasta que se suma a la cantidad pagada

Encuentra la cantidad de cambio que debe recibir.

Costo **$2.58** **Pago** **$3.00**

		Contar hasta
Centavo		
Moneda de cinco		
Moneda de diez		
Moneda de veinticinco		
Moneda de medio dolar		

¿Cuál es el cambio total que debe recibir?

Relación del valor posicional

¿Qué parte de una "unidad" es una "décima"? (dar marcha atrás)

Millares | , | Centenas | Decenas | Unidades | . | Désimas | Centési-

÷ 10

Medición

Perimetro ________ unidades

Area ________ unidades cuadradas

Recta Numérica

Escribir el valor representado en la recta numérica al lado de la letra.

9.1 A B C 11.0 D

A ______ B ______

C ______ D ______

Vocabulario

Mayor que
Menor que
Período
Dígitos
Equivalente
Sumados

____________________ consiste en añadir un número a otro.

____________________ se muestra el uso de >.

____________________ son cualquiera de los números 0 a 9 empleados para formar los números.

____________________ es tener el mismo valor.

____________________ es cada grupo de tres dígitos separados por comas en el gráfico el valor relativo.

____________________ se muestra el uso de < .

Ejercicios de Cuarto Grado # 23 Nombre: ______________________

Cálculo: Sumar y restar números enteros

```
  1,2 4 8.3 0        5,6 7 8.0 6
+ 5,7 5 4.7 9      -     6 8 7.7 8
```

Datos de multiplicación - Tome su tiempo en segundos___.

9 x 7	9 x 0	9 x 4	9 x 3	9 x 8	9 x 2
9 x 1	9 x 5	9 x 6	9 x 7	9 x 9	9 x 6

Números

Completa la tabla de abajo escribiendo en los números numéricamente o en palabras.

51,010	
	Veintitres mil quince

Redondea

Redondea cada número a la posición del **millar** más cercano.

3,684,444

____

Valor posicional / Dinero

¿Cuantos centavos ahi en $1.60? ____

¿Cuántas monedas de diez centavos ahi en $1.60? _____

¿Cuántos dólares equivalen a un billete de diez dólares?

¿Qué parte de un diez es un uno?

Dinero

Encuentra la cantidad de cambio que debe recibir.

Costo **$2.71** **Pago** **$3.00** Contar hasta

Centavo		
Moneda de cinco		
Moneda de diez		
Moneda de veinticinco		
Moneda de medio dolar		

¿Cuál es el cambio total que debe recibir?

Relación del valor posicional

¿Qué parte de un "millar" es una "centena"? (dar marcha atrás)

Millares	,	Centenas	Decenas	Unidades	.	Désimas	Centési-

Medición

Perimetro ________ unidades

Area

________ unidades cuadradas

Recta Numérica

Escribir el valor representado en la recta numérica al lado de la letra.

5.0 A B 6.0 C D

A ______ B ______

C ______ D ______

Vocabulario

Mayor que
Menor que
Período
Dígitos
Equivalente
Sumados

______________________ es tener el mismo valor.

______________________ consiste en añadir un número a otro.

______________________ es cada grupo de tres dígitos separados por comas en el gráfico el valor relativo.

______________________ se muestra el uso de <.

______________________ se muestra el uso de >.

______________________ son cualquiera de los números 0 a 9 empleados para formar los números.

Ejercicios de Cuarto Grado # 24

Nombre: ____________________

Cálculo: Sumar y restar números enteros	
16,572.35 + 8,085.07	17,151.24 - 789.75

Datos de multiplicación - Tome su tiempo en segundos___.

9 x 5	9 x 2	9 x 4	9 x 6	9 x 7	9 x 0
9 x 1	9 x 8	9 x 3	9 x 5	9 x 9	9 x 3

Números

Completa la tabla de abajo escribiendo en los números numéricamente o en palabras.

72,504	
	Sesenta y ocho mil cuatrocientos setenta

Redondea

Redondea cada número a la posición del **millar** más cercano.

3,684,456

____

Valor posicional / Dinero

¿Cuantos centavos ahi en $1.90? ____

¿Cuántas monedas de diez centavos ahi en $1.90? _____

¿Cuántas monedas de diez centavos equivalen a un dólar?

¿Qué parte de un dólar es una moneda de diez centavos?

Dinero

Encuentra la cantidad de cambio que debe recibir.

Costo **$2.08** **Pago** **$3.00** Contar hasta

Centavo		
Moneda de cinco		
Moneda de diez		
Moneda de veinticinco		
Moneda de medio dolar		

¿Cuál es el cambio total que debe recibir?

Relación del valor posicional

¿Qué parte de una "centena" es una "decena"? (dar marcha atrás)

Millares	,	Centenas	Decenas	Unidades	.	Désimas	Centési-

Medición

Perimetro ________ unidades

Area ________ unidades cuadradas

Recta Numérica

Escribir el valor representado en la recta numérica al lado de la letra.

A B 3.0 3.3 C D

A ______ B ______

C ______ D ______

Vocabulario

Mayor que
Menor que
Período
Dígitos
Equivalente
Sumados

____________________ se muestra el uso de >.

____________________ es cada grupo de tres dígitos separados por comas en el gráfico el valor relativo.

____________________ es tener el mismo valor.

____________________ son cualquiera de los números 0 a 9 empleados para formar los números.

____________________ se muestra el uso de <.

____________________ consiste en añadir un número a otro.

Ejercicios de Cuarto Grado # 25

Nombre: ____________________

Computación

63 × 7 =	45 × 6 =	629,408.39 − 539.80 =

Datos de multiplicación - Tome su tiempo en segundos___.

8 x 5	9 x 8	1 x 5	3 x 3	3 x 9	7 x 2
5 x 9	7 x 8	6 x 4	7 x 7	6 x 5	8 x 3

Valor posicional / Multiplicación

Billones	,	C. millón	D. millón	Millones	,	C. millar	D. millar	Millar	,	Centena	Decena	Unidades	.	Décimas	Centési-
											2	5	.		
										2	5	0	.		

Multiplicar el número que aparece por 10 y escribir el producto en la parte inferior de la tabla de valor posicional. Recuerde, cuando se multiplica por 10 las cifras se mueven hacia la izquierda 1 lugar. Poner un cero para rellenar el

25 x 10 = 250

Redondea

Redondea cada número a la posición del **millar** más cercano.

5,876,846

____

Suma / Resta - Datos Familiares

9 + 4 = 13

__ + __ = __

13 - 9 = 4

__ - __ = __

Multiplicación / División - Datos Familiares

7 x 9 = 63

__ x __ = __

63 ÷ 9 = 7

__ ÷ __ = __

Dinero

Encuentra la cantidad de cambio que debe recibir.

Costo **$4.13** **Pago** **$5.00** Contar hasta

Centavo		
Moneda de cinco		
Moneda de diez		
Moneda de veinticinco		
Moneda de medio dolar		

¿Cuál es el cambio total que debe recibir?

Entrada y Salida

Completar la tabla de entrada / salida.

△ + 5 = ○

Entrada	Salida
△	○
0	5
1	6
2	7
3	
4	

0 + 5 = 5

1 + 5 = 6

2 + 5 = 7

__ + 5 = __

__ + 5 = __

Medición

Use la formula para el perímetro

P = l (largo) + a (ancho) + l (largo) + a (ancho)

P = 5 + 4 + 5 + 4

P = 9 + 5 + 4

P = 14 + 4

P = 18 unidades

Use la formula para el área

A = l (largo) x a (ancho)

A = 5 x 4

A = 20 unidades cuadradas

1					
2					
3					
4					
	1	2	3	4	5

Recta Numérica

Escribir el valor representado en la recta numérica al lado de la letra.

21.0 A B C D 25.0

A ______ B ______

C ______ D ______

Vocabulario

Area
Factores
Entrada
Salida
Perímetro
Producto

____________________ son números que se multiplican para obtener otro número.

____________________ es el número o valor que sale de un proceso.

____________________ es la respuesta cuando se multiplica.

____________________ es la cantidad de espacio en la superficie de una fígura de 2dimensiones.

____________________ es la distancia alrededor de una figura de 2 dimensiones.

____________________ es el número o valor que se pone en un proceso.

Ejercicios de Cuarto Grado # 26

Nombre: ______________________

Computación

39 × 7	44 × 8	958,684.84 − 489.57

Datos de multiplicación - Tome su tiempo en segundos___.

3 x 7	7 x 4	2 x 5	9 x 3	4 x 7	4 x 8
7 x 1	7 x 8	0 x 3	1 x 5	6 x 9	5 x 3

Valor posicional / Multiplicación

Billones	,	C. millón	D. millón	Millones	,	C. millar	D. millar	Millar	,	Centena	Decena	Unidades	.	Décimas	Centési-
										8	3	5	.		
													.		

Multiplicar el número que aparece por 10 y escribir el producto en la parte inferior de la tabla de valor posicional. Recuerde, cuando se multiplica por 10 las cifras se mueven hacia la izquierda 1 lugar. Poner un cero para rellenar el

835 x 10 =

Redondea

Redondea cada número a la posición de la **decena** más cercano.

5,815,357

____

Suma / Resta - Datos Familiares

9 + 2 = 11

__ + __ = __

__ - __ = __

__ - __ = __

Multiplicación / División - Datos Familiares

6 x 7 = 42

__ x __ = __

__ ÷ __ = __

__ ÷ __ = __

Dinero

Encuentra la cantidad de cambio que debe recibir.

Costo **$4.27** **Pago** **$5.00** Contar hasta

Centavo		
Moneda de cinco		
Moneda de diez		
Moneda de veinticinco		
Moneda de medio dolar		

¿Cuál es el cambio total que debe recibir?

Entrada y Salida

Completar la tabla de entrada / salida.

☆ + 12 = ▢

Entrada	Salida
☆	▢
0	
1	
2	
3	
4	

0 + 12 = 12

1 + 12 = __

2 + 12 = __

__ + 12 = __

__ + 12 = __

Medición

Use la formula para el perímetro

P = *l* + *a* + *l* + *a*

P = ___ + ___ + ___ + ___

P = _____ + ___ + ___

P = _____ + __

P = ____ unidades

Use la formula para el área

A = *l* x *a*

A = ___ X ___

A = ____unidades cuadradas

Recta Numérica

Escribir el valor representado en la recta numérica al lado de la letra.

A — 12.0 — B — C — D — 15.0

A ______ B ______

C ______ D ______

Vocabulario

Area
Factores
Entrada
Salida
Perímetro
Producto

______________ es la respuesta cuando se multiplica.

______________ son números que se multiplican para obtener otro número.

______________ es la distancia alrededor de una figura de 2 dimensiones.

______________ es el número o valor que se pone en un proceso.

______________ es el número o valor que sale de un proceso.

______________ es la cantidad de espacio en la superficie de una figura de 2dimensiones.

Ejercicios de Cuarto Grado # 27

Nombre: ______________________

Computación

53 × 9	62 × 6	897,681.00 − 867.32

Datos de multiplicación - Tome su tiempo en segundos___.

6 x 8	8 x 6	6 x 7	7 x 5	6 x 9	4 x 2
5 x 3	9 x 6	2 x 5	3 x 7	8 x 7	9 x 5

Valor posicional / Multiplicación

Billones	,	C. millón	D. millón	Millones	,	C. millar	D. millar	Millar	,	Centena	Decena	Unidades	.	Décimas	Centési-
							5	6	,	8	1	5	.		
													.		

Multiplicar el número que aparece por 10 y escribir el producto en la parte inferior de la tabla de valor posicional.

56,815 x 10 =

Redondea

Redondea cada número a la posición del **millar** más cercano.

4,285,099

____

Suma / Resta - Datos Familiares

9 + 8 = 17

__ + __ = __

__ - __ = __

__ - __ = __

Multiplicación / División - Datos Familiares

4 x 8 = 32

__ x __ = __

__ ÷ __ = __

__ ÷ __ = __

Dinero

Encuentra la cantidad de cambio que debe recibir.

Costo **$4.56** **Pago** **$5.00** Contar hasta

Centavo		
Moneda de cinco		
Moneda de diez		
Moneda de veinticinco		
Moneda de medio dolar		

¿Cuál es el cambio total que debe recibir?

Entrada y Salida

Completar la tabla de entrada / salida.

△ + 18 = ○

Entrada	Salida
△	○
0	
1	
2	
3	
4	

0 + 18 = __

1 + 18 = __

2 + 18 = __

__ + __ = __

__ + __ = __

Medición

Use la formula para el perímetro

P = *l* + *a* + *l* + *a*

P = ___ + ___ + ___ + ___

P = _____ + ___ + ___

P = _____ + __

P = ____ unidades

Use la formula para el área

A = *l* x *a*

A = ___ X ___

A = ____unidades cuadradas

Recta Numérica

Escribir el valor representado en la recta numérica al lado de la letra.

A B 4.0 C D 6.0

A ______ B ______

C ______ D ______

Vocabulario

Area
Factores
Entrada
Salida
Perímetro
Producto

________________ son números que se multiplican para obtener otro número.

________________ es la distancia alrededor de una figura de 2 dimensiones.

________________ es la cantidad de espacio en la superficie de una fígura de 2dimensiones.

________________ es el número o valor que sale de un proceso.

________________ es el número o valor que se pone en un proceso .

________________ es la respuesta cuando se multiplica .

Ejercicios de Cuarto Grado # 28

Nombre: ______________________

Computación

87 X 3	817 X 3	9,387.00 - 789.75

Datos de multiplicación - Tome su tiempo en segundos___.

3 x 7	5 x 4	3 x 5	4 x 3	3 x 7	1 x 0
8 x 1	3 x 8	5 x 3	8 x 5	5 x 9	6 x 3

Valor posicional / Multiplicación

Multiplicar el número que aparece por 10 y escribir el producto en la parte inferior de la tabla de valor posicional.

Billones	,	C. millón	D. millón	Millones	,	C. millar	D. millar	Millar	,	Centena	Decena	Unidades	.	Décimas	Centési-
								6	,	4	9	5	.		
													.		

6,495 x 10 =

Redondea

Redondea cada número a la posición de la **centena** más cercano.

4,325,008

____

Suma / Resta - Datos Familiares

6 + 7 = 13

__ + __ = __

__ - __ = __

__ - __ = __

Multiplicación / División - Datos Familiares

8 x 6 = 48

__ x __ = __

__ ÷ __ = __

__ ÷ __ = __

Dinero

Encuentra la cantidad de cambio que debe recibir.

Costo **$4.24** **Pago** **$5.00** Contar hasta

Centavo		
Moneda de cinco		
Moneda de diez		
Moneda de veinticinco		
Moneda de medio dolar		

¿Cuál es el cambio total que debe recibir?

Entrada y Salida

Completar la tabla de entrada / salida.

⬠ + 14 = ✚

Entrada	Salida
⬠	✚
0	
1	
2	
3	
4	

__ + 14 = __

__ + 14 = __

__ + 14 = __

__ + __ = __

__ + __ = __

Medición

Use la formula para el perímetro

P = *l* + *a* + *l* + *a*

P = ____ + ____ + ____ + ____

P = ______ + ____ + ____

P = ______ + ___

P = _____ unidades

Use la formula para el área

A = *l* x ***a***

A = ____ X ____

A = ____unidades cuadradas

Recta Numérica

Escribir el valor representado en la recta numérica al lado de la letra.

0.0 A B C 3.2 D

A ______ B ______

C ______ D ______

Vocabulario

Area
Factores
Entrada
Salida
Perímetro
Producto

______________ es la respuesta cuando se multiplica.

______________ es el número o valor que sale de un proceso .

______________ es el número o valor que se pone en un proceso .

______________ es la cantidad de espacio en la superficie de una fígura de 2dimensiones.

______________ es la distancia alrededor de una figura de 2 dimensiones.

______________ son números que se multiplican para obtener otro número.

Ejercicios de Cuarto Grado # 29

Nombre: ______________________

Computación

51 × 8	724 × 6	1,384.48 − 899.99

Datos de multiplicación - Tome su tiempo en segundos___.

6 x 3	8 x 0	6 x 1	7 x 9	6 x 3	4 x 6
5 x 7	9 x 4	2 x 9	3 x 1	8 x 5	9 x 9

Valor posicional / Multiplicación

Billones	,	C. millón	D. millón	Millones	,	C. millar	D. millar	Millar	,	Centena	Decena	Unidades	.	Décimas	Centési-
												5	.	6	
													.		

Multiplicar el número que aparece por 10 y escribir el producto en la parte inferior de la tabla de valor posicional.

5.6 x 10 =

Redondea

Redondea cada número a la posición del **millar** más cercano.

67,258,089

____

Suma / Resta - Datos Familiares

8 + 4 = 12

__ + __ = __

__ - __ = __

__ - __ = __

Multiplicación / División - Datos Familiares

8 x 7 = 56

__ x __ = __

__ ÷ __ = __

__ ÷ __ = __

Dinero

Encuentra la cantidad de cambio que debe recibir.

Costo	**Pago**	
$4.81	**$5.00**	Contar hasta

Centavo		
Moneda de cinco		
Moneda de diez		
Moneda de veinticinco		
Moneda de medio dolar		

¿Cuál es el cambio total que debe recibir?

Entrada y Salida

Completar la tabla de entrada / salida.

○ + 7 = ◇

Entrada	○	0	1	2	3	4
Salida	◇					

__ + 7 = __

__ + 7 = __

__ + 7 = __

__ + 7 = __

__ + 7 = __

Medición

Use la formula para el perímetro

P = *l* + *a* + *l* + *a*

P = ___ + ___ + ___ + ___

P = _____ + ___ + ___

P = _____ + __

P = ____ unidades

Use la formula para el área

A = *l* x ***a***

A = ___ X ___

A = ____unidades cuadradas

Recta Numérica

Escribir el valor representado en la recta numérica al lado de la letra.

7.0 A B C 10.2 D

A ______ B ______

C ______ D ______

Vocabulario

Area
Factores
Entrada
Salida
Perímetro
Producto

______________ es el número o valor que se pone en un proceso.

______________ es el número o valor que sale de un proceso.

______________ es la distancia alrededor de una figura de 2 dimensiones.

______________ son números que se multiplican para obtener otro número.

______________ es la cantidad de espacio en la superficie de una fígura de 2dimensiones.

______________ es la respuesta cuando se multiplica.

Ejercicios de Cuarto Grado # 30

Nombre: ______________________

Computación

33 × 8	732 × 9	5,997.00 − 532.92

Datos de multiplicación - Tome su tiempo en segundos___.

6 x 2	8 x 9	6 x 1	7 x 8	6 x 2	4 x 5
5 x 6	9 x 3	2 x 8	3 x 0	8 x 4	9 x 8

Valor posicional / Multiplicación

Billones	,	C. millón	D. millón	Millones	,	C. millar	D. millar	Millar	,	Centena	Decena	Unidades	.	Décimas	Centési-
											4	6	.	8	
													.		

Multiplicar el número que aparece por 10 y escribir el producto en la parte inferior de la tabla de valor posicional.

46.8 x 10 =

Redondea

Redondea cada número a la posición de la **decena** más cercano.

8,654,204,694

____

Suma / Resta - Datos Familiares

5 + 3 = 8

__ + __ = __

__ - __ = __

__ - __ = __

Multiplicación / División - Datos Familiares

5 x 3 = 15

__ x __ = __

__ ÷ __ = __

__ ÷ __ = __

Dinero

Encuentra la cantidad de cambio que debe recibir.

Costo **$4.73** **Pago** **$5.00** Contar hasta

Centavo		
Moneda de cinco		
Moneda de diez		
Moneda de veinticinco		
Moneda de medio dolar		

¿Cuál es el cambio total que debe recibir?

Entrada y Salida

Completar la tabla de entrada / salida.

11 + ✦ = ☺

Entrada	✦	0	1	2	3	4
Salida	☺					

__ + __ = __   __ + __ = __

__ + __ = __   __ + __ = __

__ + __ = __

Medición

Use la formula para el perímetro

P = *l* + *a* + *l* + *a*

P = ___ + ___ + ___ + ___

P = _____ + ___ + ___

P = _____ + __

P = ____ unidades

Use la formula para el área

A = *l* x ***a***

A = ___ X ___

A = ____unidades cuadradas

Recta Numérica

Escribir el valor representado en la recta numérica al lado de la letra.

34.0 — A — B — C — 37.0 — D

A ______ B ______

C ______ D ______

Vocabulario

Area
Factores
Entrada
Salida
Perímetro
Producto

______________ son números que se multiplican para obtener otro número.

______________ es la cantidad de espacio en la superficie de una fígura de 2dimensiones.

______________ es el número o valor que se pone en un proceso.

______________ es el número o valor que sale de un proceso.

______________ es la respuesta cuando se multiplica.

______________ es la distancia alrededor de una figura de 2 dimensiones.

Ejercicios de Cuarto Grado # 31

Nombre: ______________________

Computación

67 X 4	9,154 X 5	2,000.00 - 574.46

Datos de multiplicación - Tome su tiempo en segundos___.

0 x 7	2 x 4	9 x 5	1 x 3	7 x 7	5 x 8
6 x 8	5 x 8	8 x 3	7 x 5	4 x 9	5 x 3

Valor posicional / Multiplicación

Billones	,	C. millón	D. millón	Millones	,	C. millar	D. millar	Millar	,	Centena	Decena	Unidades	.	Décimas	Centési-
											6	0	.	4	
													.		

Multiplicar el número que aparece por 10 y escribir el producto en la parte inferior de la tabla de valor posicional.

60.4 x 10 =

Redondea

Redondea cada número a la posición de la **centena del millar** más cercano.

7,628,258,465

____

Suma / Resta - Datos Familiares

8 + 7 = 15

__ + __ = __

__ - __ = __

__ - __ = __

Multiplicación / División - Datos Familiares

4 x 3 = 12

__ x __ = __

__ ÷ __ = __

__ ÷ __ = __

Dinero

Encuentra la cantidad de cambio que debe recibir.

Costo **$4.44** **Pago** **$5.00** Contar hasta

Centavo		
Moneda de cinco		
Moneda de diez		
Moneda de veinticinco		
Moneda de medio dolar		

¿Cuál es el cambio total que debe recibir?

Entrada y Salida

Completar la tabla de entrada / salida.

X + 2 = **Y**

Entrada	X	0	1	2	3	4
Salida	Y					

__ + __ = __ __ + __ = __

__ + __ = __ __ + __ = __

__ + __ = __

Medición

Use la formula para el perímetro

P = *l* + *a* + *l* + *a*

P = ___ + ___ + ___ + ___

P = _____ + ___ + ___

P = _____ + ___

P = _____ unidades

Use la formula para el área

A = *l* x ***a***

A = ___ X ___

Recta Numérica

Escribir el valor representado en la recta numérica al lado de la letra.

3.4 A B C 6.0 D

A ______ B ______

C ______ D ______

Vocabulario

Area
Factores
Entrada
Salida
Perímetro
Producto

____________________ es la respuesta cuando se multiplica.

____________________ es el número o valor que sale de un proceso.

____________________ es la distancia alrededor de una figura de 2 dimensiones.

____________________ es el número o valor que se pone en un proceso.

____________________ son números que se multiplican para obtener otro número.

____________________ son números que se multiplican para obtener otro número.

Ejercicios de Cuarto Grado # 32

Nombre: ____________________

Computación

48 X 9	2,755 X 4	9,242.53 - 246.57

Datos de multiplicación - Tome su tiempo en segundos___.

6 x 4	8 x 8	6 x 9	7 x 0	6 x 7	4 x 5
5 x 7	9 x 5	2 x 8	3 x 2	8 x 6	9 x 9

Valor posicional / Multiplicación

Billones	,	C. millón	D. millón	Millones	,	C. millar	D. millar	Millar	,	Centena	Decena	Unidades	.	Décimas	Centési-
										5	0	0	.		
													.		

Multiplicar el número que aparece por 10 y escribir el producto en la parte inferior de la tabla de valor posicional.

500 x 10 =

Redondea

Redondea cada número a la posición de la **decena del millar** más cercano.

6,254,685,321

____

Suma / Resta - Datos Familiares

6 + 7 = 13

__ + __ = __

__ - __ = __

__ - __ = __

Multiplicación / División - Datos Familiares

6 x 9 = 54

__ x __ = __

__ ÷ __ = __

__ ÷ __ = __

Dinero

Encuentra la cantidad de cambio que debe recibir.

Costo **$4.38** **Pago** **$5.00** Contar hasta

Centavo		
Moneda de cinco		
Moneda de diez		
Moneda de veinticinco		
Moneda de medio dolar		

¿Cuál es el cambio total que debe recibir?

Entrada y Salida

Completar la tabla de entrada / salida.

⬡ + 2 = △

Entrada	⬡	0	1	2	3	4
Salida	△					

__ + __ = __ __ + __ = __

__ + __ = __ __ + __ = __

__ + __ = __

Medición

Use la formula para el perímetro

P = *l* + *a* + *l* + *a*

P = ___ + ___ + ___ + ___

P = _____ + ___ + ___

P = _____ + __

P = ____ unidades

Use la formula para el área

A = ***l*** x ***a***

A = ___ X ___

A = ____unidades cuadradas

Recta Numérica

Escribir el valor representado en la recta numérica al lado de la letra.

A B C 21.0 22.0 D

A ______ B ______

C ______ D ______

Vocabulario

Area
Factores
Entrada
Salida
Perímetro
Producto

______________ es la distancia alrededor de una figura de 2 dimensiones.

______________ son números que se multiplican para obtener otro número.

______________ es la respuesta cuando se multiplica.

______________ es la cantidad de espacio en la superficie de una fígura de 2dimensiones.

______________ es el número o valor que sale de un proceso.

______________ es el número o valor que se pone en un proceso.

Ejercicios de Cuarto Grado # 33

Nombre: ______________________

Computación

2 6 5 x 9	5 2 x 3 4 2 0 8 1 5 6 1,7 6 8	9 4.5 3 - 6.1 6

Datos de multiplicación - Tome su tiempo en segundos___.

8 x 6	6 x 0	8 x 1	9 x 2	8 x 9	6 x 7
7 x 9	2 x 7	4 x 3	5 x 4	12 x 2	11 x 3

Valor posicional / Multiplicación

Billones	,	C. millón	D. millón	Millones	,	C. millar	D. millar	Millar	,	Centena	Decena	Unidades	.	Décimas	Centési-
										5	0	0	.		

Multiplicar el número que aparece por **100** y escribir el producto en la parte inferior de la tabla de valor posicional.

500 x 100 =

Estimación por redondeo

Estimar a la posición de la centena
REDONDEA PRIMERO !!!

746 →
\+ 485 → +

Suma / Resta - Datos Familiares

10 + 7 = 17 __ + __ = __	__ - __ = __ __ - __ = __

Multiplicación / División - Datos Familiares

5 x 9 = 45 __ x __ = __	__ ÷ __ = __ __ ÷ __ = __

Dinero

Encuentra la cantidad de cambio que debe recibir.

Costo **$2.19** **Pago** **$5.00** Contar hasta

Centavo		
Moneda de cinco		
Moneda de diez		
Moneda de veinticinco		
Billete de un dólar		

¿Cuál es el cambio total que debe recibir?

Entrada y Salida

Completar la tabla de entrada / salida.

15 - ✩ = ◇

Entrada	Salida
✩	◇
0	
1	
2	
3	
4	

__ - __ = __
__ - __ = __
__ - __ = __
__ - __ = __
__ - __ = __

Medición

Las abreviaturas del Sistema ingles de medición no cambian al ser traducidas al español. Ejemplo la abreviatura para pulgadas =

Use la formula para el perímetro
P = *2l + 2a*

P = 2 x ___ ft + 2 x ___ ft
P = ___ ft + ____ ft
P = ____ pies

Use la formula para el área

A = *l* x ***a***

A = ___ ft X ___ ft
A = ____ pies cuadrados

☐ = 1 pie cuadrado

Recta Numérica

Escribir el valor representado en la recta numérica al lado de la letra.

A 17.0 B C 20.0 D

A ______ B ______
C ______ D ______

Vocabulario

Adición
División
Ecuación
Fórmula
Multiplicación
Sustracción

________________ es la operación o proceso para calcular el product.
________________ es una declaración matemática que incluye un signo igual.
________________ es la operación o proceso para calcular la suma.
________________ es la operación o proceso para calcular la diferencia.
________________ es la operación o proceso para calcular el cociente.
________________ es una regla matemática escrita usando símbolos.

Ejercicios de Cuarto Grado # 34

Nombre: ______________________

Computación

578 × 8 =	51 × 22 =	84.00 − 5.11 =

Datos de multiplicación - Tome su tiempo en segundos___.

7 x 5	5 x 9	7 x 0	8 x 3	9 x 8	7 x 6
8 x 8	3 x 8	5 x 2	6 x 5	11 x 5	12 x 1

Valor posicional / Multiplicación

Billones	,	C. millón	D. millón	Millones	,	C. millar	D. millar	Millar	,	Centena	Decena	Unidades	.	Décimas	Centési-
										5	3	2	.	5	
													.		

Multiplicar el número que aparece por **100** y escribir el producto en la parte inferior de la tabla de valor posicional.

532.5 x 100 =

Estimación por redondeo

Estimar a la posición de la decena

REDONDEA PRIMERO !!!

752 →

\+ 235 → +

Suma / Resta - Datos Familiares

13 + 7 = 20

__ + __ = __

__ - __ = __

__ - __ = __

Multiplicación / División - Datos Familiares

8 x 2 = 16

__ x __ = __

__ ÷ __ = __

__ ÷ __ = __

Dinero

Encuentra la cantidad de cambio que debe recibir.

Costo **$3.06** **Pago** **$5.00**

		Contar hasta
Centavo		
Moneda de cinco		
Moneda de diez		
Moneda de veinticinco		
Billete de un dólar		

¿Cuál es el cambio total que debe recibir?

Entrada y Salida

Completar la tabla de entrada / salida.

☆ - 12 = △

Entrada	Salida
☆	△
0	
1	
2	
3	
4	

__ - __ = __

__ - __ = __

__ - __ = __

__ - __ = __

__ - __ = __

Medición

Use la formula para el perímetro

P = *2l + 2a*

P = 2 x ____ in + 2 x ____ in

P = ____ in + _____ in

P = _____ pulgadas

Use la formula para el área

A = *l* x ***a***

A = ____ in X ____ in

A = _____ pulgada cuadrada

□ = 1 pulgada cuadrada

Recta Numérica

Escribir el valor representado en la recta numérica al lado de la letra.

A B C 11.0 11.5 D

A _______ B _______

C _______ D _______

Vocabulario

Adición
División
Ecuación
Fórmula
Multiplicación
Sustracción

_______________ es una declaración matemática que incluye un signo igual.

_______________ es la operación o proceso para calcular la diferencia.

_______________ es una regla matemática escrita usando símbolos.

_______________ es la operación o proceso para calcular la suma.

_______________ es la operación o proceso para calcular el producto.

_______________ es la operación o proceso para calcular el cociente.

Ejercicios de Cuarto Grado # 35

Nombre: ______________________

Computación

144 x 6	33 x 52	57.75 - 8.25

Datos de multiplicación - Tome su tiempo en segundos___.

8 x 5	6 x 9	8 x 0	9 x 1	8 x 8	6 x 6
7 x 8	2 x 6	4 x 2	5 x 3	12 x 3	11 x 2

Valor posicional / Multiplicación

Billones	,	C. millón	D. millón	Millones	,	C. millar	D. millar	Millar	,	Centena	Decena	Unidades	.	Décimas	Centési-
								5	,	1	4	7	.		
													.		

Multiplicar el número que aparece por **100** y escribir el producto en la parte inferior de la tabla de valor posicional.

5,147 x 100 =

Estimación por redondeo

Estimar a la posición de la centena
REDONDEA PRIMERO !!!

864 →
\+ 937 → +

Suma / Resta - Datos Familiares

10 + 17 = 27

__ + __ = __

__ - __ = __

__ - __ = __

Multiplicación / División - Datos Familiares

12 x 3 = 36

__ x __ = __

__ ÷ __ = __

__ ÷ __ = __

Dinero

Encuentra la cantidad de cambio que debe recibir.

Costo **$3.33** **Pago** **$5.00** Contar hasta

Centavo		
Moneda de cinco		
Moneda de diez		
Moneda de veinticinco		
Billete de un dólar		

¿Cuál es el cambio total que debe recibir?

Entrada y Salida

Completar la tabla de entrada / salida.

24 - □ = ○

Entrada	Salida
□	○
0	
1	
2	
3	
4	

__ - __ = __

__ - __ = __

__ - __ = __

__ - __ = __

__ - __ = __

Medición

Use la formula para el perímetro

P = *2l + 2a*

P = 2 x ___ in + 2 x ___ in

P = ___ in + ___ in

P = ___ pulgadas

Use la formula para el área

A = *l* x ***a***

A = ___ in X ___ in

A = ___pulgadas cuadra- das

□ = 1 pulgadas cuadradas

Recta Numérica

Escribir el valor representado en la recta numérica al lado de la letra.

A 1.25 B C 4.0 D

A ______ B ______

C ______ D ______

Vocabulario

Adición
División
Ecuación
Fórmula
Multiplicación
Sustracción

______________ es una regla matemática escrita usando símbolos.

______________ es la operación o proceso para calcular el cociente.

______________ es la operación o proceso para calcular el producto.

______________ es una declaración matemática que incluye un signo igual.

______________ es la operación o proceso para calcular la suma.

______________ es la operación o proceso para calcular la diferencia.

Ejercicios de Cuarto Grado # 36

Nombre: ____________________

Computación

765×4	77×55 ☺	$84.72 - 9.47$

Datos de multiplicación - Tome su tiempo en segundos___.

5 x 6	5 x 0	6 x 1	6 x 2	5 x 9	3 x 7
5 x 9	5 x 7	7 x 3	2 x 4	12 x 4	11 x 6

Valor posicional / Multiplicación

Billones	,	C. millón	D. millón	Millones	,	C. millar	D. millar	Millar	,	Centena	Decena	Unidades	.	Décimas	Centési-
							5	4	,	8	1	1	.		
													.		

Multiplicar el número que aparece por **100** y escribir el producto en la parte inferior de la tabla de valor posicional.

54,811 x 100 =

Estimación por redondeo

Estimar a la posición de la decena
REDONDEA PRIMERO !!!

442 →
\+ 765 → +

Suma / Resta - Datos Familiares

20 + 10 = 30
__ + __ = __

__ - __ = __
__ - __ = __

Multiplicación / División - Datos Familiares

8 x 9 = 72
__ x __ = __

__ ÷ __ = __
__ ÷ __ = __

Dinero

Encuentra la cantidad de cambio que debe recibir.

Costo **$1.88** **Pago** **$5.00** Contar hasta

Centavo		
Moneda de cinco		
Moneda de diez		
Moneda de veinticinco		
Billete de un dólar		

¿Cuál es el cambio total que debe recibir?

Entrada y Salida

Completar la tabla de entrada / salida.

20 - **X = Y**

Entrada X	Salida Y
0	
1	
2	
3	
4	

__ - __ = __
__ - __ = __
__ - __ = __
__ - __ = __
__ - __ = __

Medición

Use la formula para el perímetro

P = *2l + 2a*

P = 2 x ____ m + 2 x ____ m
P = ____ m + ____ m
P = ____ metros

Use la formula para el área

A = *l* x ***a***

A = ____ m X ____ m
A = ____metros cuadrados

☐ = 1 metro cuadrado

Recta Numérica

Escribir el valor representado en la recta numérica al lado de la letra.

A 10.0 B C 12.5 D

A ______ B ______
C ______ D ______

Vocabulario

Adición
División
Ecuación
Fórmula
Multiplicación
Sustracción

____________________ es la operación o proceso para calcular el cociente.

____________________ es una regla matemática escrita usando símbolos.

____________________ es la operación o proceso para calcular el producto.

____________________ es la operación o proceso para calcular la diferencia.

____________________ es la operación o proceso para calcular la suma.

____________________ es una declaración matemática que incluye un signo igual.

Ejercicios de Cuarto Grado # 37

Nombre: ______________________________

Computación

34 × 23 = ____	33 × 25 = ____	56.00 − 8.42

Datos de multiplicación - Tome su tiempo en segundos___.

8 x 9	6 x 3	3 x 4	9 x 5	8 x 4	6 x 1
3 x 3	2 x 0	4 x 7	5 x 3	12 x 5	11 x 7

Valor posicional / Multiplicación

Billones	,	C. millón	D. millón	Millones	,	C. millar	D. millar	Millar	,	Centena	Decena	Unidades	.	Décimas	Centési-
								1	,	2	0	0	.		
													.		

Multiplicar el número que aparece por **100** y escribir el producto en la parte inferior de la tabla de valor posicional.

1,200 x 100 =

Estimación por redondeo

Estimar a la posición de la centena
REDONDEA PRIMERO !!!

164 →
\+ 339 → +

Suma / Resta - Datos Familiares

2 + 15 = 17
__ + __ = __

__ - __ = __
__ - __ = __

Multiplicación / División - Datos Familiares

6 X 7 = 42
__ X __ = __

__ ÷ __ = __
__ ÷ __ = __

Dinero

Encuentra la cantidad de cambio que debe recibir.

Costo **$3.59** **Pago** **$5.00**

Contar hasta		
Centavo		
Moneda de cinco		
Moneda de diez		
Moneda de veinticinco		
Billete de un dólar		

¿Cuál es el cambio total que debe recibir?

Entrada y Salida

Completar la tabla de entrada / salida.

30 - ◇ = ⏢

Entrada	◇	0	1	2	3	4
Salida	⏢					

__ - __ = __ __ - __ = __
__ - __ = __ __ - __ = __
__ - __ = __

Medición

Use la formula para el perímetro
P = *2l + 2a*

P = 2 x ____ ft + 2 x ____ ft
P = ____ ft + ____ ft
P = ____ pies

Use la formula para el área

A = *l* x *a*

A = ____ ft X ____ ft
A = ____pies cuadrados

□ = 1 pie cuadrado

Recta Numérica

Escribir el valor representado en la recta numérica al lado de la letra.

A 4.0 B 5.0 C D

A ______ B ______
C ______ D ______

Vocabulario

Adición
División
Ecuación
Fórmula
Multiplicación
Sustracción

______________ es la operación o proceso para calcular la suma.

______________ es una regla matemática escrita usando símbolos.

______________ es una declaración matemática que incluye un signo igual.

______________ es la operación o proceso para calcular el cociente.

______________ es la operación o proceso para calcular el producto.

______________ es la operación o proceso para calcular la diferencia.

Ejercicios de Cuarto Grado # 38

Nombre: ______________________

Computación

62 x 43 = ____	26 x 31 = ____	44.00 - 7.65 = ____

Datos de multiplicación - Tome su tiempo en segundos___.

9 x 7	7 x 1	9 x 2	10 x 3	9 x 0	7 x 8
8 x 8	3 x 6	6 x 4	6 x 5	12 x 6	11 x 9

Valor posicional / Multiplicación

Billones	,	C. millón	D. millón	Millones	,	C. millar	D. millar	Millar	,	Centena	Decena	Unidades	.	Décimas	Centésimas
						8	4	0	,	5	0	0	.		
													.		

Multiplicar el número que aparece por **100** y escribir el producto en la parte inferior de la tabla de valor posicional.

840,500 x 100 =

Estimación por redondeo

Estimar a la posición de la centena
REDONDEA PRIMERO !!!

792 →
\+ 226 → +

Suma / Resta - Datos Familiares

50 + 14 = 64

__ + __ = __

__ - __ = __

__ - __ = __

Multiplicación / División - Datos Familiares

12 x 6 = 72

__ x __ = __

__ ÷ __ = __

__ ÷ __ = __

Dinero

Encuentra la cantidad de cambio que debe recibir.

Costo **$4.44** **Pago** **$5.00** Contar hasta

Centavo		
Moneda de cinco		
Moneda de diez		
Moneda de veinticinco		
Billete de un dólar		

¿Cuál es el cambio total que debe recibir?

Entrada y Salida

Completar la tabla de entrada / salida.

25 - **X** = **Y**

Entrada	**X**	0	1	2	3	4
Salida	**Y**					

__ - __ = __ __ - __ = __

__ - __ = __ __ - __ = __

__ - __ = __

Medición

Use la formula para el perímetro

P = *2l + 2a*

P = 2 x ____ in + 2 x ____ in

P = ____ in + _____ in

P = _____ pulgadas

Use la formula para el área

A = *l* x ***a***

A = ____ X ____

A = _____pulgadas cuadradas

□ = 1 pulgada cuadrada

Recta Numérica

Escribir el valor representado en la recta numérica al lado de la letra.

A 8.0 B C 11.5 D

A _______ B _______

C _______ D _______

Vocabulario

Adición
División
Ecuación
Fórmula
Multiplicación
Sustracción

______________________ es la operación o proceso para calcular la diferencia.

______________________ es una declaración matemática que incluye un signo igual.

______________________ es la operación o proceso para calcular el producto.

______________________ es la operación o proceso para calcular la suma.

______________________ es la operación o proceso para calcular el cociente.

______________________ es una regla matemática escrita usando símbolos.

Ejercicios de Cuarto Grado # 39

Nombre: ______________________________

Computación

36 x 25	74 x 55	11.00 - 9.99
____	____	____

Datos de multiplicación - Tome su tiempo en segundos___.

8 x 4	6 x 8	8 x 9	9 x 0	8 x 7	6 x 5
7 x 7	2 x 5	4 x 1	5 x 2	12 x 6	11 x 8

Valor posicional / Multiplicación

Billones	,	C. millón	D. millón	Millones	,	C. millar	D. millar	Millar	,	Centena	Decena	Unidades	.	Décimas	Centési-
										7	0	5	.		
													.		

Multiplicar el número que aparece por **100** y escribir el producto en la parte inferior de la tabla de valor posicional.

705 x 100 =

Estimación por redondeo

Estimar a la posición de la decena
REDONDEA PRIMERO !!!

392 ⟶

+ 926 ⟶ +

Suma / Resta - Datos Familiares

4 + 7 = 17

__ + __ = __

__ - __ = __

__ - __ = __

Multiplicación / División - Datos Familiares

7 X 2 = 14

__ X __ = __

__ ÷ __ = __

__ ÷ __ = __

Dinero

Encuentra la cantidad de cambio que debe recibir.

Costo **$4.12** **Pago** **$5.00** Contar hasta

Centavo		
Moneda de cinco		
Moneda de diez		
Moneda de veinticinco		
Billete de un dólar		

¿Cuál es el cambio total que debe recibir?

Entrada y Salida

Completar la tabla de entrada / salida.

8 - **X** = **Y**

Entrada	**X**	0	1	2	3	4
Salida	**Y**					

__ - __ = __ __ - __ = __

__ - __ = __ __ - __ = __

__ - __ = __

Medición

Use la formula para el perímetro

P = *2l + 2a*

P = 2 x ____ in + 2 x ____ in

P = ____ in + _____ in

P = _____ pulgadas

Use la formula para el área

A = *l* x *a*

A = ____ in X ____ in

A = _____pulgadas cuadradas

☐ = 1 pulgada cuadrada

Recta Numérica

Escribir el valor representado en la recta numérica al lado de la letra.

A B 3.0 4.0 C D

A ______ B ______

C ______ D ______

Vocabulario

Adición
División
Ecuación
Fórmula
Multiplicación
Sustracción

____________________ es una regla matemática escrita usando símbolos.

____________________ es la operación o proceso para calcular el producto.

____________________ es la operación o proceso para calcular el cociente.

____________________ es la operación o proceso para calcular la suma.

____________________ es la operación o proceso para calcular la diferencia.

____________________ es una declaración matemática que incluye un signo igual.

Ejercicios de Cuarto Grado # 40

Nombre: ______________________

Computación

62 × 45	47 × 85	10.00 − 5.55

Datos de multiplicación - Tome su tiempo en segundos___.

8 x 1	6 x 6	8 x 7	9 x 8	8 x 4	6 x 2
7 x 4	2 x 2	4 x 8	5 x 9	12 x 8	11 x 4

Valor posicional / Multiplicación

Billones	,	C. millón	D. millón	Millones	,	C. millar	D. millar	Millar	,	Centena	Decena	Unidades	.	Décimas	Centésimas
											3	0	.	5	
													.		

Multiplicar el número que aparece por **100** y escribir el producto en la parte inferior de la tabla de valor posicional.

30.5 x 100 =

Estimación por redondeo

Estimar a la posición de la centena
REDONDEA PRIMERO !!!

952 →
\+ 212 → +

Suma / Resta - Datos Familiares

5 + 6 = 11

__ + __ = __

__ - __ = __

__ - __ = __

Multiplicación / División - Datos Familiares

8 x 3 = 24

__ x __ = __

__ ÷ __ = __

__ ÷ __ = __

Dinero

Encuentra la cantidad de cambio que debe recibir.

Costo	Pago	
$3.08	$5.00	Contar hasta

Centavo		
Moneda de cinco		
Moneda de diez		
Moneda de veinticinco		
Billete de un dólar		

¿Cuál es el cambio total que debe recibir?

Entrada y Salida

Completar la tabla de entrada / salida.

11 - X = Y

Entrada	X	0	1	2	3	4
Salida	Y					

__ - __ = __ __ - __ = __

__ - __ = __ __ - __ = __

__ - __ = __

Medición

Use la formula para el perímetro
P = *2l + 2a*

P = 2 x ____ in + 2 x ____ in
P = ____ in + _____ in
P = _____ pulgadas

Use la formula para el área

A = *l* x *a*

A = ____ X ____
A = _____pulgadas cuadradas

☐ = 1 pulgada cuadrada

Recta Numérica

Escribir el valor representado en la recta numérica al lado de la letra.

A B C 7.75 9.0 D

A _______ B _______

C _______ D _______

Vocabulario

Adición
División
Ecuación
Fórmula
Multiplicación
Sustracción

_______________ es la operación o proceso para calcular el producto.

_______________ es la operación o proceso para calcular la diferencia.

_______________ es una regla matemática escrita usando símbolos.

_______________ es la operación o proceso para calcular el cociente.

_______________ es la operación o proceso para calcular la suma.

_______________ es una declaración matemática que incluye un signo igual.

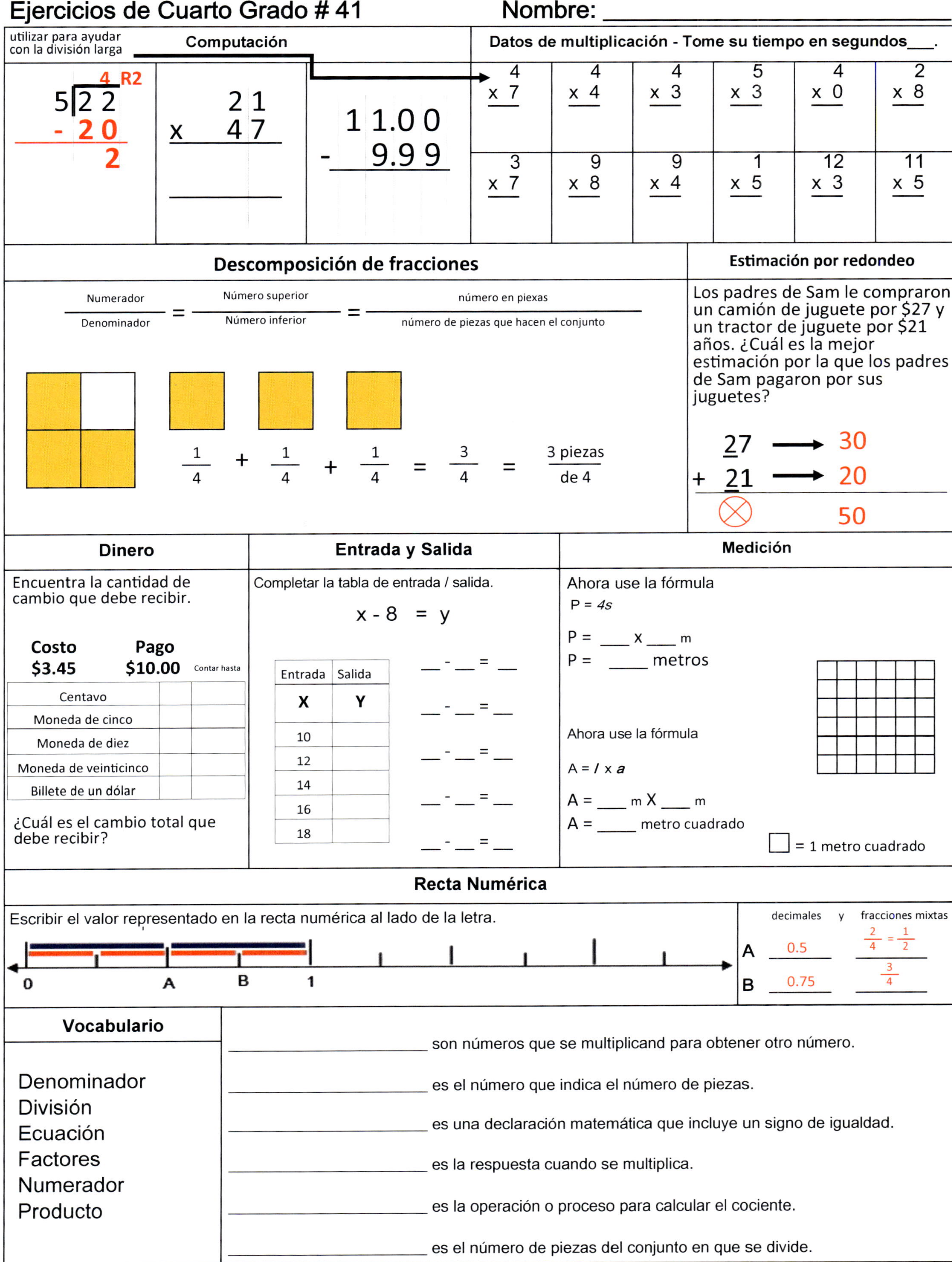

Ejercicios de Cuarto Grado # 41

Nombre: ____________________

utilizar para ayudar con la división larga

Computación

5)22 → 4 R2
- 20
2

21 x 47 = ______

11.00 - 9.99

Datos de multiplicación - Tome su tiempo en segundos___.

4 x 7	4 x 4	4 x 3	5 x 3	4 x 0	2 x 8
3 x 7	9 x 8	9 x 4	1 x 5	12 x 3	11 x 5

Descomposición de fracciones

$\frac{\text{Numerador}}{\text{Denominador}} = \frac{\text{Número superior}}{\text{Número inferior}} = \frac{\text{número en piexas}}{\text{número de piezas que hacen el conjunto}}$

$\frac{1}{4} + \frac{1}{4} + \frac{1}{4} = \frac{3}{4} = \frac{\text{3 piezas}}{\text{de 4}}$

Estimación por redondeo

Los padres de Sam le compraron un camión de juguete por $27 y un tractor de juguete por $21 años. ¿Cuál es la mejor estimación por la que los padres de Sam pagaron por sus juguetes?

27 → 30
\+ 21 → 20
50

Dinero

Encuentra la cantidad de cambio que debe recibir.

Costo **$3.45** **Pago** **$10.00** Contar hasta

Centavo		
Moneda de cinco		
Moneda de diez		
Moneda de veinticinco		
Billete de un dólar		

¿Cuál es el cambio total que debe recibir?

Entrada y Salida

Completar la tabla de entrada / salida.

x - 8 = y

Entrada	Salida
X	**Y**
10	
12	
14	
16	
18	

__ - __ = __
__ - __ = __
__ - __ = __
__ - __ = __
__ - __ = __

Medición

Ahora use la fórmula
P = *4s*

P = ___ x ___ m
P = _____ metros

Ahora use la fórmula

A = *l* x *a*

A = ___ m X ___ m
A = _____ metro cuadrado

☐ = 1 metro cuadrado

Recta Numérica

Escribir el valor representado en la recta numérica al lado de la letra.

0 A B 1

	decimales	y	fracciones mixtas
A	0.5		$\frac{2}{4} = \frac{1}{2}$
B	0.75		$\frac{3}{4}$

Vocabulario

Denominador
División
Ecuación
Factores
Numerador
Producto

__________ son números que se multiplicand para obtener otro número.

__________ es el número que indica el número de piezas.

__________ es una declaración matemática que incluye un signo de igualdad.

__________ es la respuesta cuando se multiplica.

__________ es la operación o proceso para calcular el cociente.

__________ es el número de piezas del conjunto en que se divide.

Ejercicios de Cuarto Grado # 42

Nombre: ____________________

Computación

utilizar para ayudar con la división larga

$6\overline{)20}$

$$\begin{array}{r} 56 \\ \times\ 32 \\ \hline \end{array}$$

$$\begin{array}{r} 22.00 \\ -\ 5.53 \\ \hline \end{array}$$

Datos de multiplicación - Tome su tiempo en segundos___.

6 x 7	6 x 4	6 x 3	6 x 6	6 x 0	6 x 8
6 x 1	6 x 9	6 x 2	6 x 5	12 x 6	11 x 6

Descomposición de fracciones

$\frac{\text{Numerador}}{\text{Denominador}} = \frac{\text{Número superior}}{\text{Número inferior}} = \frac{\text{número en piexas}}{\text{número de piezas que hacen el conjunto}}$

$\frac{1}{\_} + \frac{1}{\_} + \frac{1}{\_} + \frac{1}{\_} + \frac{1}{\_} = \frac{\_}{\_} = \frac{\text{piezas}}{\text{de}}$

Estimación por redondeo

Micah quiere comprar una guitarra de $233 y una batería por $149. ¿Cuál es la mejor estimación, al lugar decenas más cercano, para el equipo que Micah quiere comprar?

+ → +

Dinero

Encuentra la cantidad de cambio que debe recibir.

Costo **$8.21** **Pago** **$10.00** Contar hasta

Centavo		
Moneda de cinco		
Moneda de diez		
Moneda de veinticinco		
Billete de un dólar		

¿Cuál es el cambio total que debe recibir?

Entrada y Salida

Completar la tabla de entrada / salida.

15 - x = y

Entrada	Salida
X	**Y**
0	
2	
4	
6	
8	

__ - __ = __

__ - __ = __

__ - __ = __

__ - __ = __

__ - __ = __

Medición

Ahora use la fórmula

P = 4s

P = ___ x ___ m

P = ____ metros

Ahora use la fórmula

A = *l* x ***a***

A = ___ m X ___ m

A = ____ metros cuadra- dos

□ = 1 metro cuadrado

Recta Numérica

Escribir el valor representado en la recta numérica al lado de la letra.

0 A 1 B

	decimales	y fracciones mixtas
A	_______	_______
B	_______	_______

Vocabulario

Denominador
División
Ecuación
Factores
Numerador
Producto

_______________ es el número de piezas del conjunto en que se divide.

_______________ es la respuesta cuando se multiplica.

_______________ son números que se multiplicand para obtener otro número.

_______________ es el número que indica el número de piezas.

_______________ es la operación o proceso para calcular el cociente.

_______________ es una declaración matemática que incluye un signo de igualdad.

Ejercicios de Cuarto Grado # 43

Nombre: ____________________

Computación

utilizar para ayudar con la división larga

$4\overline{)35}$

45
x 22

15.00
- 6.86

Datos de multiplicación - Tome su tiempo en segundos___.

4 x 4	4 x 3	4 x 9	4 x 5	4 x 6	4 x 7
4 x 8	4 x 0	4 x 1	4 x 2	12 x 4	11 x 4

Descomposición de fracciones

$\frac{\text{Numerador}}{\text{Denominador}} = \frac{\text{Número superior}}{\text{Número inferior}} = \frac{\text{número en piexas}}{\text{número de piezas que hacen el conjunto}}$

$\frac{1}{\_} + \frac{1}{\_} + \frac{1}{\_} + \frac{1}{\_} + \frac{1}{\_} = \frac{\_}{\_} = \frac{\text{piezas}}{\text{de}}$

Estimación por redondeo

Corey compró 2 cajas de golosinas para perros. Una caja tiene 368 golosinas y la ota tiene 54 golosinas. ¿Cuál es la mejor estimación para la cantidad de golosinas que Corey tiene?

→

\+ →+

Dinero

Encuentra la cantidad de cambio que debe recibir.

Costo **$6.15** **Pago** **$10.00** Contar hasta

Centavo		
Moneda de cinco		
Moneda de diez		
Moneda de veinticinco		
Billete de un dólar		

¿Cuál es el cambio total que debe recibir?

Entrada y Salida

Completar la tabla de entrada / salida.

X - 12= y

Entrada	Salida
X	**Y**
20	
22	
24	
26	
28	

__ - __ = __

__ - __ = __

__ - __ = __

__ - __ = __

__ - __ = __

Medición

Ahora use la fórmula

P = 4s

P = ___ x ___ m

P = ____ metros

Ahora use la fórmula

A = *l* x *a*

A = ___ m X ___ m

A = ____ metros cuadrados

☐ = 1 metro cuadrado

Recta Numérica

Escribir el valor representado en la recta numérica al lado de la letra.

0 A 1 B

	decimales	y fracciones mixtas
A	______	______
B	______	______

Vocabulario

Denominador
División
Ecuación
Factores
Numerador
Producto

____________________ es una declaración matemática que incluye un signo de igualdad.

____________________ es la operación o proceso para calcular el cociente.

____________________ es el número de piezas del conjunto en que se divide.

____________________ son números que se multiplicand para obtener otro número.

____________________ es la respuesta cuando se multiplica.

____________________ es el número que indica el número de piezas.

Ejercicios de Cuarto Grado # 44

Nombre: ______________________________

utilizar para ayudar con la división larga

Computación

$2\overline{)42}$

	14
x	11

	11.00
-	3.79

Datos de multiplicación - Tome su tiempo en segundos___.

9 x 2	7 x 2	2 x 2	1 x 2	6 x 2	5 x 2
0 x 2	3 x 2	8 x 2	4 x 2	12 x 2	11 x 2

Descomposición de fracciones

$\frac{\text{Numerador}}{\text{Denominador}} = \frac{\text{Número superior}}{\text{Número inferior}} = \frac{\text{número en piexas}}{\text{número de piezas que hacen el conjunto}}$

__ + __ + __ = __ = piezas / de

Estimación por redondeo

Lana tiene 136 pasadores para el pelo, 43 bandas para el cabello, y 178 cintas para el cabello. ¿Cuál es la mejor estimación del número de accesorios para el cabello Lana?

→
→
→
+ +

Dinero

Encuentra la cantidad de cambio que debe recibir.

Costo **$7.25** **Pago** **$10.00** Contar hasta

Centavo		
Moneda de cinco		
Moneda de diez		
Moneda de veinticinco		
Billete de un dólar		

¿Cuál es el cambio total que debe recibir?

Entrada y Salida

Completar la tabla de entrada / salida.

X - 5= y

Entrada	Salida
X	Y
10	
12	
14	
16	
18	

__ - __ = __
__ - __ = __
__ - __ = __
__ - __ = __
__ - __ = __

Medición

Ahora use la fórmula

P = 4s

P = ____ x ____ in

P = _____ pulgadas

Ahora use la fórmula

A = *l* x ***a***

A = ____ in X ____ in

A = _____ pulgadas cuadradas

□ = 1 pulgada cuadrada

Recta Numérica

Escribir el valor representado en la recta numérica al lado de la letra.

0 1 A B

	decimales	y fracciones mixtas
A	_______	_______
B	_______	_______

Vocabulario

Denominador
División
Ecuación
Factores
Numerador
Producto

____________________ es el número de piezas del conjunto en que se divide.

____________________ es la operación o proceso para calcular el cociente.

____________________ es el número que indica el número de piezas.

____________________ es una declaración matemática que incluye un signo de igualdad.

____________________ es la respuesta cuando se multiplica.

____________________ son números que se multiplicand para obtener otro número.

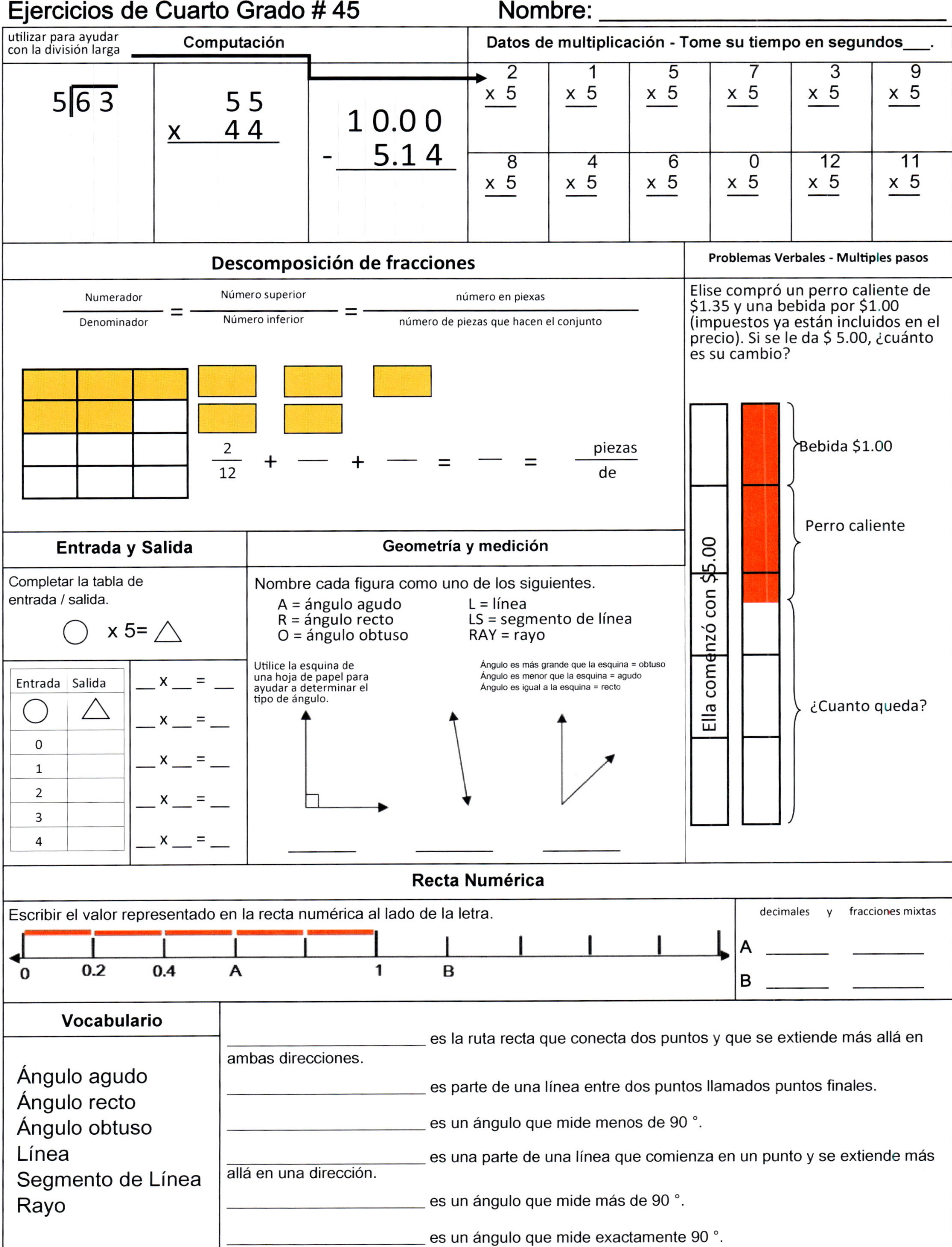

Ejercicios de Cuarto Grado # 45

Nombre: ______________________

utilizar para ayudar con la división larga

Computación

5⟌63	55 × 44	10.00 − 5.14

Datos de multiplicación - Tome su tiempo en segundos___.

2 x 5	1 x 5	5 x 5	7 x 5	3 x 5	9 x 5
8 x 5	4 x 5	6 x 5	0 x 5	12 x 5	11 x 5

Descomposición de fracciones

$\frac{\text{Numerador}}{\text{Denominador}} = \frac{\text{Número superior}}{\text{Número inferior}} = \frac{\text{número en piexas}}{\text{número de piezas que hacen el conjunto}}$

$\frac{2}{12}$ + — + — = — = $\frac{\text{piezas}}{\text{de}}$

Problemas Verbales - Multiples pasos

Elise compró un perro caliente de $1.35 y una bebida por $1.00 (impuestos ya están incluidos en el precio). Si se le da $ 5.00, ¿cuánto es su cambio?

Ella comenzó con $5.00

Bebida $1.00

Perro caliente

¿Cuanto queda?

Entrada y Salida

Completar la tabla de entrada / salida.

○ x 5= △

Entrada	Salida
○	△
0	
1	
2	
3	
4	

__ x __ = __

__ x __ = __

__ x __ = __

__ x __ = __

__ x __ = __

Geometría y medición

Nombre cada figura como uno de los siguientes.

A = ángulo agudo
R = ángulo recto
O = ángulo obtuso
L = línea
LS = segmento de línea
RAY = rayo

Utilice la esquina de una hoja de papel para ayudar a determinar el tipo de ángulo.

Ángulo es más grande que la esquina = obtuso
Ángulo es menor que la esquina = agudo
Ángulo es igual a la esquina = recto

_______ _______ _______

Recta Numérica

Escribir el valor representado en la recta numérica al lado de la letra.

0 0.2 0.4 A 1 B

	decimales	y fracciones mixtas
A	_______	_______
B	_______	_______

Vocabulario

Ángulo agudo
Ángulo recto
Ángulo obtuso
Línea
Segmento de Línea
Rayo

____________________ es la ruta recta que conecta dos puntos y que se extiende más allá en ambas direcciones.

____________________ es parte de una línea entre dos puntos llamados puntos finales.

____________________ es un ángulo que mide menos de 90 °.

____________________ es una parte de una línea que comienza en un punto y se extiende más allá en una dirección.

____________________ es un ángulo que mide más de 90 °.

____________________ es un ángulo que mide exactamente 90 °.

Ejercicios de Cuarto Grado # 46

Nombre: ______________________

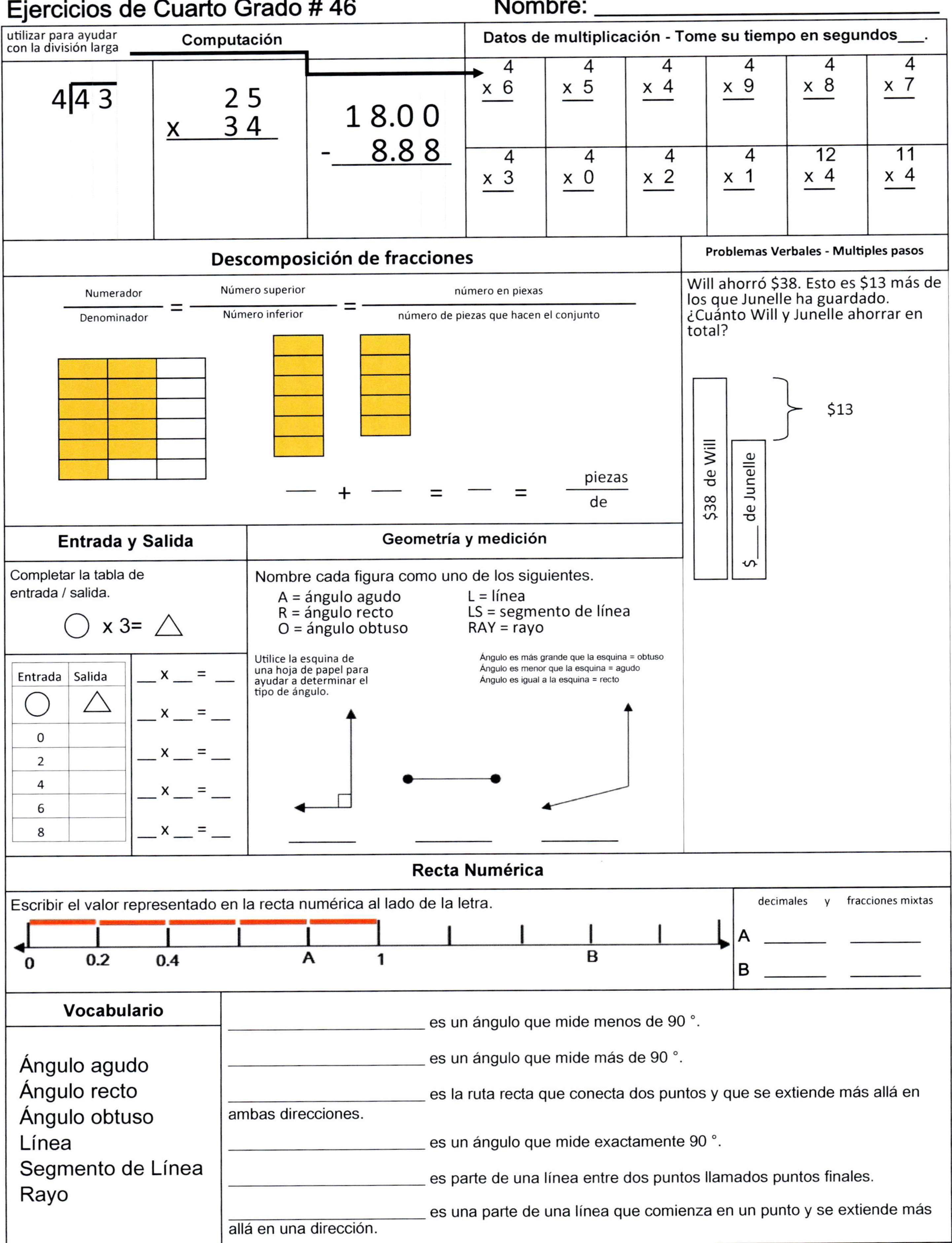

Ejercicios de Cuarto Grado # 47

Nombre: ______________________

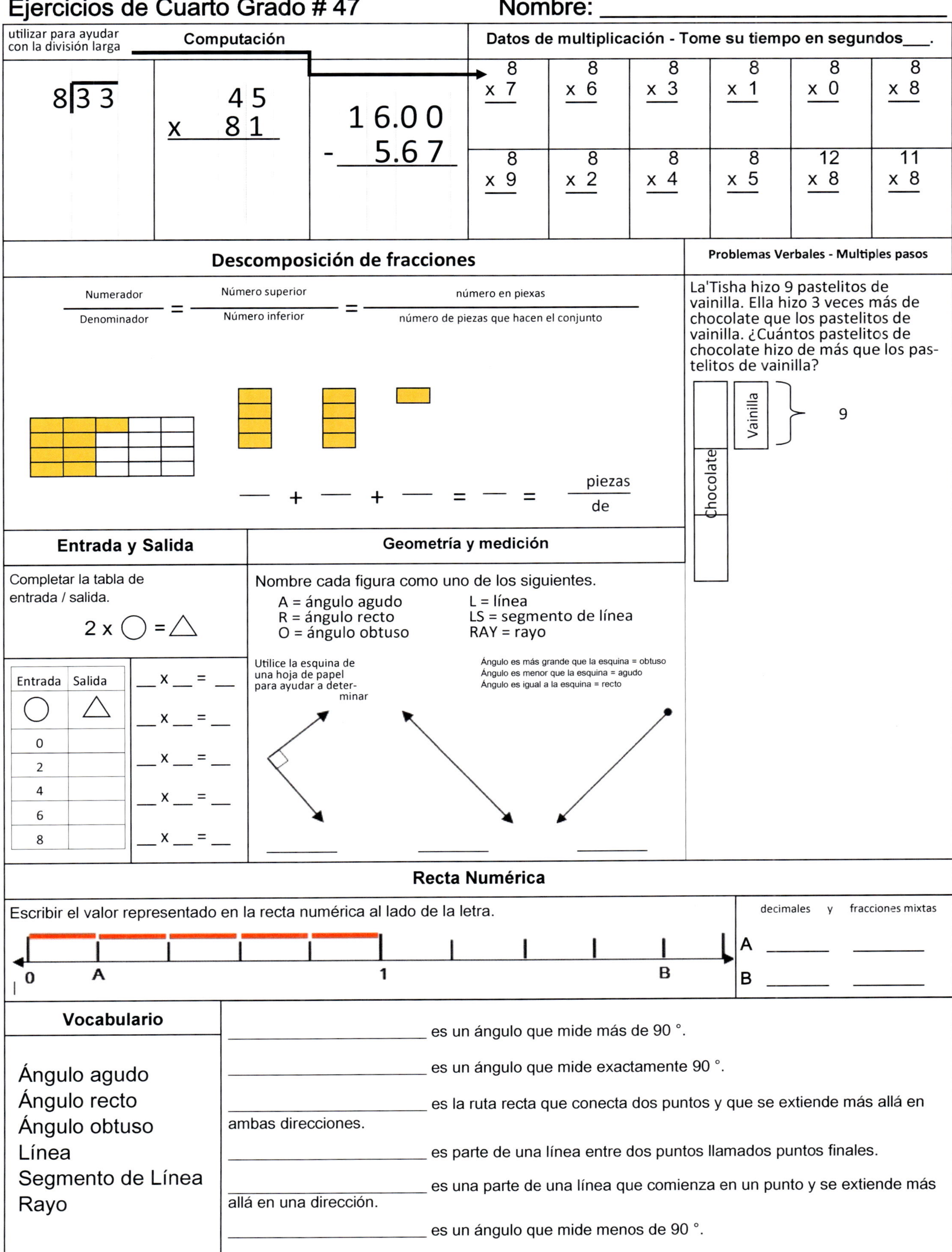

utilizar para ayudar con la división larga

Computación

$8\overline{)33}$

$$\begin{array}{r} 45 \\ \times\ 81 \\ \hline \end{array}$$

$$\begin{array}{r} 16.00 \\ -\ 5.67 \\ \hline \end{array}$$

Datos de multiplicación - Tome su tiempo en segundos___.

8 x 7	8 x 6	8 x 3	8 x 1	8 x 0	8 x 8
8 x 9	8 x 2	8 x 4	8 x 5	12 x 8	11 x 8

Descomposición de fracciones

$\frac{\text{Numerador}}{\text{Denominador}} = \frac{\text{Número superior}}{\text{Número inferior}} = \frac{\text{número en piexas}}{\text{número de piezas que hacen el conjunto}}$

__ + __ + __ = __ = $\frac{\text{piezas}}{\text{de}}$

Problemas Verbales - Multiples pasos

La'Tisha hizo 9 pastelitos de vainilla. Ella hizo 3 veces más de chocolate que los pastelitos de vainilla. ¿Cuántos pastelitos de chocolate hizo de más que los pastelitos de vainilla?

Vainilla 9

Chocolate

Entrada y Salida

Completar la tabla de entrada / salida.

2 x ○ = △

Entrada ○	Salida △
0	
2	
4	
6	
8	

__ x __ = __

__ x __ = __

__ x __ = __

__ x __ = __

__ x __ = __

Geometría y medición

Nombre cada figura como uno de los siguientes.

A = ángulo agudo
R = ángulo recto
O = ángulo obtuso

L = línea
LS = segmento de línea
RAY = rayo

Utilice la esquina de una hoja de papel para ayudar a determinar

Ángulo es más grande que la esquina = obtuso
Ángulo es menor que la esquina = agudo
Ángulo es igual a la esquina = recto

________ ________ ________

Recta Numérica

Escribir el valor representado en la recta numérica al lado de la letra.

0 A 1 B

	decimales	y fracciones mixtas
A	______	______
B	______	______

Vocabulario

Ángulo agudo
Ángulo recto
Ángulo obtuso
Línea
Segmento de Línea
Rayo

________________ es un ángulo que mide más de 90 °.

________________ es un ángulo que mide exactamente 90 °.

________________ es la ruta recta que conecta dos puntos y que se extiende más allá en ambas direcciones.

________________ es parte de una línea entre dos puntos llamados puntos finales.

________________ es una parte de una línea que comienza en un punto y se extiende más allá en una dirección.

________________ es un ángulo que mide menos de 90 °.

Ejercicios de Cuarto Grado # 48

Nombre: ______________________

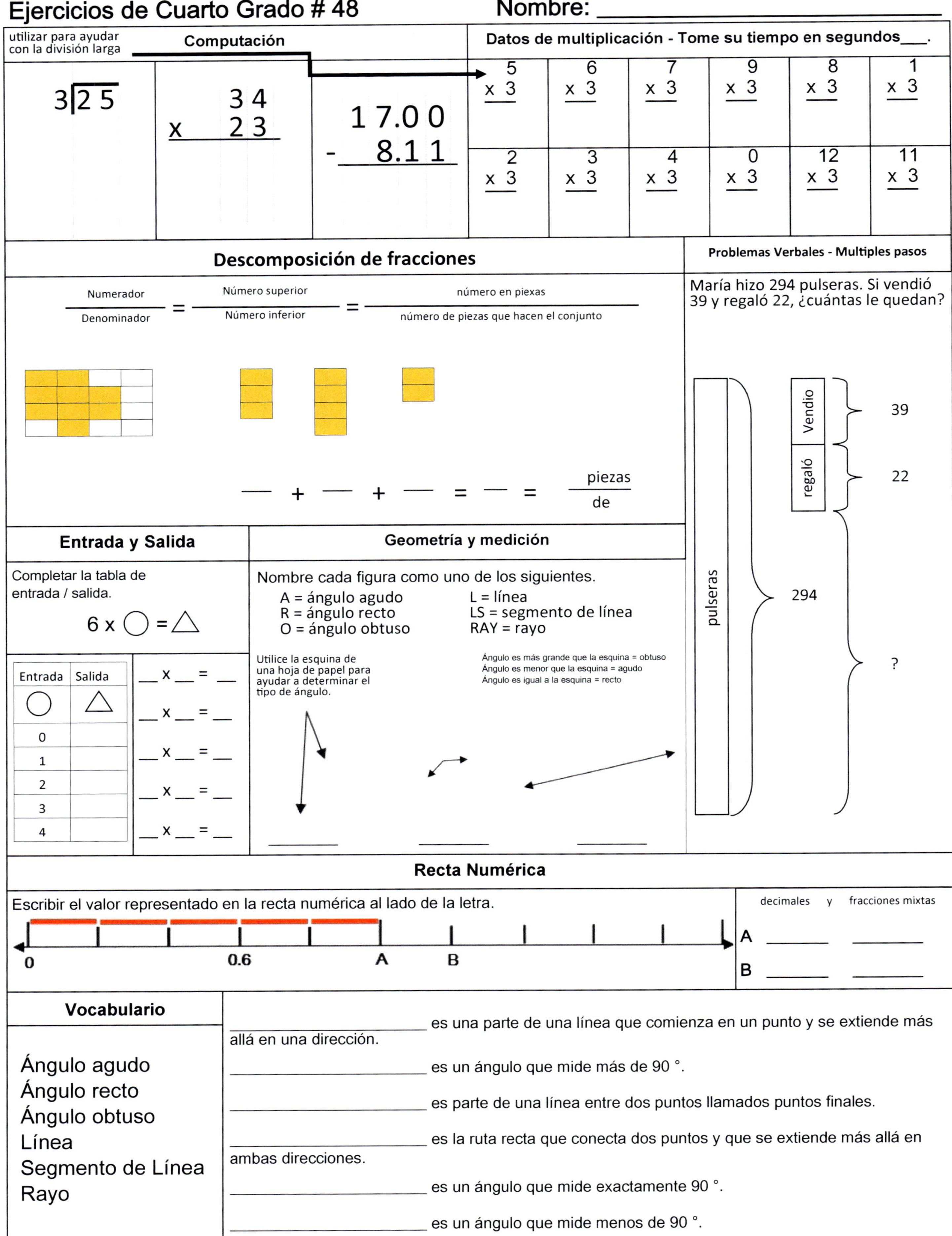

Computación

utilizar para ayudar con la división larga

3|25

34 x 23

17.00 - 8.11

Datos de multiplicación - Tome su tiempo en segundos___.

5 x 3	6 x 3	7 x 3	9 x 3	8 x 3	1 x 3
2 x 3	3 x 3	4 x 3	0 x 3	12 x 3	11 x 3

Descomposición de fracciones

Numerador / Denominador = Número superior / Número inferior = número en piexas / número de piezas que hacen el conjunto

__ + __ + __ = __ = piezas / de

Problemas Verbales - Multiples pasos

María hizo 294 pulseras. Si vendió 39 y regaló 22, ¿cuántas le quedan?

Entrada y Salida

Completar la tabla de entrada / salida.

6 x ○ = △

Entrada	Salida
○	△
0	
1	
2	
3	
4	

__ x __ = __

__ x __ = __

__ x __ = __

__ x __ = __

__ x __ = __

Geometría y medición

Nombre cada figura como uno de los siguientes.

A = ángulo agudo
R = ángulo recto
O = ángulo obtuso
L = línea
LS = segmento de línea
RAY = rayo

Utilice la esquina de una hoja de papel para ayudar a determinar el tipo de ángulo.

Ángulo es más grande que la esquina = obtuso
Ángulo es menor que la esquina = agudo
Ángulo es igual a la esquina = recto

______ ______ ______

Recta Numérica

Escribir el valor representado en la recta numérica al lado de la letra.

	decimales	y fracciones mixtas
A	______	______
B	______	______

Vocabulario

Ángulo agudo
Ángulo recto
Ángulo obtuso
Línea
Segmento de Línea
Rayo

______________ es una parte de una línea que comienza en un punto y se extiende más allá en una dirección.

______________ es un ángulo que mide más de 90 °.

______________ es parte de una línea entre dos puntos llamados puntos finales.

______________ es la ruta recta que conecta dos puntos y que se extiende más allá en ambas direcciones.

______________ es un ángulo que mide exactamente 90 °.

______________ es un ángulo que mide menos de 90 °.

Ejercicios de Cuarto Grado # 49

Nombre: ____________________

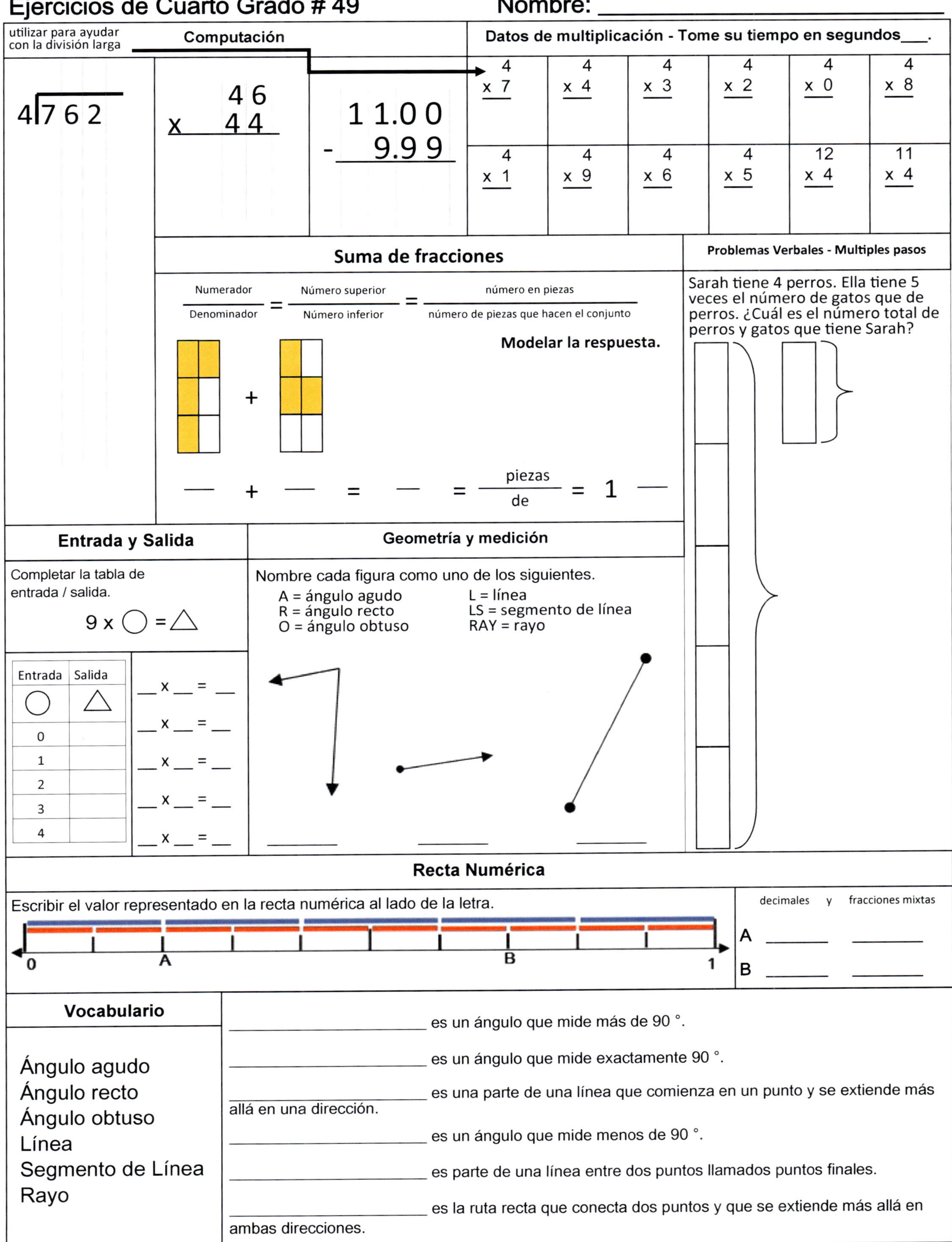

Vocabulario

Ángulo agudo
Ángulo recto
Ángulo obtuso
Línea
Segmento de Línea
Rayo

____________________ es un ángulo que mide más de 90 °.

____________________ es un ángulo que mide exactamente 90 °.

____________________ es una parte de una línea que comienza en un punto y se extiende más allá en una dirección.

____________________ es un ángulo que mide menos de 90 °.

____________________ es parte de una línea entre dos puntos llamados puntos finales.

____________________ es la ruta recta que conecta dos puntos y que se extiende más allá en ambas direcciones.

Ejercicios de Cuarto Grado # 50

Nombre: ______________________

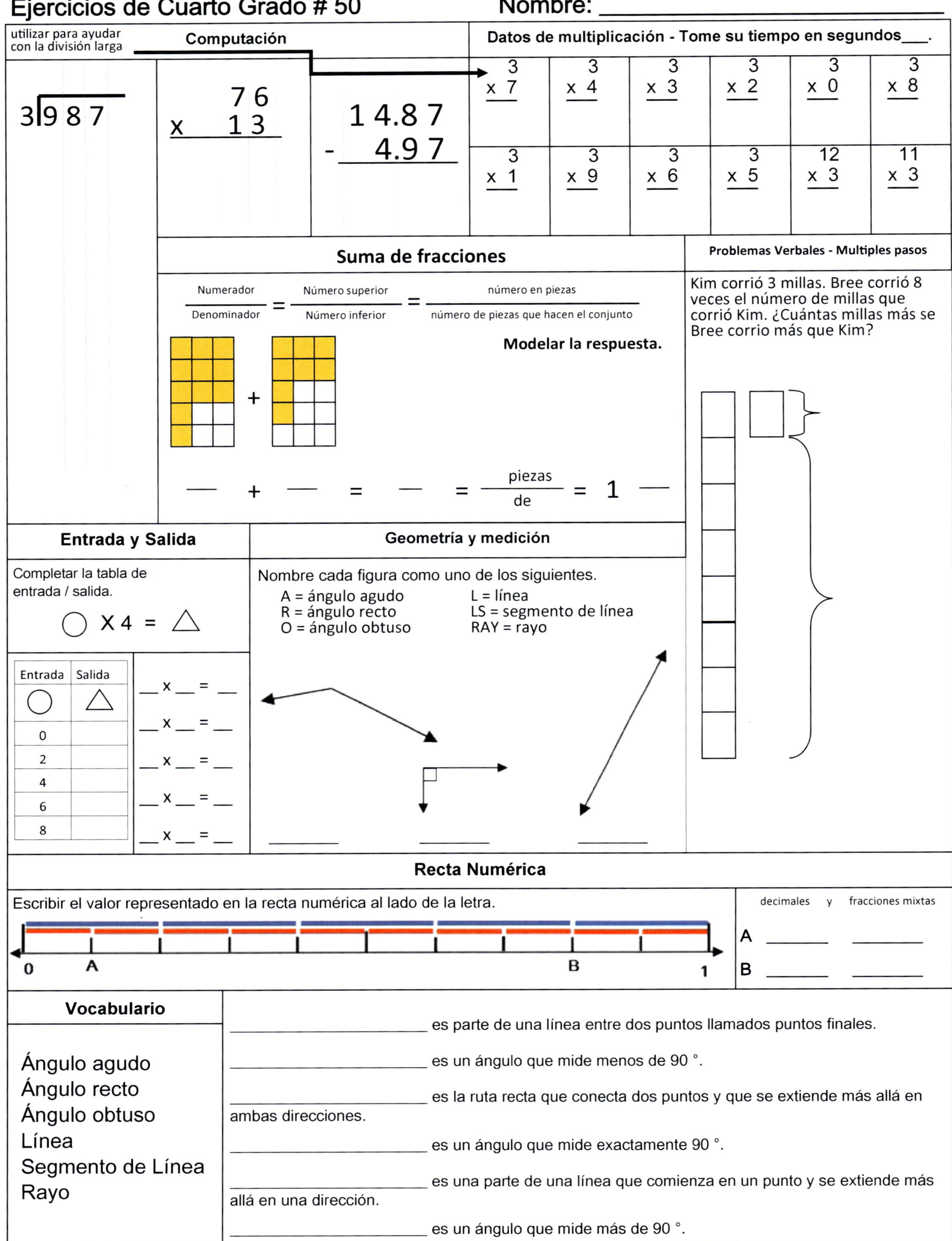

Vocabulario

Ángulo agudo
Ángulo recto
Ángulo obtuso
Línea
Segmento de Línea
Rayo

______________ es parte de una línea entre dos puntos llamados puntos finales.

______________ es un ángulo que mide menos de 90 °.

______________ es la ruta recta que conecta dos puntos y que se extiende más allá en ambas direcciones.

______________ es un ángulo que mide exactamente 90 °.

______________ es una parte de una línea que comienza en un punto y se extiende más allá en una dirección.

______________ es un ángulo que mide más de 90 °.

Ejercicios de Cuarto Grado # 51

Nombre: ______________________________

utilizar para ayudar con la división larga

Computación

$5\overline{)688}$

$$\begin{array}{r} 46 \\ \times\ 52 \\ \hline \end{array}$$

$$\begin{array}{r} 11.57 \\ -\ 9.38 \\ \hline \end{array}$$

Datos de multiplicación - Tome su tiempo en segundos___.

5 x 7	5 x 4	5 x 3	5 x 2	5 x 0	5 x 8
5 x 1	5 x 9	5 x 6	5 x 5	12 x 5	11 x 5

Suma de fracciones

Modelar la respuesta.

+

___ + ___ = ___ = piezas / de = 1 ___

Problemas Verbales - Multiples pasos

Tim tiene 30 camisas. Tres de ellos son de color púrpura, 8 son azules, 7 son verdes, y el resto son de color blanco. ¿Cuántas camisas blanca tiene Tim?

Camisas de Tim

Entrada y Salida

Completar la tabla de entrada / salida.

24 ÷ ○ = △

Entrada ○	Salida △
2	
4	
6	
8	

__ ÷ __ = __

__ ÷ __ = __

__ ÷ __ = __

__ ÷ __ = __

__ ÷ __ = __

Geometría y medición

Nombre cada figura como uno de los siguientes.

A = ángulo agudo
R = ángulo recto
O = ángulo obtuso
L = línea
LS = segmento de línea
RAY = rayo

________ ________ ________

Recta Numérica

Escribir el valor representado en la recta numérica al lado de la letra.

0 A B 1

	decimales	y	fracciones mixtas
A	______		______
B	______		______

Vocabulario

Ángulo agudo
Ángulo recto
Ángulo obtuso
Línea
Segmento de Línea
Rayo

________________ es una parte de una línea que comienza en un punto y se extiende más allá en una dirección.

________________ es parte de una línea entre dos puntos llamados puntos finales.

________________ es un ángulo que mide exactamente 90 °.

________________ es la ruta recta que conecta dos puntos y que se extiende más allá en ambas direcciones.

________________ es un ángulo que mide menos de 90 °.

________________ es un ángulo que mide más de 90 °.

Ejercicios de Cuarto Grado # 52

Nombre: ______________________

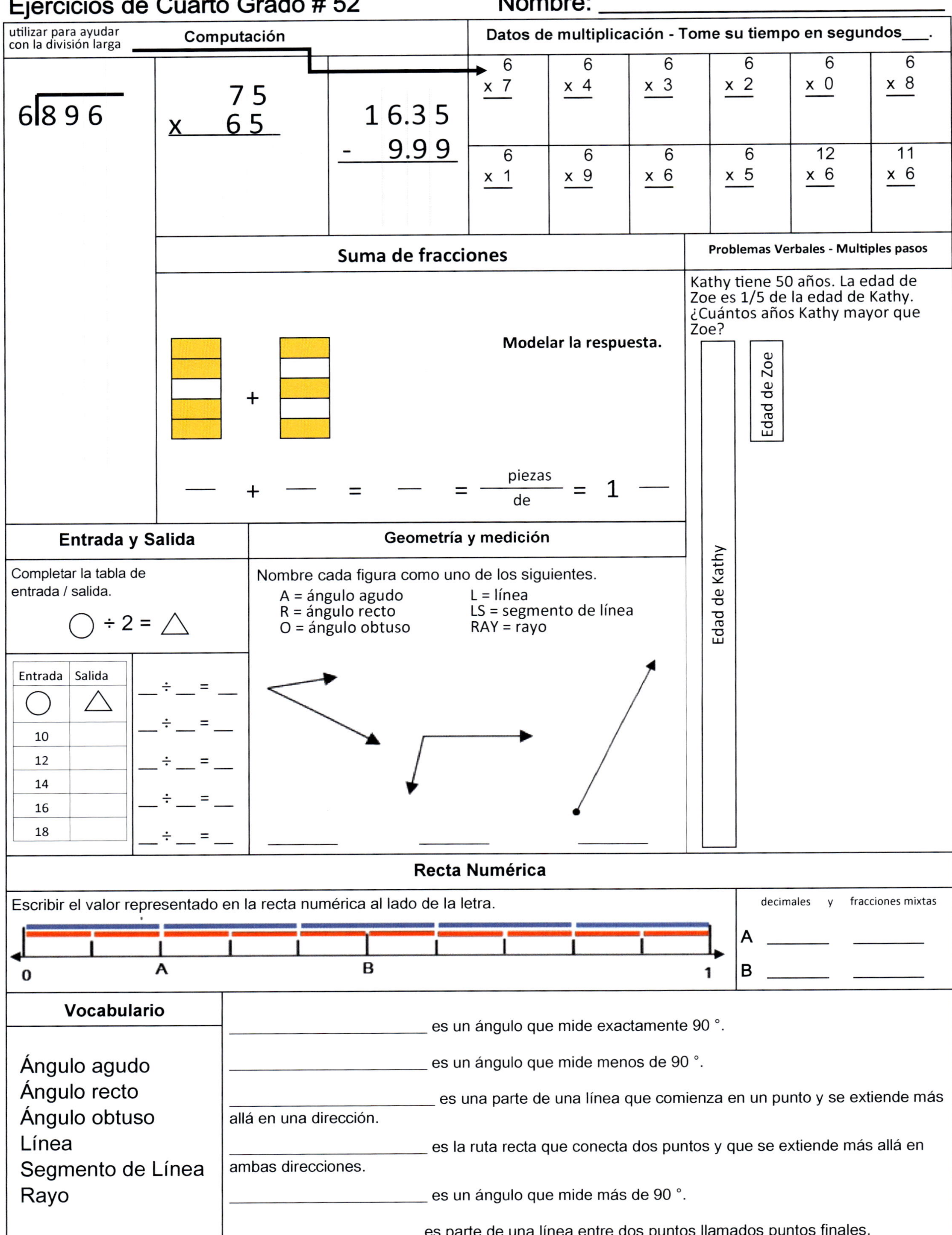

Ejercicios de Cuarto Grado # 53

Nombre: ______________________

Computación

9)9 1 5

  6 5
x 9 2

  2 5.3 1
- 8.4 2

Datos de multiplicación - Tome su tiempo en segundos___.

9 x 7	9 x 4	9 x 3	9 x 2	9 x 0	9 x 8
9 x 1	9 x 9	9 x 6	9 x 5	12 x 9	11 x 9

Suma de fracciones

Modelar la respuesta.

+ +

— + — + — = — = piezas / de = 1 —

Problemas Verbales - Multiples pasos

Liz bebió 6 onzas de ponche. Angie bebió 5 veces más que Liz. ¿Cuántos onzas más bebió Angie de ponche?

Ejes de simetría

¿Cuántas líneas de simetría se puede dibujar en la figura de abajo?

He encontrado un eje de simetría, ¿cuántos puedes

Geometría y medición

Identifica cada conjunto de líneas que se muestra abajo como **líneas paralelas**, **líneas perpendiculares** o **ninguna** paralela o perpendicular.

______ ______ ______

Recta Numérica

Escribir el valor representado en la recta numérica al lado de la letra.

0 A B 1

	decimales	y fracciones mixtas
A	______	______
B	______	______

Vocabulario

Divisor
Dividendo
Líneas Paralelas
Líneas Perpendiculares
Cociente
Simetría

______________ se produce cuando el medio de un objeto es una imagen especular de la otra mitad.

______________ son líneas que siempre estan a la misma distancia y nunca toca.

______________ son líneas que se cruzan y están en ángulo recto entre sí.

______________ está fuera de la casa de la división y es el número se divide por.

______________ está dentro de la casa de la división y es el número al que desea dividir.

______________ es la respuesta a un problema de división.

Ejercicios de Cuarto Grado # 54

Nombre: ____________________

Computación

$4\overline{)895}$

$$\begin{array}{r} 12 \\ \times \ 45 \\ \hline \end{array}$$

$$\begin{array}{r} 53.24 \\ - \ 6.71 \\ \hline \end{array}$$

Datos de multiplicación - Tome su tiempo en segundos___.

4 × 7	4 × 4	4 × 3	4 × 2	4 × 0	4 × 8
4 × 1	4 × 9	4 × 6	9 × 4	12 × 4	11 × 4

Suma de fracciones

Modelar la respuesta.

+

__ + __ = __ = piezas / de = __

Problemas Verbales - Multiples pasos

Trent tiene una bolsa de 100 paletas. Se come 12 paletas y regala 32. Dibuje un diagrama a de tiras y calcula el número de paletas que Trent ha dejado.

Ejes de simetría

¿Cuántas líneas de simetría se puede dibujar en la figura de abajo?

Geometría y medición

Identifica cada conjunto de líneas que se muestra abajo como **líneas paralelas**, **líneas perpendiculares** o **ninguna** paralela o perpendicular.

__________ __________ __________

Recta Numérica

Escribir el valor representado en la recta numérica al lado de la letra.

0 A B 1

	decimales	y fracciones mixtas
A	______	______
B	______	______

Vocabulario

Divisor
Dividendo
Líneas Paralelas
Líneas Perpendiculares
Cociente
Simetría

__________________ son líneas que se cruzan y están en ángulo recto entre sí.

__________________ es la respuesta a un problema de división.

__________________ se produce cuando el medio de un objeto es una imagen especular de la otra mitad.

__________________ son líneas que siempre estan a la misma distancia y nunca toca.

__________________ está fuera de la casa de la división y es el número se divide por.

__________________ está dentro de la casa de la división y es el número al que desea dividir.

Ejercicios de Cuarto Grado # 55

Nombre: ______________________________

Computación

$8\overline{)925}$

$$\begin{array}{r} 43 \\ \times\ 18 \\ \hline \end{array}$$

$$\begin{array}{r} 20.00 \\ -\ 5.87 \\ \hline \end{array}$$

Datos de multiplicación - Tome su tiempo en segundos___.

8 x 7	8 x 4	8 x 3	8 x 2	8 x 0	8 x 8
8 x 1	8 x 9	8 x 6	8 x 5	12 x 8	11 x 8

Suma de fracciones

Modelar la respuesta.

+

__ + __ = __ = piezas / de = __

Problemas Verbales - Multiples pasos

Glenn corre motocicletas. La temporada pasada estuvo en 32 carreras. Se estrelló en 7 carreras y su moto se rompió en 4 carreras. ¿Terminó Glen todas las otras carreras? Dibuje un diagrama de tiras y calcula el número de carreras que Glenn terminó la temporada pasada.

Ejes de simetría

¿Cuántas líneas de simetría se puede dibujar en la figura de abajo?

Geometría y medición

Identifica cada conjunto de líneas que se muestra abajo como **líneas paralelas**, **líneas perpendiculares** o **ninguna** paralela o perpendicular.

____________ ____________ ____________

Recta Numérica

Escribir el valor representado en la recta numérica al lado de la letra.

0 A B 1

	decimales	y fracciones mixtas
A	______	______
B	______	______

Vocabulario

Divisor
Dividendo
Líneas Paralelas
Líneas Perpendiculares
Cociente
Simetría

______________ está dentro de la casa de la división y es el número al que desea dividir.

______________ está fuera de la casa de la división y es el número se divide por.

______________ son líneas que siempre estan a la misma distancia y nunca toca.

______________ es la respuesta a un problema de división.

______________ son líneas que se cruzan y están en ángulo recto entre sí.

______________ se produce cuando el medio de un objeto es una imagen especular de la otra mitad.

Ejercicios de Cuarto Grado # 56

Nombre: ______________________

Computación

7⟌8 1 5	7 4 x 3 7	2 0.0 0 - 4.0 1

Datos de multiplicación - Tome su tiempo en segundos___.

7 x 7	7 x 4	7 x 3	7 x 2	7 x 0	7 x 8
7 x 1	7 x 9	7 x 6	7 x 5	12 x 7	11 x 7

Resta de fracciones

Modelar la respuesta.

___ - ___ = ___ = piezas / de = ___

Problemas Verbales - Multiples pasos

Christy lee 22 páginas el lunes, 15 páginas martes, y 29 páginas miércoles. El libro tiene un total de 100 páginas. Dibuje un diagrama de tira y encontre el número de páginas que le falta a Christy por leer.

Ejes de simetría

¿Cuántas líneas de simetría se puede dibujar en la figura de abajo?

Esto significa que estos son los 2 lados de la misma longitude.

Geometría y medición

Identifica cada conjunto de líneas que se muestra abajo como **líneas paralelas**, **líneas perpendiculares** o **ninguna** paralela o perpendicular.

__________ __________ __________

Recta Numérica

Escribir el valor representado en la recta numérica al lado de la letra.

0 A B 1

	decimales	y fracciones mixtas
A	____	____
B	____	____

Vocabulario

Divisor
Dividendo
Líneas Paralelas
Líneas Perpendiculares
Cociente
Simetría

____________ se produce cuando el medio de un objeto es una imagen especular de la otra mitad.

____________ está fuera de la casa de la división y es el número se divide por.

____________ son líneas que siempre estan a la misma distancia y nunca toca.

____________ es la respuesta a un problema de división.

____________ son líneas que se cruzan y están en ángulo recto entre sí.

____________ está dentro de la casa de la división y es el número al que desea dividir.

Ejercicios de Cuarto Grado # 57 Nombre: ______________________

Computación

$6\overline{)841}$

$$\begin{array}{r} 15 \\ \times\ 64 \\ \hline \end{array}$$

$$\begin{array}{r} 20.00 \\ -\ 8.91 \\ \hline \end{array}$$

Datos de multiplicación - Tome su tiempo en segundos___.

6 x 0	6 x 8	11 x 6	6 x 6	6 x 2	12 x 6
6 x 1	6 x 4	6 x 9	6 x 5	6 x 3	6 x 7

Resta de fracciones

Modelar la respuesta.

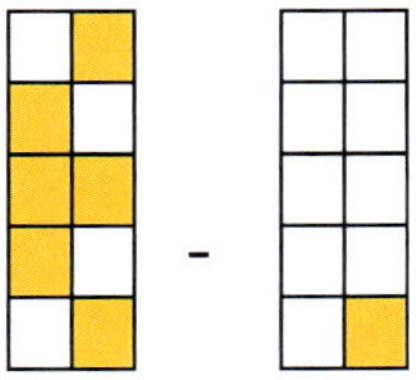

___ - ___ = ___ = piezas / de = ___

Problemas Verbales - Multiples pasos

Kim se comió 4 dulces. Joe comió 4 veces más dulces de lo que Kim comió. Dibuje un diagrama de tira y encuentra el número de dulces que Joe comió más de Kim.

Círculos y ángulos

- Los círculos se miden en "grados".
- Hay 360 ° en un círculo.
- Ángulos obtusos son > 90 °.
- Los ángulos rectos son exactamente 90 °.
- Ángulos agudos son < 90 °.

El ángulo a continuación también se muestra en el transportador. ¿Cuál es su medida? Un círculo el tipo de ángulo.

¿Es el ángulo obtuso recto o ______

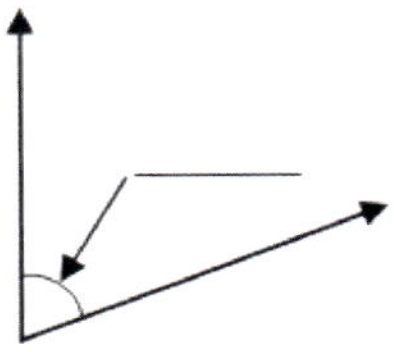

Las Mediciones de Angulares

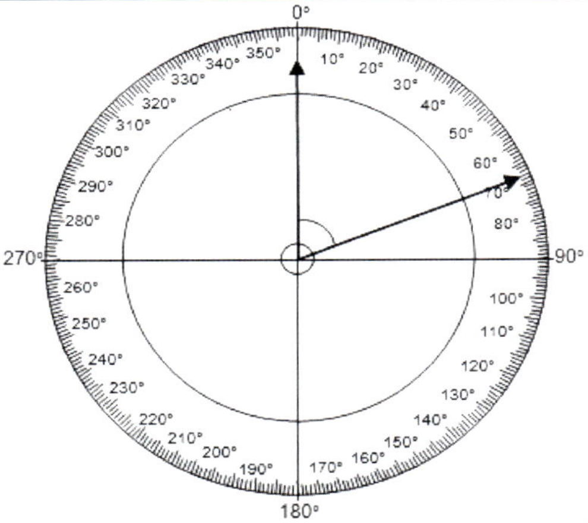

0°, 10°, 20°, 30°, 40°, 50°, 60°, 70°, 80°, 90°, 100°, 110°, 120°, 130°, 140°, 150°, 160°, 170°, 180°, 190°, 200°, 210°, 220°, 230°, 240°, 250°, 260°, 270°, 280°, 290°, 300°, 310°, 320°, 330°, 340°, 350°

Recta Numérica

Escribir el valor representado en la recta numérica al lado de la letra.

0 A 1 B 2

	decimales	y fracciones mixtas
A	______	______
B	______	______

Vocabulario

Divisor
Dividendo
Líneas Paralelas
Líneas Perpendiculares
Cociente
Simetría

______________ está fuera de la casa de la división y es el número se divide por.

______________ está dentro de la casa de la división y es el número al que desea dividir.

______________ se produce cuando el medio de un objeto es una imagen especular de la otra mitad.

______________ son líneas que se cruzan y están en ángulo recto entre sí.

______________ son líneas que siempre estan a la misma distancia y nunca toca.

______________ es la respuesta a un problema de división.

Ejercicios de Cuarto Grado # 58

Nombre: ______________________

Computación

8)927

18 × 84

20.00 − 7.51

Datos de multiplicación - Tome su tiempo en segundos___.

8 × 0	8 × 8	11 × 8	8 × 6	8 × 2	12 × 8
8 × 1	8 × 4	8 × 9	8 × 5	8 × 3	8 × 7

Resta de fracciones

Modelar la respuesta.

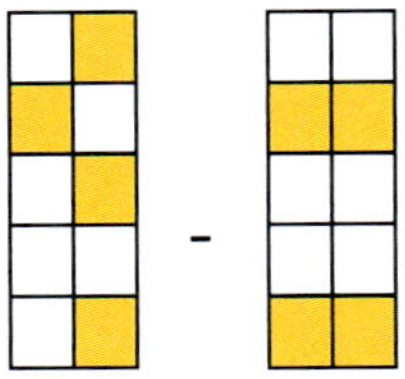

__ - __ = __ = piezas / de = __

Problemas Verbales - Multiples pasos

Ayer, la temperatura fue de 38 ° a las 6 am. Al mediodía, la temperatura había aumentado 14 °. La temperatura máxima para el día fue de 61 ° que se produjo a las 4:30 pm. Dibuje un diagrama de tira y encuentre cuanto aumentó la temperatura entre el medi-odía y las 4:30 pm.

Círculos y ángulos

- Los círculos se miden en "grados".
- Hay 360 ° en un círculo.
- Ángulos obtusos son > 90 °.
- Los ángulos rectos son exactamente 90 °.
- Ángulos agudos son < 90 °.

El ángulo a continuación también se muestra en el transportador. ¿Cuál es su medida? Un círculo

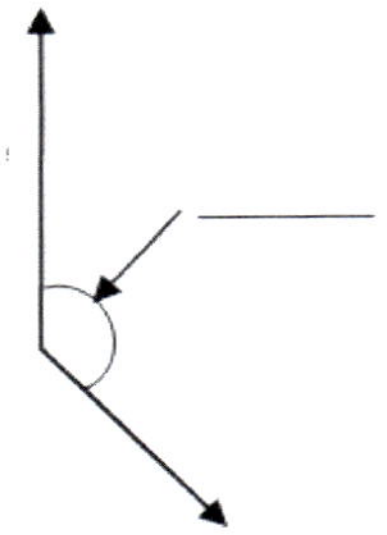

¿Es el ángulo obtuso recto o

____

Las Mediciones de Angulares

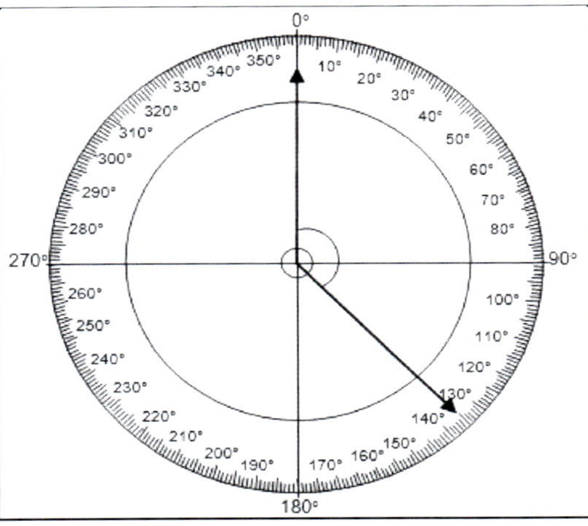

0° 10° 20° 30° 40° 50° 60° 70° 80° 90° 100° 110° 120° 130° 140° 150° 160° 170° 180° 190° 200° 210° 220° 230° 240° 250° 260° 270° 280° 290° 300° 310° 320° 330° 340° 350°

Recta Numérica

Escribir el valor representado en la recta numérica al lado de la letra.

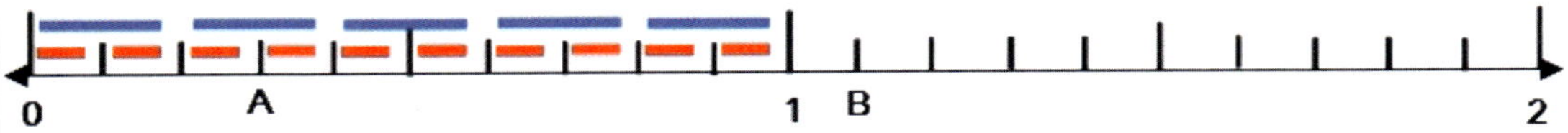

0 A 1 B 2

	decimales	fracciones mixtas
A	____	____
B	____	____

Vocabulario

Divisor
Dividendo
Líneas Paralelas
Líneas Perpendiculares
Cociente
Simetría

__________ está dentro de la casa de la división y es el número al que desea dividir.

__________ está fuera de la casa de la división y es el número se divide por.

__________ son líneas que siempre estan a la misma distancia y nunca toca.

__________ son líneas que se cruzan y están en ángulo recto entre sí.

__________ es la respuesta a un problema de división.

__________ se produce cuando el medio de un objeto es una imagen especular de la otra mitad.

Ejercicios de Cuarto Grado # 59 Nombre: ______________________

Computación

$4\overline{)673}$

$$\begin{array}{r} 53 \\ \times\ 45 \\ \hline \end{array}$$

$$\begin{array}{r} 20.00 \\ -\ 5.45 \\ \hline \end{array}$$

Datos de multiplicación - Tome su tiempo en segundos___.

4 x 0	4 x 8	11 x 4	4 x 6	4 x 2	12 x 4
4 x 1	4 x 4	4 x 9	4 x 5	4 x 3	4 x 7

Resta de fracciones

Modelar la respuesta.

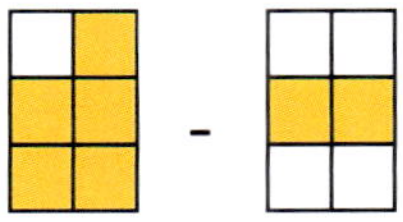

___ - ___ = ___ = piezas / de = ___

Problemas Verbales - Multiples pasos

Jamal tiene 543 canicas. Exactamente 1/3 de las canicas son los ojos de gato. Dibuje un diagrama de tira y encuentra cuántas canicas Jamal tiene que no son de ojos de gato.

Círculos y ángulos

- Los círculos se miden en "grados".
- Hay 360 ° en un círculo.
- Ángulos obtusos son > 90 °.
- Los ángulos rectos son exactamente 90 °.
- Ángulos agudos son < 90 °.

El ángulo a continuación también se muestra en el transportador. ¿Cuál es su medida? Un círculo el tipo de ángulo.

¿Es el ángulo obtuso recto o ______

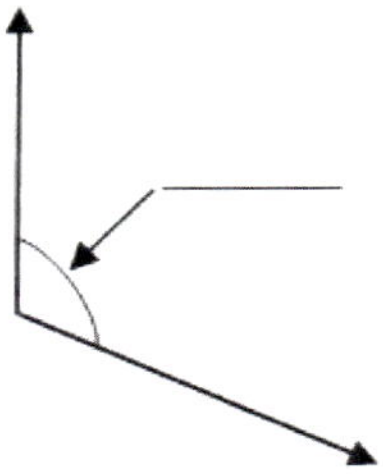

Las Mediciones de Angulares

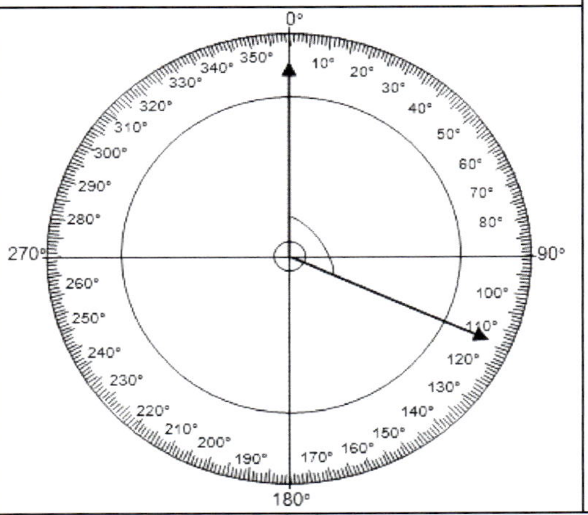

Recta Numérica

Escribir el valor representado en la recta numérica al lado de la letra.

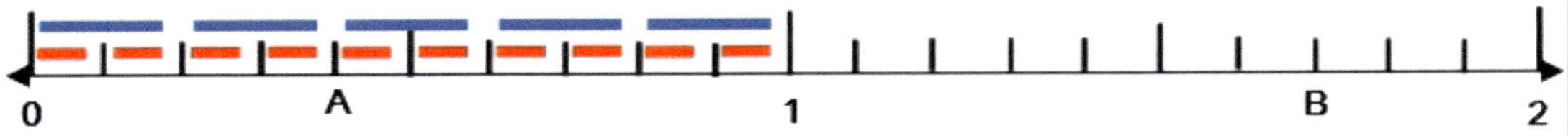

0 A 1 B 2

	decimales	y fracciones mixtas
A	______	______
B	______	______

Vocabulario

Divisor
Dividendo
Líneas Paralelas
Líneas Perpendiculares
Cociente
Simetría

________________ está fuera de la casa de la división y es el número se divide por.

________________ son líneas que se cruzan y están en ángulo recto entre sí.

________________ se produce cuando el medio de un objeto es una imagen especular de la otra mitad.

________________ es la respuesta a un problema de división.

________________ está dentro de la casa de la división y es el número al que desea dividir.

________________ son líneas que siempre estan a la misma distancia y nunca toca.

Ejercicios de Cuarto Grado # 60

Nombre: ______________________

Computación

$9\overline{)921}$

43×99

$20.00 - 17.55$

Datos de multiplicación - Tome su tiempo en segundos___.

9 x 0	9 x 8	11 x 9	8 x 9	9 x 2	12 x 9
9 x 1	9 x 4	9 x 9	9 x 5	9 x 3	9 x 7

Resta de fracciones

Modelar la respuesta.

___ - ___ = ___ = $\frac{\text{piezas}}{\text{de}}$ = ___

Problemas Verbales - Multiples pasos

José tiene 17 camisas. Cinco camisas son de color rojo, 4 camisas son de color verde, 2 camisas son de color azul, y el resto son de color blanco. Dibuje un diagrama de tira y encuentra cuantas de las camisas de Jose son de color blanco.

Círculos y ángulos

- Los círculos se miden en "grados".
- Hay 360 ° en un círculo.
- Ángulos obtusos son > 90 °.
- Los ángulos rectos son exactamente 90 °.
- Ángulos agudos son < 90 °.

El ángulo a continuación también se muestra en el transportador. ¿Cuál es su medida? Un círculo el tipo de ángulo.

¿Es el ángulo obtuso recto o

______

Las Mediciones de Angulares

0° 10° 20° 30° 40° 50° 60° 70° 80° 90° 100° 110° 120° 130° 140° 150° 160° 170° 180° 190° 200° 210° 220° 230° 240° 250° 260° 270° 280° 290° 300° 310° 320° 330° 340° 350°

Recta Numérica

Escribir el valor representado en la recta numérica al lado de la letra.

0 A 1 B 2

	decimales	fracciones mixtas
A	_______	_______
B	_______	_______

Vocabulario

Divisor
Dividendo
Líneas Paralelas
Líneas Perpendiculares
Cociente
Simetría

______________ es la respuesta a un problema de división.

______________ son líneas que siempre estan a la misma distancia y nunca toca.

______________ son líneas que se cruzan y están en ángulo recto entre sí.

______________ está fuera de la casa de la división y es el número se divide por.

______________ se produce cuando el medio de un objeto es una imagen especular de la otra mitad.

______________ está dentro de la casa de la división y es el número al que desea dividir.

Ejercicios de Cuarto Grado # 61

Nombre: ______________________________

Computación

$5\overline{)357}$	55 × 78	20.00 − 7.75

Datos de multiplicación - Tome su tiempo en segundos___.

5 x 0	5 x 8	11 x 5	5 x 6	5 x 2	12 x 5
5 x 1	5 x 4	5 x 9	5 x 5	5 x 3	5 x 7

Fracciones

Sombra las figuras que representan la fracción. Utilice los símbolos de comparación >, =, < para comparar las

$\frac{1}{4}$ $\frac{3}{4}$

Mediciones

Utilice la regla del sistema ingles para medir la imagen a la pulgada más cercana y la regla métrica para medir al cm más cercano.

Sistema ingles ____________ in

Sistema métrico ______________cm

Problemas Verbales - Multiples pasos

Jameka tiene 52 plantas. Ella tiene 15 plantas de tomate, 13 plantas de pepino, y el resto son plantas de pimiento. Dibuje un diagrama de tira y encuentre el número de plantas de pimiento que tiene Jameka.

Círculos y ángulos

- Obtusos > 90 °.
- Recto = 90 °.
- Agudos < 90 °.

El ángulo a continuación también se muestra en el transportador. ¿Cuál es su medida? Un círculo el tipo de ángulo.

¿Es el ángulo obtuso recto o ____________

Las Mediciones de Angulares

0° 10° 20° 30° 40° 50° 60° 70° 80° 90° 100° 110° 120° 130° 140° 150° 160° 170° 180° 190° 200° 210° 220° 230° 240° 250° 260° 270° 280° 290° 300° 310° 320° 330° 340° 350°

Recta Numérica

Escribir el valor representado en la recta numérica al lado de la letra.

0 A 1 B 2

	decimales	y fracciones mixtas
A	_______	_______
B	_______	_______

Vocabulario

Ángulo agudo
Sistema Ingles
Grados
Sistema Métrico
Ángulo Obtuso
Ángulo Recto

____________________ es un ángulo que mide menos de 90 °.

____________________ es un ángulo que mide exactamente 90 °.

____________________ es un ángulo que mide más de 90 °.

____________________ es un sistema de medición utilizado en los Estados Unidos.

____________________ es un sistema de medición que utiliza múltiplos de 10.

____________________ es la unidad de medida de ángulos.

Ejercicios de Cuarto Grado # 62

Nombre: ______________________

Computación

$7\overline{)357}$

	47
x	74

	20.00
-	2.25

Datos de multiplicación - Tome su tiempo en segundos___.

7 x 0	7 x 8	11 x 7	7 x 6	7 x 2	12 x 7
7 x 1	7 x 4	7 x 9	7 x 5	7 x 3	7 x 7

Fracciones

Sombra las figuras que representan la fracción. Utilice los símbolos de comparación >, =, < para comparar las

$\frac{3}{4}$ $\frac{2}{3}$

Mediciones

Utilice la regla del sistema ingles para medir la imagen a la pulgada más cercana y la regla métrica para medir al cm más cercano.

Sistema ingles

____________ in

Sistema métrico

____________ cm

Problemas Verbales - Multiples pasos

Jorge tiene 3 camisetas de béisbol. El tiene 6 veces esa cantidad de camisetas de otros deportes. Dibuje un diagrama de tira y encuentra cuántas camisetas de otros deportes tiene Jorge.

Círculos y ángulos

- Obtusos > 90 °.
- Recto = 90 °.
- Agudos < 90 °.

El ángulo a continuación también se muestra en el transportador. ¿Cuál es su medida? Un círculo el tipo de ángulo.

¿Es el ángulo obtuso recto o

____

Las Mediciones de Angulares

0° 10° 20° 30° 40° 50° 60° 70° 80° 90° 100° 110° 120° 130° 140° 150° 160 170° 180° 190° 200° 210° 220° 230° 240° 250° 260° 270° 280° 290° 300° 310° 320° 330° 340° 350°

Recta Numérica

Escribir el valor representado en la recta numérica al lado de la letra.

0 A 1 B 2

	decimales	y fracciones mixtas
A	______	______
B	______	______

Vocabulario

Ángulo agudo
Sistema Ingles
Grados
Sistema Métrico
Ángulo Obtuso
Ángulo Recto

____________________ es un ángulo que mide exactamente 90 °.

____________________ es un sistema de medición que utiliza múltiplos de 10.

____________________ es un ángulo que mide más de 90 °.

____________________ es la unidad de medida de ángulos.

____________________ es un ángulo que mide menos de 90 °.

____________________ es un sistema de medición utilizado en los Estados Unidos.

Ejercicios de Cuarto Grado # 63

Nombre: ______________________

Computación

$3\overline{)183}$	33×73	$20.00 - 4.55$

Datos de multiplicación - Tome su tiempo en segundos___.

3 x 0	3 x 8	11 x 3	5 x 3	5 x 3	12 x 3
3 x 1	3 x 4	3 x 9	3 x 5	3 x 3	3 x 7

Fracciones

Sombra las figuras que representan la fracción. Utilice los símbolos de comparación >, =, < para comparar las

$\frac{3}{5}$ $\frac{2}{4}$

Mediciones

Utilice la regla del sistema ingles para medir la imagen a la pulgada más cercana y la

Sistema ingles

________ in

Sistema métrico

________ cm

Problemas Verbales - Multiples pasos

Junelle tiene que tomar una prueba de 30 preguntas. Ella tiene un total de 1 1/2 horas para terminar la prueba. Dibuje un diagrama de tira y encontrar cuántos minutos Junelle puede gastar en cada pregunta.

Círculos y ángulos

- Obtusos > 90 °.
- Recto = 90 °.
- Agudos < 90 °.

El ángulo a continuación también se muestra en el transportador. ¿Cuál es su medida? Un círculo el tipo de ángulo.

¿Es el ángulo obtuso recto

____

Las Mediciones de Angulares

0° 10° 20° 30° 50° 60° 70° 80° 90° 100° 110° 120° 130° 140° 150° 160° 170° 180° 190° 200° 210° 220° 230° 240° 250° 260° 270° 280° 290° 300° 310° 320° 330° 340° 350°

Recta Numérica

Escribir el valor representado en la recta numérica al lado de la letra.

0 A 1 B 2

	decimales	y fracciones mixtas
A	______	______
B	______	______

Vocabulario

Ángulo agudo
Sistema Ingles
Grados
Sistema Métrico
Ángulo Obtuso
Ángulo Recto

________________ es un ángulo que mide menos de 90 °.

________________ es un ángulo que mide más de 90 °.

________________ es un ángulo que mide exactamente 90 °.

________________ es un sistema de medición que utiliza múltiplos de 10.

________________ es un sistema de medición utilizado en los Estados Unidos.

________________ es la unidad de medida de ángulos.

Ejercicios de Cuarto Grado # 64

Nombre: ______________________________

Computación			Datos de multiplicación - Tome su tiempo en segundos___.					
2)115	55 x 22	20.00 - 8.15	2 x 0	2 x 8	11 x 2	2 x 6	2 x 2	12 x 2
			2 x 1	2 x 4	2 x 9	2 x 5	2 x 3	2 x 7

Fracciones

Sombra las figuras que representan la fracción. Utilice los símbolos de comparación >, =, < para comparar las

$\frac{3}{6}$ ☐ $\frac{3}{5}$

Mediciones

Utilice la regla del sistema ingles para medir la imagen a la pulgada más cercana y la regla métrica para medir al cm más cercano.

Sistema ingles ____________ in

Sistema métrico ______________cm

Problemas Verbales - Multiples pasos

Los estudiantes de la Sra Perez se enumeran en la tabla a continuación por el color del pelo. Hay un número igual de estudiantes con el pelo marrón y negro. Dibuje un diagrama de tira y encuentre el número de estudiantes tiene el pelo castaño.

Color de Pelo	Número de estudiantes
Rubio	4
Rojo	3
Castaño	X
Negro	X
Total	23

Círculos y ángulos

- Obtusos > 90 °.
- Recto = 90 °.
- Agudos < 90 °.

El ángulo a continuación también se muestra en el transportador. ¿Cuál es su medida? Un círculo el tipo de ángulo.

¿Es el ángulo obtuso recto

______

Las Mediciones de Angulares

0° 10° 30° 40° 50° 60° 70° 80° 90° 100° 110° 120° 130° 140° 150° 160° 170° 180° 190° 200° 210° 220° 230° 240° 250° 260° 270° 280° 290° 300° 310° 320° 330° 340° 350°

Recta Numérica

Escribir el valor representado en la recta numérica al lado de la letra.

0 A 1 B 2

	decimales	fracciones mixtas
A	______	________
B	______	________

Vocabulario

Ángulo agudo
Sistema Ingles
Grados
Sistema Métrico
Ángulo Obtuso
Ángulo Recto

______________________ es un ángulo que mide menos de 90 °.

______________________ es la unidad de medida de ángulos.

______________________ es un ángulo que mide más de 90 °.

______________________ es un sistema de medición utilizado en los Estados Unidos.

______________________ es un ángulo que mide exactamente 90 °.

______________________ es un sistema de medición que utiliza múltiplos de 10.

Ejercicios de Cuarto Grado # 65

Nombre: ______________________________

Computación

6⟌386	58 × 66	20.00 − 4.95

Datos de multiplicación - Tome su tiempo en segundos___.

6 × 7	6 × 2	11 × 6	2 × 6	2 × 6	12 × 6
6 × 9	6 × 0	6 × 3	6 × 5	6 × 1	6 × 6

Fracciones

Sombra las figuras que representan la fracción. Utilice los símbolos de comparación >, =, < para comparar las

$\frac{3}{5}$ ☐ $\frac{3}{4}$

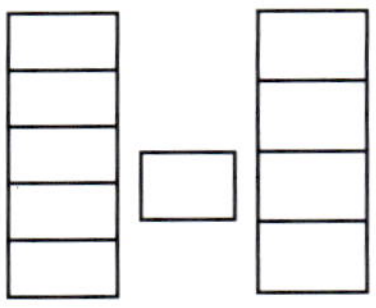

Mediciones

Utilice la regla del sistema ingles para medir la imagen a la pulgada más cercana y la regla métrica para medir al cm más cercano.

Sistema ingles ____________ in

Sistema métrico ____________ cm

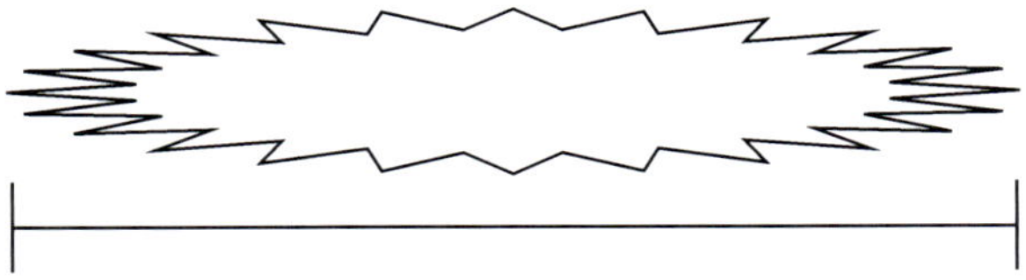

Diagramas de tira

Hacer un diagrama de tira con la siguiente ecuación para encontrar el valor para la variable.

3 + x = 12

Círculos y ángulos

Los ángulos de abajo se muestran también en el transportador. ¿Cuáles son las medidas?

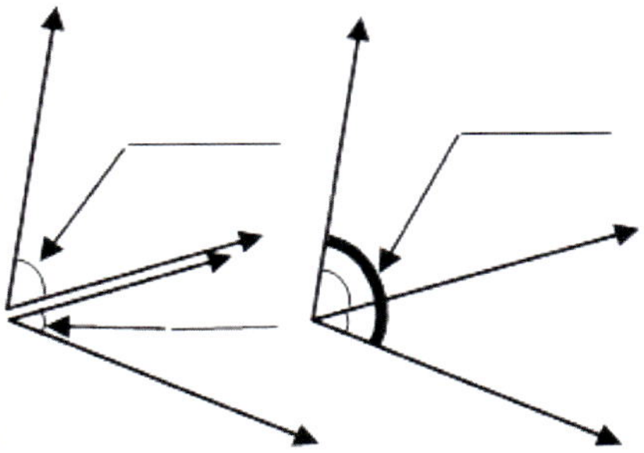

Las Mediciones de Angulares

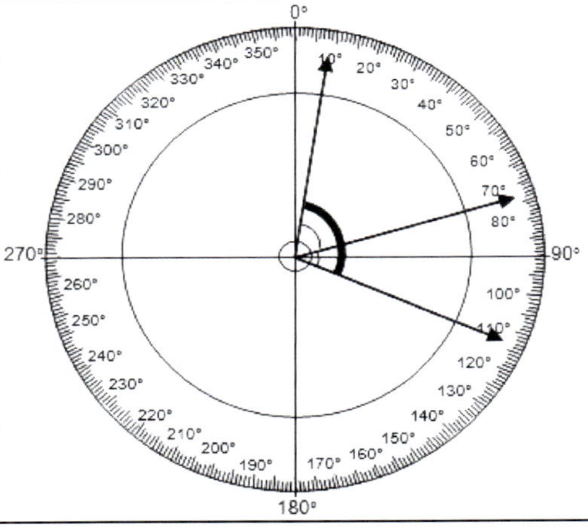

0° 10° 20° 30° 40° 50° 60° 70° 80° 90° 100° 110° 120° 130° 140° 150° 160° 170° 180° 190° 200° 210° 220° 230° 240° 250° 260° 270° 280° 290° 300° 310° 320° 330° 340° 350°

Conversión de unidades

Convierte la unidad de medida utilizando la información de la tabla.

Tazas	Onzas
1	8
5	?

5 tz = ? oz

grande a pequeño

x

Al convertir una unidad de medida más grande a una más pequeña, multiplicar por la conversión de

5 tz = _______ oz

Recta Numérica

Escribir el valor representado en la recta numérica al lado de la letra.

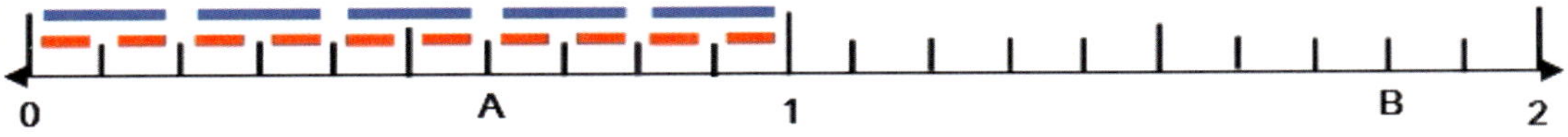

0 A 1 B 2

	decimales	y fracciones mixtas
A	______	______
B	______	______

Vocabulario

Ángulo agudo
Sistema Ingles
Grados
Sistema Métrico
Ángulo Obtuso
Ángulo Recto

______________________ es un ángulo que mide más de 90 °.

______________________ es un ángulo que mide menos de 90 °.

______________________ es la unidad de medida de ángulos.

______________________ es un sistema de medición que utiliza múltiplos de 10.

______________________ es un ángulo que mide exactamente 90 °.

______________________ es un sistema de medición utilizado en los Estados Unidos.

Ejercicios de Cuarto Grado # 66

Nombre: ______________________

Computación		
9⟌572	25 × 95	20.00 − 7.35

Datos de multiplicación - Tome su tiempo en segundos___.

9 x 7	9 x 2	11 x 9	9 x 6	9 x 4	12 x 9
9 x 9	9 x 0	9 x 3	9 x 5	9 x 1	9 x 8

Fracciones

Sombra las figuras que representan la fracción. Utilice los símbolos de comparación >, =, < para comparar las

$\frac{5}{7}$ □ $\frac{4}{6}$

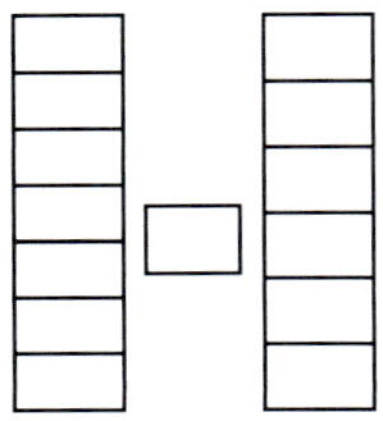

Mediciones

Utilice la regla del sistema ingles para medir la imagen a la pulgada más cercana y la regla métrica para medir al cm más cercano.

Sistema ingles ____________ in

Sistema métrico ____________ cm

Diagramas de tira

Hacer un diagrama de tira con la siguiente ecuación para encontrar el valor para la variable.

$20 \div x = 5$

Círculos y ángulos

Los ángulos de abajo se muestran también en el transportador. ¿Cuáles son las medidas?

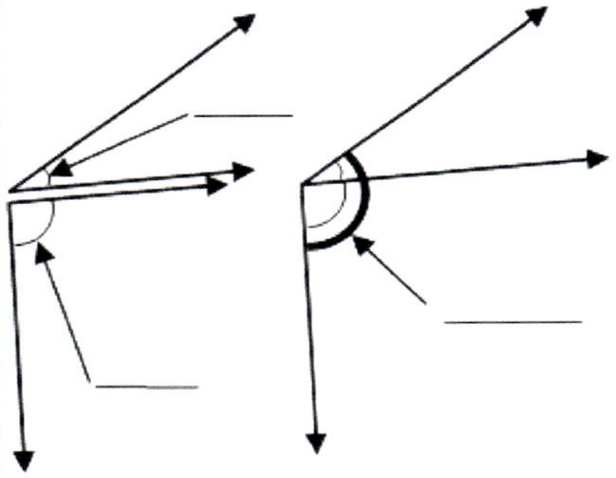

______ ______ ______

Las Mediciones de Angulares

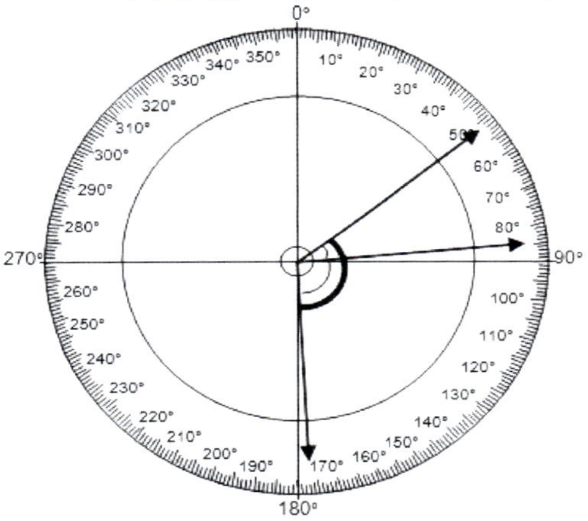

0° 10° 20° 30° 40° 50° 60° 70° 80° 90° 100° 110° 120° 130° 140° 150° 160° 170° 180° 190° 200° 210° 220° 230° 240° 250° 260° 270° 280° 290° 300° 310° 320° 330° 340° 350°

Conversión de unidades

Convierte la unidad de medida utilizando la información de la tabla.

Cuarto de galón	Onzas
1	32
6	?

6 qts = ? oz

grande a pequeño

x

Al convertir una unidad de medida más grande a una más pequeña, multiplicar por la conversión de

6 qts = ______ oz

Recta Numérica

Escribir el valor representado en la recta numérica al lado de la letra.

0 A 1 B 2

	decimales	y fracciones mixtas
A	______	______
B	______	______

Vocabulario

Ángulo agudo
Sistema Ingles
Grados
Sistema Métrico
Ángulo Obtuso
Ángulo Recto

______________ es un sistema de medición utilizado en los Estados Unidos.

______________ es la unidad de medida de ángulos.

______________ es un sistema de medición que utiliza múltiplos de 10.

______________ es un ángulo que mide exactamente 90 °.

______________ es un ángulo que mide más de 90 °.

______________ es un ángulo que mide menos de 90 °.

Ejercicios de Cuarto Grado # 67

Nombre: ______________________

Computación

4)156

54 x 45

20.00 - 6.98

Datos de multiplicación - Tome su tiempo en segundos___.

4 x 7	4 x 2	11 x 4	4 x 6	4 x 4	12 x 4
4 x 9	4 x 0	4 x 3	4 x 5	4 x 1	4 x 6

Fracciones

Sombra las figuras que representan la fracción. Utilice los símbolos de comparación >, =, < para comparar las

$\frac{3}{5}$ ☐ $\frac{3}{7}$

Mediciones

Utilice la regla del sistema ingles para medir la imagen a la pulgada más cercana y la regla métrica para medir al cm más cercano.

Sistema ingles

__________ in

Sistema métrico

__________cm

Diagramas de tira

Hacer un diagrama de tira con la siguiente ecuación para encontrar el valor para la variable.

$10 + x = 13$

Banco de palabras

Rectángulo

Rombo

Paralelogramo

Cometa

Trapezoide

Cuadrado

Clasifica figuras de dos dimensiones y cuadrilateros

Nombrar los cuadriláteros en base a sus atributos.

Los lados opuestos son paralelos.
Todas las partes son iguales.
Todos los ángulos son ángulos rectos.

Que soy ______________.

Un par de lados opuestos son paralelos.

Que soy ______________.

Conversión de unidades

Convierte la unidad de medida utilizando la información de la tabla.

Galón	Cuarto de galón
1	4
5	?

5 g = ? qts

grande a pequeño

x

Al convertir una unidad de medida más grande a una más pequeña, multiplicar por la conversión de

5 g = ______ qts

Recta Numérica

Escribir el valor representado en la recta numérica al lado de la letra.

0 A 1 B 2

	decimales	y fracciones mixtas
A	______	______
B	______	______

Vocabulario

Cometa
Paralelogramo
Rectángulo
Rombo
Cuadrado
Trapezoide

____________ es un cuadrilátero con ambos pares de lados opuestos paralelos.

____________ es un cuadrilátero con dos pares de lados iguales adyacentes.

____________ es un paralelogramo con todos los lados iguales.

____________ es un rectángulo con los lados iguales y todos los ángulos interiores son rectos.

____________ es un paralelogramo que tiene cuatro ángulos rectos.

____________ es un cuadrilátero con un conjunto de lados paralelos.

Ejercicios de Cuarto Grado # 68 Nombre: ______________________

Computación

$8\overline{)555}$

$$\begin{array}{r} 32 \\ \times\ 88 \\ \hline \end{array}$$

$$\begin{array}{r} 20.00 \\ -\ 9.51 \\ \hline \end{array}$$

Datos de multiplicación - Tome su tiempo en segundos___.

8 x 7	8 x 2	11 x 8	6 x 8	4 x 8	12 x 8
8 x 9	8 x 0	8 x 3	8 x 5	8 x 1	8 x 6

Fracciones

Sombra las figuras que representan la fracción. Utilice los símbolos de comparación >, =, < para comparar las

$\frac{1}{5}$ ☐ $\frac{1}{4}$

Mediciones

En cada sistema, unidad de círculo que sería el mejor para medir el número de la lista.

Longitud de un libro

Sistema ingles	Sistema métrico
pulgadas	milímetros
pies	centímetros
yardas	metros
millas	kilómetros

Diagramas de tira

Hacer un diagrama de tira con la siguiente ecuación para encontrar el valor para la variable.

7 + x = 15

Banco de palabras

Rectángulo

Rombo

Paralelogramo

Cometa

Trapezoide

Cuadrado

Clasifica figuras de dos dimensiones y cuadrilateros

Nombrar los cuadriláteros en base a sus atributos.

Un cuadrilátero con dos pares de lados adyacentes congruentes.

Un par de ángulos congruentes.

Que Soy ________________.

Los lados opuestos son paralelos.

Los lados opuestos son iguales.

Que soy ________________.

Conversión de unidades

Convierte la unidad de medida utilizando la información de la tabla.

Horas	Minutos
1	60
5	?

5 hrs = ? min

grande a pequeño

x

Al convertir una unidad de medida más grande a una más pequeña, multiplicar por la conversión de

5 hrs = ______ min

Recta Numérica

Escribir el valor representado en la recta numérica al lado de la letra.

0 A B 2

	decimales	y fracciones mixtas
A	______	______
B	______	______

Vocabulario

Cometa

Paralelogramo

Rectángulo

Rombo

Cuadrado

Trapezoide

____________________ es un rectángulo con los lados iguales y todos los ángulos interiores son rectos.

____________________ es un paralelogramo con todos los lados iguales.

____________________ es un cuadrilátero con un conjunto de lados paralelos.

____________________ es un cuadrilátero con ambos pares de lados opuestos paralelos.

____________________ es un cuadrilátero con dos pares de lados iguales adyacentes.

____________________ es un paralelogramo que tiene cuatro ángulos rectos.

Ejercicios de Cuarto Grado # 69

Nombre: ______________________________

Computación

$5\overline{)437}$	$\begin{array}{r} 25 \\ \times\ 58 \\ \hline \end{array}$	$\begin{array}{r} 20.00 \\ -\ 4.49 \\ \hline \end{array}$

Datos de multiplicación - Tome su tiempo en segundos___.

5 x 7	5 x 4	11 x 5	6 x 5	8 x 5	12 x 5
5 x 9	5 x 0	5 x 3	5 x 5	5 x 1	5 x 6

Fracciones

Sombra las figuras que representan la fracción. Utilice los símbolos de comparación >, =, < para comparar las

$\frac{5}{7}$ ☐ $\frac{5}{6}$

Mediciones

En cada sistema, unidad de círculo que sería el mejor para medir el número de la lista.

Tu altura

Sistema ingles	Sistema métrico
pulgadas	milímetros
pies	centímetros
yardas	metros
millas	kilómetros

Diagramas de tira

Hacer un diagrama de tira con la siguiente ecuación para encontrar el valor para la variable.

12 + x = 19

Banco de palabras

Rectángulo

Rombo

Paralelogramo

Cometa

Trapezoide

Cuadrado

Clasifica figuras de dos dimensiones y cuadrilateros

Nombrar los cuadriláteros en base a sus atributos.

Todos los ángulos son ángulos rectos.
Los lados opuestos son paralelos.
Los lados opuestos son iguales.

Que soy ________________.

Un par de lados opuestos son paralelos.

Que soy ________________.

Conversión de unidades

Convierte la unidad de medida utilizando la información de la tabla.

Pies	Yardas
3	1
12	?

12 ft = ? yds

pequeño a grande

÷

Al convertir una unidad de medida pequeñ a una más grande, divides por la conversión de unidades.

12 ft = _______ yds

Recta Numérica

Escribir el valor representado en la recta numérica al lado de la letra.

0 A 1 B 2

	decimales	y fracciones mixtas
A	________	________
B	________	________

Vocabulario

Cometa

Paralelogramo

Rectángulo

Rombo

Cuadrado

Trapezoide

________________ es un cuadrilátero con dos pares de lados iguales adyacentes.

________________ es un rectángulo con los lados iguales y todos los ángulos interiores son rectos.

________________ es un cuadrilátero con ambos pares de lados opuestos paralelos.

________________ es un paralelogramo que tiene cuatro ángulos rectos.

________________ es un cuadrilátero con un conjunto de lados paralelos.

________________ es un paralelogramo con todos los lados iguales.

Ejercicios de Cuarto Grado # 70

Nombre: ______________________

Computación

$7\overline{)355}$	32×77	$20.00 - 5.19$

Datos de multiplicación - Tome su tiempo en segundos___.

7 x 7	7 x 2	11 x 7	4 x 7	8 x 7	12 x 7
7 x 9	7 x 0	7 x 3	7 x 5	7 x 1	7 x 6

Fracciones

Sombra las figuras que representan la fracción. Utilice los símbolos de comparación >, =, < para comparar las

$\frac{1}{7}$ ☐ $\frac{1}{6}$

Mediciones

En cada sistema, unidad de círculo que sería el mejor para medir el número de la lista.

Altura de un escritorio

Sistema ingles	Sistema métrico
pulgadas	milímetros
pies	centímetros
yardas	metros
millas	kilómetros

Diagramas de tira

Hacer un diagrama de tira con la siguiente ecuación para encontrar el valor para la variable.

20 - x = 16

Banco de palabras

Rectángulo

Rombo

Paralelogramo

Cometa

Trapezoide

Cuadrado

Clasifica figuras de dos dimensiones y cuadrilateros

Nombrar los cuadriláteros en base a sus atributos.

Todos los ángulos son ángulos rectos.
Los lados opuestos son paralelos.
Los lados opuestos son iguales.

Que soy ________________.

Los lados opuestos son paralelos.
Paralelogramo con todos los lados iguales.
Los ángulos opuestos son iguales.

Que soy ________________.

Conversión de unidades

Convierte la unidad de medida utilizando la información de la tabla.

Centimetro	Metro
100	1
700	?

700 cm = ? m

pequeño a grande

÷

Al convertir una unidad de medida pequeñ a una más grande, divides por la conversión de unidades.

700 cm = _______ m

Recta Numérica

Escribir el valor representado en la recta numérica al lado de la letra.

0 A 1 B 2

	decimales	y fracciones mixtas
A	______	______
B	______	______

Vocabulario

Cometa

Paralelogramo

Rectángulo

Rombo

Cuadrado

Trapezoide

________________ es un cuadrilátero con dos pares de lados iguales adyacentes.

________________ es un rectángulo con los lados iguales y todos los ángulos interiores son rectos.

________________ es un paralelogramo que tiene cuatro ángulos rectos.

________________ es un cuadrilátero con un conjunto de lados paralelos.

________________ es un cuadrilátero con ambos pares de lados opuestos paralelos.

________________ es un paralelogramo con todos los lados iguales.

Ejercicios de Cuarto Grado # 71

Nombre: ______________________

Computación

$6\overline{)426}$

32×62

$20.00 - 5.33$

Datos de multiplicación - Tome su tiempo en segundos___.

6 x 7	6 x 2	11 x 6	2 x 6	4 x 6	12 x 6
6 x 9	6 x 0	6 x 3	6 x 5	6 x 1	6 x 6

Fracciones

Sombra las figuras que representan la fracción. Utilice los símbolos de comparación >, =, < para comparar las

$\frac{5}{7}$ ☐ $\frac{4}{6}$

Mediciones

En cada sistema, unidad de círculo que sería el mejor para medir el número de la lista.

Campo de fútbol

Sistema ingles	Sistema métrico
pulgadas	milímetros
pies	centímetros
yardas	metros
millas	kilómetros

Diagramas de tira

Hacer un diagrama de tira con la siguiente ecuación para encontrar el valor para la variable.

15 + x = 24

Banco de palabras

Rectángulo

Rombo

Paralelogramo

Cometa

Trapezoide

Cuadrado

Clasifica figuras de dos dimensiones y cuadrilateros

Nombrar los cuadriláteros en base a sus atributos.

Un par de lados opuestos son paralelos.

Que Soy ________________.

Un cuadrilátero con dos pares de lados adyacentes congruentes.

Un par de ángulos congruentes.

Que Soy ________________.

Conversión de unidades

Convierte la unidad de medida utilizando la información de la tabla.

Pulgadas	yardas
36	1
252	?

252 in = ? yds

pequeño a grande

÷

Al convertir una unidad de medida pequeñ a una más grande, divides por la conversión de unidades.

252 in = _______ yds

Recta Numérica

Escribir el valor representado en la recta numérica al lado de la letra.

0 A 2 B 4

	decimales	y fracciones mixtas
A	_______	_________
B	_______	_________

Vocabulario

Cometa

Paralelogramo

Rectángulo

Rombo

Cuadrado

Trapezoide

_________________________ es un paralelogramo que tiene cuatro ángulos rectos.

_________________________ es un cuadrilátero con un conjunto de lados paralelos.

_________________________ es un cuadrilátero con ambos pares de lados opuestos paralelos.

_________________________ es un rectángulo con los lados iguales y todos los ángulos interiores son rectos.

_________________________ es un cuadrilátero con dos pares de lados iguales adyacentes.

_________________________ es un paralelogramo con todos los lados iguales.

Ejercicios de Cuarto Grado # 72

Nombre: ____________________

Computación

4 ⟌ 349	34 × 42	20.00 − 9.10

Datos de multiplicación - Tome su tiempo en segundos___.

4 × 7	4 × 2	11 × 4	4 × 4	8 × 4	12 × 4
4 × 9	4 × 0	4 × 3	4 × 5	4 × 1	4 × 6

Fracciones

Sombra las figuras que representan la fracción. Utilice los símbolos de comparación >, =, < para comparar las

$\frac{6}{7}$ ☐ $\frac{5}{6}$

Mediciones

En cada sistema, unidad de círculo que sería el mejor para medir el número de la lista.

La distancia desde Texas a California

Sistema ingles	Sistema métrico
pulgadas	milímetros
pies	centímetros
yardas	metros
millas	kilómetros

Diagramas de tira

Hacer un diagrama de tira con la siguiente ecuación para encontrar el valor para la variable.

18 - x = 7

Banco de palabras

Rectángulo

Rombo

Paralelogramo

Cometa

Trapezoide

Cuadrado

Clasifica figuras de dos dimensiones y cuadrilateros

Nombrar los cuadriláteros en base a sus atributos.

Los lados opuestos son paralelos.
Los lados opuestos son iguales.

Que soy ________________.

Los lados opuestos son paralelos.
Todas las partes son iguales.
Todos los ángulos son ángulos rectos.

Que soy ________________.

Conversión de unidades

Convierte la unidad de medida utilizando la información de la tabla.

Milimetros	centimetros
10	1
45	?

45 mm = ? cm

pequeño a grande

÷

Al convertir una unidad de medida pequeñ a una más grande, divides por la conversión de unidades.

45 mm = _______ cm

Recta Numérica

Escribir el valor representado en la recta numérica al lado de la letra.

0 A B 4

	decimales	y fracciones mixtas
A	______	______
B	______	______

Vocabulario

Cometa

Paralelogramo

Rectángulo

Rombo

Cuadrado

Trapezoide

____________________ es un rectángulo con los lados iguales y todos los ángulos interiores son rectos.

____________________ es un cuadrilátero con dos pares de lados iguales adyacentes.

____________________ es un cuadrilátero con un conjunto de lados paralelos.

____________________ es un paralelogramo que tiene cuatro ángulos rectos.

____________________ es un paralelogramo con todos los lados iguales.

____________________ es un cuadrilátero con ambos pares de lados opuestos paralelos.

Ejercicios de Cuarto Grado # 73 Nombre: ____________________

Computación

$3\overline{)275}$	34×32	$20.00 - 6.57$

Datos de multiplicación - Tome su tiempo en segundos___.

3 x 2	3 x 9	12 x 3	5 x 3	8 x 3	11 x 3
3 x 1	3 x 0	3 x 4	3 x 6	3 x 7	3 x 3

Gráfica de tallo y hoja

Utiliza los datos para generar un diagrama de tallo y hoja. El tallo es el dígito de las decenas y la hoja es el dígito de las unidades.

Las altas temperaturas por 1 semana

88, 82, 81, 91, 88, 78, 92
✓ ✓ ✓ ✓ ✓ ✓ ✓

Primero, ordene los datos de menor a mayor:
78
81
82
88
88
91
92

tallo y hoja
78

Las altas temperaturas por 1 semana

Tallo	Hoja
7	8
8	1 2 8 8
9	__ __

¿A qué temperatura se produce la mayor parte? _______

¿Cuál es la diferencia entre el menor y mayores temperaturas? _______

¿Cuál es la temperatura media cuando los datos están en orden de mayor a menor a mayor? _______

Gráfica de puntos

Utilice el diagrama de puntos para responder a preguntas acerca de los datos.

Altura de estudiantes de cuarto grado

47 48 49 50 51 52 53 54 55 59 60 61 62

Altura en pulgadas

¿Cuántos estudiantes su altura es de 52 pulgadas? ________

¿Cuántos estudiantes hay en este conjunto de datos? ________

¿Cuál es la diferencia entre el estudiante más alto y más corto en este conjunto de datos en pulgadas? _______

Tabla de Frecuencia

Las edades de todos los alumnos de 7º periodo de clases de arte se enumeran a

✓ ✓ ✓
12, 12, 11, 13, 12, 13, 14,

13, 14, 12, 13, 12, 11, 13,

Utilizar los datos para crear una tabla de frecuencias.

Edad	Conteo	frecuencia
11	I	
12	II	
13		
14		

¿A qué edad se produce la mayor parte? _______

¿Cuál es la diferencia entre el menor y mayor de edad? _______

¿Cuál es la edad media cuando los datos están en orden de menor a mayor? _______

Recta Numérica

Escribir el valor representado en la recta numérica al lado de la letra.

0 A 4 B

	decimales	y fracciones mixtas
A	_______	_______
B	_______	_______

Vocabulario

División
Gráfica de puntos
Factores
Tabla de frecuencia
Producto
Gráfica de hoja y tallo

____________________ es un conjunto de datos representados mediante puntos sobre una recta numérica.

____________________ es la operación o proceso para calcular el cociente.

____________________ son números que multiplican para obtener otro número.

____________________ es una pantalla en la que se organizan los datos por el valor relativo.

____________________ es la respuesta cuando se multiplica.

____________________ es un método de grabación con qué frecuencia ocurre cada valor en un conjunto de datos.

Ejercicios de Cuarto Grado # 74

Nombre: ____________________

Computación

$279 \div 7$ (7)279)

37×72

$20.00 - 3.27$

Datos de multiplicación - Tome su tiempo en segundos___.

7 x 2	7 x 9	12 x 7	5 x 7	8 x 7	11 x 7
7 x 1	7 x 0	7 x 4	7 x 6	7 x 7	7 x 3

Gráfica de tallo y hoja

Utiliza los datos para generar un diagrama de tallo y hoja. El tallo es el dígito de las decenas y la hoja es el dígito de las unidades.

Edades de los maestros de cuarto grado de la Primaria Esperanza

29, 33, 28, 33, 30, 44, 36

Primero, ordene los datos de menor a

28, 29, 30, ____, ____, ____, ____

tallo y hoja

28

Edades de los maestros de cuarto grado de la Primaria

Tallo	Hoja
2	
3	
4	

¿A qué edad es la mas que se repite? ______

¿Cuál es la diferencia entre el menor y el mayor de edad? ______

¿Cuál es la edad media, cuando los datos están en orden de menor a mayor? ______

Gráfica de puntos

Utilice el diagrama de puntos para responder a preguntas acerca de los datos.

Frecuencia de pulsos cuando se esta en reposo (latidos por minutos)

46 47 48 49 50 51 52 53 54 55 56 57 58 59

Latidos por minutos

¿Cuántos pacientes tienen su pulso por debajo de 50? ______

¿Cuántos pacientes se encuentran en este conjunto de datos? ______

¿Cuál es la diferencia entre la frecuencia de pulso más alto y el más bajo en este conjunto de datos? ______

Tabla de Frecuencia

Las calificaciones en el examen de matemáticas son los siguientes:

80, 80, 90, 80, 70, 90, 100, 90,
80, 70, 90, 100, 80, 70, 80, 60,
100, 90, 80, 90, 60, 80, 100

Utilizar los datos para crear una tabla de frecuencias.

calificación	conteo	frecuencia
100		
90		
80		
70		
60		

¿En qué calificación se produce con mas frecuencia? ______

¿Cuál es la diferencia entre el menor y la más alta calificación? ______

¿Cuál es la calificación media cuando los datos están en orden de menor a mayor? ______

Recta Numérica

Escribir el valor representado en la recta numérica al lado de la letra.

0 A 4 B

	decimales	y	fracciones mixtas
A	______		______
B	______		______

Vocabulario

División
Gráfica de puntos
Factores
Tabla de frecuencia
Producto
Gráfica de hoja y tallo

____________________ es un método de grabación con qué frecuencia ocurre cada valor en un conjunto de datos.

____________________ es una pantalla en la que se organizan los datos por el valor relativo.

____________________ es la operación o proceso para calcular el cociente.

____________________ son números que multiplican para obtener otro número.

____________________ es un conjunto de datos representados mediante puntos sobre una recta numérica.

____________________ es la respuesta cuando se multiplica.

Ejercicios de Cuarto Grado # 75

Nombre: ______________________________

Computación

4)327	47 × 42	20.00 − 8.16

Datos de multiplicación - Tome su tiempo en segundos___.

4 × 2	4 × 9	12 × 4	5 × 4	8 × 4	11 × 4
4 × 1	4 × 0	4 × 4	4 × 6	4 × 7	4 × 3

Gráfica de tallo y hoja

Utiliza los datos para generar un diagrama de tallo y hoja. El tallo es el dígito de las decenas y la hoja es el dígito de las unidades.

Temperaturas bajas durante 2 semanas

12, 18, 22, 19, 14, 28, 15,
13, 30, 20, 18, 25, 35

Primero, ordene los datos de menor a

tallo y hoja

12

Temperaturas bajas durante 2 semanas

Tallo	Hoja
1	
2	
3	

¿Cual es la temperatura qe ocurre con frecuencia? _______

¿Cuál es la diferencia entre la temperatura más alta y la mas baja? _______

¿Cuál es la temperatura media cuando los datos están en orden de menor a mayor? _______

Gráfica de puntos

Utilice el diagrama de puntos para responder a preguntas acerca de los datos.

Clase de Mr. Hodges

1 2 3 4 5 6 7

Número de niños

¿Cuántas familias tienen más de 5 niños? ________

¿Cuántas familias se encuentran en este conjunto de datos? ________

¿Cuántas familias tienen menos de 4 niños? _______

Tabla de Frecuencia

Edades de todos los jugadores del equipo se enumeran a continuación:

13, 15, 16, 15, 13, 16, 16, 15, 14,
13, 13, 14, 16, 16, 14, 15, 16, 15,
16, 16, 14

Utilizar los datos para crear una tabla de frecuencias.

Edad	Conteo	Frecuencia
13		
14		
15		
16		

¿Qué edad se repite con más frecuencia? _______

¿Cuál es la diferencia entre el menor y el mayor edad? _______

¿Cuál es la edad media cuando los datos están en orden de menor a mayor? _______

Recta Numérica

Escribir el valor representado en la recta numérica al lado de la letra.

0 A 4 B

	decimales	y fracciones mixtas
A	_______	_______
B	_______	_______

Vocabulario

División
Gráfica de puntos
Factores
Tabla de frecuencia
Producto
Gráfica de hoja y tallo

______________________ es un método de grabación con qué frecuencia ocurre cada valor en un conjunto de datos.

______________________ es la respuesta cuando se multiplica.

______________________ es una pantalla en la que se organizan los datos por el valor relativo.

______________________ es un conjunto de datos representados mediante puntos sobre una recta numérica.

______________________ es la operación o proceso para calcular el cociente.

______________________ son números que multiplican para obtener otro número.

Ejercicios de Cuarto Grado # 76

Nombre: ____________________

Computación

$8\overline{)245}$	37×88	$20.00 - 5.85$

Datos de multiplicación - Tome su tiempo en segundos___.

8 x 2	8 x 9	12 x 8	5 x 8	8 x 8	11 x 8
8 x 1	8 x 0	8 x 4	8 x 6	8 x 7	8 x 3

Gráfica de tallo y hoja

Utiliza los datos para generar un diagrama de tallo y hoja. El tallo es el dígito de las decenas y la hoja es el dígito de las unidades.

La medición de la cintura en pulgadas de todos los miembros de la familia de Kay

25, 30, 28, 29, 30, 42, 36

Primero, ordene los datos de menor a

La medición de la cintura en pulgadas de todos los miembros de la familia de Kay

Tallo	Hoja
2	
3	
4	

¿Que medida se repite con mas frecuencia? _______

¿Cuál es la diferencia entre la medida más pequena y la más grande? _______

¿Cuál es la medida media, cuando los datos están en orden de menor a mayor? _______

Gráfica de puntos

Utilice el diagrama de puntos para responder a preguntas acerca de los datos.

Bolas de chicles

Rojo, Verde, Azul, Blanco, Amarillo, Rosa, Naranja

Colores de bolas de chicles

¿Cuántas bolas de chicle son de color amarillo o rosa? ________

¿Cuántas bolas de chicle se encuentran en este conjunto de datos? ________

¿Cuántas bolas de chicle no son blancos? _______

Tabla de Frecuencia

Las calificaciones en el examen de matemáticas son los siguientes:

60, 80, 100, 80, 60, 90, 80, 60, 80, 80, 90, 100, 80, 70, 60, 80, 100, 60, 60, 70, 80, 80, 100, 90

Utilizar los datos para crear una tabla de frecuencias.

calificaciones	conteo	frecuencia
100		
90		
80		
70		
60		

¿Qué calificación se repite con mas frecuencia? _______

¿Cuál es la diferencia entre el menor y mayores de las calificaciones? _______

¿Cuál es la calificación media cuando los datos están en orden de menor a mayor? _______

Recta Numérica

Escribir el valor representado en la recta numérica al lado de la letra.

0 A 4 B

	decimales	y fracciones mixtas
A	_______	_______
B	_______	_______

Vocabulario

División
Gráfica de puntos
Factores
Tabla de frecuencia
Producto
Gráfica de hoja y tallo

____________________ es la respuesta cuando se multiplica.

____________________ es un conjunto de datos representados mediante puntos sobre una recta numérica.

____________________ es la operación o proceso para calcular el cociente.

____________________ es una pantalla en la que se organizan los datos por el valor relativo.

____________________ es un método de grabación con qué frecuencia ocurre cada valor en un conjunto de datos.

____________________ son números que multiplican para obtener otro número.

Ejercicios de Cuarto Grado # 77

Nombre: ____________________

Computación

9)639	34 x 66	20.00 - 7.62

Datos de multiplicación - Tome su tiempo en segundos___.

9 x 2	9 x 9	12 x 9	5 x 9	8 x 9	11 x 9
9 x 1	9 x 0	9 x 4	9 x 6	9 x 7	9 x 3

Gráfica de tallo y hoja

Utiliza los datos para generar un diagrama de tallo y hoja. El tallo es el dígito de las decenas y la hoja es el dígito de las unidades.

Tiempo usado mientras tomas una prueba

26, 23, 18, 30, 30, 29, 19, 30, 26, 23, 22, 17, 15

Primero, ordene los datos de menor a

Tiempo usado mientras tomas una prueba

Tallo	Hoja

¿Qué cantidad de tiempo que se repite con mayor frecuencia? ______

¿Cuál es la diferencia entre el valor mínimo y el más grande de los tiempos? ______

¿Cuál es la cantidad media de tiempo cuando los datos están en orden de menor a mayor? ______

Gráfica de puntos

Utilice el diagrama de puntos para responder a preguntas acerca de los datos.

La precipitación diaria en pulgadas para el mes (pulgadas)

0.0 0.1 0.2 0.3 0.4 0.5 0.6 0.7 0.8 0.9 1.0 1.1 1.2

La cantidad de lluvia en pulgadas

¿Cuántos días llovió más de 0,5 pulgadas? _______

¿Cuántos días hay en este conjunto de datos? _______

¿Cuál es la diferencia entre las cantidades de lluvia menor y mayor en este conjunto de datos? ______

Tabla de Frecuencia

Las tallas de zapatos de compañeros de Zoe se enumeran a continuación.

3, 3, 4, 7, 6, 5, 5, 7, 3, 3, 4, 5, 6, 5, 6, 5, 6

Utilizar los datos para crear una tabla de frecuencias.

Tallas	Conteo	frecuencia

¿Qué tamaño de zapato se repite con mas frecuencia? ______

¿Cuál es la diferencia entre el tamaño mínimo y máximo de zapatos? ______

¿Cuál es el tamaño del zapato media cuando los datos están en orden de menor a mayor? ______

Recta Numérica

Escribir el valor representado en la recta numérica al lado de la letra.

0 A 4 B

	decimales	y fracciones mixtas
A	______	______
B	______	______

Vocabulario

División
Gráfica de puntos
Factores
Tabla de frecuencia
Producto
Gráfica de hoja y tallo

____________________ es un conjunto de datos representados mediante puntos sobre una recta numérica.

____________________ es la operación o proceso para calcular el cociente.

____________________ son números que multiplican para obtener otro número.

____________________ es una pantalla en la que se organizan los datos por el valor relativo.

____________________ es un método de grabación con qué frecuencia ocurre cada valor en un conjunto de datos.

____________________ es la respuesta cuando se multiplica.

Ejercicios de Cuarto Grado # 78

Nombre: ____________________

Computación

$6\overline{)536}$	46×62	$25.16 - 7.27$

Datos de multiplicación - Tome su tiempo en segundos___.

6 x 2	6 x 9	12 x 6	5 x 6	8 x 6	11 x 6
6 x 1	6 x 0	6 x 4	6 x 6	6 x 7	6 x 3

Gráfica de tallo y hoja

Utiliza los datos para generar un diagrama de tallo y hoja. El tallo es el dígito de las decenas y la hoja es el dígito de las unidades.

$3\frac{1}{2}$ $4\frac{3}{4}$ $2\frac{1}{4}$ $3\frac{3}{4}$ $2\frac{1}{2}$ $3\frac{1}{4}$ $4\frac{1}{4}$

$3\frac{1}{4}$ $2\frac{1}{4}$ $4\frac{1}{4}$ $4\frac{1}{4}$

Primero, ordene los datos de menor a

tallo y hoja $3\frac{1}{2}$

Tallo	Hoja
2	
3	
4	

¿Qué número se repite con mayor frecuencia? _______

¿Cuál es el número medio cuando los datos están en orden de menor a mayor? _______

Gráfica de puntos

Utilice el diagrama de puntos para responder a preguntas acerca de los datos.

Temperaturas corporales de los alumnos del Día 1

97.8 97.9 98.0 98.1 98.2 98.3 98.4 98.5 98.6 98.7 98.9 99.0

La temperatura en grados Fahrenheit

¿Cuántos estudiantes tienen temperatura superior a 98.6 °? ________

¿Cuántos estudiantes hay en este conjunto de datos? ________

¿Cuál es la diferencia entre la temperatura más alta y la más baja en este conjunto de datos? _______

Tabla de Frecuencia

Los puntos anotados lanzando dardos:

25, 30, 15, 20, 25, 30, 15, 20, 10, 25, 30, 10, 15, 15, 10, 15, 15, 20, 30, 15, 10

Utilizar los datos para crear una tabla de frecuencias.

puntos	conteo	frecuencia

¿Qué cantidad de puntos se repite con mayor frecuencia? _______

¿Cuál es la diferencia entre la menor y mayor cantidad de puntos? _______

¿Cuál es la cantidad media de puntos cuando los datos están en orden de menor a mayor? _______

Recta Numérica

Escribir el valor representado en la recta numérica al lado de la letra.

5 A B 12

	decimales	fracciones mixtas
A	_______	_______
B	_______	_______

Vocabulario

División
Gráfica de puntos
Factores
Tabla de frecuencia
Producto
Gráfica de hoja y tallo

______________________ es la respuesta cuando se multiplica.

______________________ es una pantalla en la que se organizan los datos por el valor relativo.

______________________ es la operación o proceso para calcular el cociente.

______________________ es un conjunto de datos representados mediante puntos sobre una recta numérica.

______________________ son números que multiplican para obtener otro número.

______________________ es un método de grabación con qué frecuencia ocurre cada valor en un conjunto de datos.

Ejercicios de Cuarto Grado # 79

Nombre: ____________________

Computación

$3\overline{)231}$	34×32	$20.00 - 6.57$

Datos de multiplicación - Tome su tiempo en segundos___.

3 x 2	3 x 9	12 x 3	5 x 3	8 x 3	11 x 3
3 x 1	3 x 0	3 x 4	3 x 6	3 x 7	3 x 3

Gráfica de tallo y hoja

Utiliza los datos para generar un diagrama de tallo y hoja. El tallo es el dígito de las decenas y la hoja es el dígito de las unidades.

$4\frac{1}{4}$, $5\frac{3}{4}$, $6\frac{3}{4}$, $4\frac{1}{2}$, $4\frac{1}{4}$, $4\frac{1}{4}$, $5\frac{3}{4}$, $5\frac{1}{4}$, $4\frac{1}{2}$

Primero, ordene los datos de menor a

tallo y hoja $6\frac{1}{4}$

Tallo	Hoja

¿Qué número se repite con mayor frecuencia? _______

¿Cuál es el número medio cuando los datos están en orden de menor a mayor? _______

Gráfica de puntos

Utilice el diagrama de puntos para responder a preguntas acerca de los datos.

Porciones de fruta al día durante un mes de Jana

porciones	0	$\frac{1}{2}$	1	$1\frac{1}{2}$	2	$2\frac{1}{2}$	3	$3\frac{1}{2}$	4	$4\frac{1}{2}$
puntos	3	2	4	6	8	5	0	1	0	1

¿Cuántos días se comió más de 2 porciones? ________

¿Cuántos días hay en este conjunto de datos? ________

¿Cuántas porciones se comió la mayor parte? ________

Tabla de Frecuencia

Las edades de los empleados del centro comercial se enumeran a continuación.

35, 44, 22, 19, 56, 42, 66, 25, 63, 45, 21, 33, 65, 52, 29, 66, 57, 42, 38, 65, 58, 45, 58, 61, 40, 57, 30, 22

Utilizar los datos para crear una tabla de frecuencias.

Edades	Conteo	Frecuencia
18-30		
31-43		
44-56		
57-69		

¿Qué rango de edad se repite con mas frecuencia? _______

¿Cuántas personas más se encuentran en el rango de 57-69 que el rango de 31-43? _______

¿Qué rango de edad se repite menos? _______

Recta Numérica

Escribir el valor representado en la recta numérica al lado de la letra.

2 A 6 B

	decimales	y fracciones mixtas
A	_______	_______
B	_______	_______

Vocabulario

División
Gráfica de puntos
Factores
Tabla de frecuencia
Producto
Gráfica de hoja y tallo

____________________ es la operación o proceso para calcular el cociente.

____________________ es una pantalla en la que se organizan los datos por el valor relativo.

____________________ es la respuesta cuando se multiplica.

____________________ es un método de grabación con qué frecuencia ocurre cada valor en un conjunto de datos.

____________________ es un conjunto de datos representados mediante puntos sobre una recta numérica.

____________________ son números que multiplican para obtener otro número.

Ejercicios de Cuarto Grado # 80

Nombre: ____________________

Computación

$7\overline{)539}$	56×77	$48.52 - 3.27$

Datos de multiplicación - Tome su tiempo en segundos___.

7 x 2	7 x 9	12 x 7	5 x 7	8 x 7	11 x 7
7 x 1	7 x 0	7 x 4	7 x 6	7 x 7	7 x 3

Gráfica de tallo y hoja

Utiliza los datos para generar un diagrama de tallo y hoja. El tallo es el dígito de las decenas y la hoja es el dígito de las unidades.

$\frac{3}{4}$, $2\frac{1}{4}$, $3\frac{1}{4}$, $2\frac{1}{4}$, $2\frac{1}{2}$, $\frac{1}{4}$, $\frac{1}{2}$, $3\frac{1}{4}$, $3\frac{1}{2}$, $2\frac{3}{4}$, $2\frac{1}{4}$,

Primero, ordene los datos de menor a

tallo y hoja $6\frac{1}{4}$

Tallo	Hoja
0	
1	
2	
3	

¿Qué número se repite con mayor frecuencia? _______

¿Cuál es el número medio cuando los datos están en orden de menor a mayor? _______

Gráfica de puntos

Utilice el diagrama de puntos para responder a preguntas acerca de los datos.

Género favorito de Películas

¿Cuántas personas más le gusta la comedia que la ciencia ficción? _______

¿Cuántas personas hay en este conjunto de datos? ________

¿Cuál es la diferencia entre los más y menos le gustaba géneros de películas en este conjunto de datos? _______

Tabla de Frecuencia

El tiempo dedicado al día haciendo la tarea (en minutos) son las siguientes:

26, 19, 35, 10, 0, 16, 25, 17, 24, 36, 20, 32, 18, 17, 12, 5, 14, 25, 28, 31, 45, 32, 16, 8

Utilizar los datos para crear una tabla de frecuencias.

Minutos	Conteo	Frecuencia
0-9		
10-19		
20-29		
30-39		
40-49		

¿Qué intervalo de tiempo se repite con mayor frecuencia? _______

¿Cuántas personas utilizan entre 10-19 minutos mas que de los 20-29 minutos? _______

¿Qué intervalo de tiempo se repite con menor frecuencia? _______

Recta Numérica

Escribir el valor representado en la recta numérica al lado de la letra.

	decimales	y fracciones mixtas
A	_______	_______
B	_______	_______

Vocabulario

División
Gráfica de puntos
Factores
Tabla de frecuencia
Producto
Gráfica de hoja y tallo

____________________ es la operación o proceso para calcular el cociente.

____________________ son números que multiplican para obtener otro número.

____________________ es una pantalla en la que se organizan los datos por el valor relativo.

____________________ es un conjunto de datos representados mediante puntos sobre una recta numérica.

____________________ es un método de grabación con qué frecuencia ocurre cada valor en un conjunto de datos.

____________________ es la respuesta cuando se multiplica.

KEYS

ALGEBRA READINESS

BUILDERS

Fourth Grade Math

Fourth Grade Builder # 1

Name: ______________________

Computation: Add and Subtract Whole Numbers

$$\begin{array}{r} 341 \\ +\ \ 54 \\ \hline 395 \end{array} \qquad \begin{array}{r} 189 \\ -\ \ 25 \\ \hline 164 \end{array}$$

Multiplication Facts–Time Yourself ____Seconds

5 x 3 = 15	5 x 6 = 30	5 x 8 = 40	5 x 4 = 20	5 x 9 = 45	5 x 6 = 30
5 x 0 = 0	5 x 2 = 10	5 x 4 = 20	5 x 7 = 35	5 x 1 = 5	5 x 5 = 25

Place Value: Whole Numbers

Millions	,	Hundred Thousands	Ten Thousands	Thousands	,	Hundreds	Tens	Ones
				4	,	7	6	1

4,761

Write the value of each digit of the number above. Use the place value chart for help.

4 x 1000 = 4,000
7 x 100 = 700
6 x 10 = 60
1 x 1 = 1

Total = 4,761

Comparisons

Use inequality symbols to compare.
> (greater than)
< (less than)

23 **<** 32
23 is less than 32

454 **>** 445
454 is greater than 445

6,032 **<** 6,111
6,032 is less than 6,111

Money

Write the value of each coin below the coin.

25¢ 10¢ 25¢ 1¢ 5¢ 5¢

Now write the value as a decimal number.

$0.25 $0.10 $0.25 $0.01 $0.05 $0.05

Write the total value of all the coins.

$ 0. 71 71¢

Compare & Order

Order the numbers below from least to greatest.

4,739	4,379
7,439	4,739
4,937	4,937
4,379	7,439

Number Line

Write the value represented on the number line next to the letter.

0 A 2 B C D

A 1 B 3
C 5 D 6

Vocabulary

Place Value
Whole Numbers
Hundreds Place
Sum
Difference
Product

Hundreds Place is 10 times the tens place.
Product is the answer when you multiply.
Place Value is the value of the position of a digit in a number.
Sum is the answer when you add.
Whole Numbers are a set of numbers start at "0" and increase by "1".
Difference is the answer when you subtract.

Fourth Grade Builder # 2 Name: ______________________________

Computation: Add and Subtract Whole Numbers	
249 + 30 **279**	465 − 52 **413**

Multiplication Facts–Time Yourself ____Seconds

2 x 3 = **6**	2 x 6 = **12**	2 x 8 = **16**	2 x 4 = **8**	2 x 9 = **18**	2 x 7 = **14**
2 x 0 = **0**	2 x 2 = **4**	2 x 4 = **8**	2 x 7 = **14**	2 x 1 = **2**	2 x 5 = **10**

Place Value: Whole Numbers

Millions	,	Hundred Thousands	Ten Thousands	Thousands	,	Hundreds	Tens	Ones
				3	,	0	5	4

3,054

Write the value of each digit of the number above. Use the place value chart for help.

3 x 1000 = 3,000
0 x 100 = 000
5 x 10 = 50
4 x 1 = 4

Total = 3,054

Comparisons

Use inequality symbols to compare.

> (greater than)

< (less than)

62 [>] 36

62 is greater than 36

624 [<] 642

624 is less than 642

5,865 [>] 5,856

5,865 is greater than 5,856

Money

Write the value of each coin below the coin.

5¢ 1¢ 1¢ 25¢ 50¢

Now write the value as a decimal number.

$0.05 $0.01 $0.01 $0.25 $0.50

Write the total value of all the coins.

$ 0.82 82¢

Compare & Order

Order the numbers below from least to greatest.

5,325	5,235
5,235	5,325
5,352	5,352
5,532	5,532

Number Line

Write the value represented on the number line next to the letter.

5 A 7 B 9 C D

A 6 B 8

C 10 D 11

Vocabulary

Place Value
Whole Numbers
Hundreds Place
Sum
Difference
Product

Sum is the answer when you add.

Difference is the answer when you subtract.

Place Value is the value of the position of a digit in a number.

Product is the answer when you multiply.

Hundreds Place is 10 times the tens place.

Whole Numbers are a set of numbers start at "0" and increase by "1".

Fourth Grade Builder # 3 Name: ____________________

Computation: Add and Subtract Whole Numbers

```
   1 1
   9 5 3
 +   4 7
 -------
 1 0 0 0
```

```
     4 12
   7 5 2
 -   4 3
 -------
   7 0 9
```

Multiplication Facts–Time Yourself ____Seconds

3 x 3 = 9	3 x 6 = 18	3 x 8 = 24	3 x 4 = 12	3 x 9 = 27	3 x 7 = 21
3 x 0 = 0	3 x 2 = 6	3 x 4 = 12	3 x 7 = 21	3 x 1 = 3	3 x 5 = 15

Place Value: Whole Numbers

Millions	,	Hundred Thousands	Ten Thousands	Thousands	,	Hundreds	Tens	Ones
			6	1	,	3	2	1

61,321

Write the value of each digit of the number above. Use the place value chart for help.

6 x 10,000	=	60,000
1 x 1,000	=	1,000
3 x 100	=	300
2 x 10	=	20
1 x 1	=	1
Total	=	61,321

Comparisons

Use inequality symbols to compare.

> (greater than)

< (less than)

94 [>] 49

589 [<] 598

7,684 [>] 7,648

Money

Write the value of each coin below the coin.

5¢ 1¢ 10¢ 1¢ 25¢ 50¢

Now write the value as a decimal number.

$0.05 $0.01 $0.10 $0.01 $0.25 $0.50

Write the total value of all the coins.

$ 0. 92 92 ¢

Compare & Order

Order the numbers below from least to greatest.

2,531	2,315
2,315	2,351
2,351	2,513
2,513	2,531

Number Line

Write the value represented on the number line next to the letter.

11 A 15 B C D

A 13 B 16

C 18 D 21

Vocabulary

Place Value
Whole Numbers
Hundreds Place
Sum
Difference
Product

Sum is the answer when you add.

Whole Numbers are a set of numbers start at "0" and increase by "1".

Product is the answer when you multiply.

Hundreds Place is 10 times the tens place.

Place Value is the value of the position of a digit in a number.

Difference is the answer when you subtract.

Fourth Grade Builder # 4 Name: ______________________

Computation: Add and Subtract Whole Numbers

```
    1
   348
 +  39
 -----
   387
```

```
    2 16
   736
 -  28
 -----
   708
```

Multiplication Facts–Time Yourself ____Seconds

4 x 3 = 12	4 x 6 = 24	4 x 8 = 32	4 x 4 = 16	4 x 9 = 36	4 x 7 = 28
4 x 0 = 0	4 x 2 = 8	4 x 4 = 16	4 x 7 = 28	4 x 1 = 4	4 x 5 = 20

Place Value: Whole Numbers

Millions	,	Hundred Thousands	Ten Thousands	Thousands	,	Hundreds	Tens	Ones
			1	0	,	6	8	4

10,684

Write the value of each digit of the number above.

1 x 10,000 = 10,000
0 x 1,000 = 0,000
6 x 100 = 600
8 x 10 = 80
4 x 1 = 4
Total = 10,684

Comparisons

Use inequality symbols to compare.

> (greater than)

< (less than)

87 [>] 78

256 [<] 265

4,236 [<] 4,326

Money

Write the value of each coin below the coin.

1¢ 1¢ 1¢ 10¢ 10¢ 25¢

Now write the value as a decimal number.

$0.01 $0.01 $0.01 $0.10 $0.10 $0.25

Write the total value of all the coins.

$ 0.48 48¢

Compare & Order

Order the numbers below from least to greatest.

	2,458
2,584	2,485
2,485	2,584
2,458	2,845
2,845	

Number Line

Write the value represented on the number line next to the letter.

0 2 A 6 B C D

A 4 B 8
C 10 D 12

Vocabulary

Place Value
Whole Numbers
Hundreds Place
Sum
Difference
Product

Place Value is the value of the position of a digit in a number.
Product is the answer when you multiply.
Hundreds Place is 10 times the tens place.
Sum is the answer when you add.
Whole Numbers are a set of numbers start at "0" and increase by "1".
Difference is the answer when you subtract.

Fourth Grade Builder # 5 Name: ____________________

Computation: Add and Subtract Whole Numbers

953 + 65 = **1018**	752 − 64 = **688**

Multiplication Facts–Time Yourself ____Seconds

6 x 3 = **18**	6 x 6 = **36**	6 x 8 = **48**	6 x 4 = **24**	6 x 9 = **54**	6 x 7 = **42**
6 x 0 = **0**	6 x 2 = **12**	6 x 4 = **24**	6 x 7 = **42**	6 x 1 = **6**	6 x 5 = **30**

Place Value: Whole Numbers

Billions	,	Hundred Millions	Ten Millions	Millions	,	Hundred Thousands	Ten Thousands	Thousands	,	Hundreds	Tens	Ones
				1	,	2	0	4	,	3	5	6

1,204,356

Write the value of each digit of the number above.

1 x 1,000,000 = 1,000,000
2 x 100,000 = 200,000
0 x 10,000 = 00,000
4 x 1,000 = 4,000
3 x 100 = 300
5 x 10 = 50
6 x 1 = 6
Total 1,204,356

Comparisons

Use inequality symbols to compare.
> (greater than)
< (less than)

58 < 85

658 < 685

8,520 > 8,502

Money

Write the value of each coin below the coin.

1¢ 5¢ 5¢ 25¢ 50¢

Now write the value as a decimal number.

$0.01 $0.05 $0.05 $0.25 $0.50

Write the total value of all the coins.

$0.86 86¢

Compare & Order

Order the numbers below from least to greatest.

16,651	16,156
16,156	16,165
16,516	16,516
16,165	16,651

Number Line

Write the value represented on the number line next to the letter.

16 A 18 B C D

A 17 B 18.5
C 20 D 21

Vocabulary

Place Value
Whole Numbers
Hundreds Place
Sum
Difference
Product

Hundreds Place is 10 times the tens place.
Place Value is the value of the position of a digit in a number.
Whole Numbers are a set of numbers start at "0" and increase by "1".
Product is the answer when you multiply.
Sum is the answer when you add.
Difference is the answer when you subtract.

Fourth Grade Builder # 6 Name: ____________________

Computation: Add and Subtract Whole Numbers

```
   1 1
   6 3 4
 +   6 7
 -------
   7 0 1
```

```
  14
 5 4 11
 6 5 1
 -  5 2
 -------
  5 9 9
```

Multiplication Facts–Time Yourself ____Seconds

7 x 3	7 x 6	7 x 8	7 x 4	7 x 9	7 x 7
21	42	56	28	63	49
7 x 0	7 x 2	7 x 4	7 x 7	7 x 1	7 x 5
0	14	28	49	7	35

Place Value: Whole Numbers

Billions	,	Hundred Millions	Ten Millions	Millions	,	Hundred Thousands	Ten Thousands	Thousands	,	Hundreds	Tens	Ones
						5	5	6	,	0	5	6

556,056

Write the value of each digit of the number above.

5 x 100,000 = 500,000
5 x 10,000 = 50,000
6 x 1,000 = 6,000
0 x 100 = 000
5 x 10 = 50
6 x 1 = 6
Total 556,056

Comparisons

Use inequality symbols to compare.
> (greater than)
< (less than)

98 [>] 89

769 [<] 796

1,374 [>] 1,347

Money

Write the value of each coin below the coin.

1¢ 5¢ 5¢ 25¢ 5¢ 1¢

Now write the value as a decimal number.

$0.01 $0.05 $0.05 $0.25 $0.05 $0.01

Write the total value of all the coins.

$ 0. 4 2 4 2¢

Compare & Order

Order the numbers below from least to greatest.

54,321	54,213
54,231	54,231
54,312	54,312
54,213	54,321

Number Line

Write the value represented on the number line next to the letter.

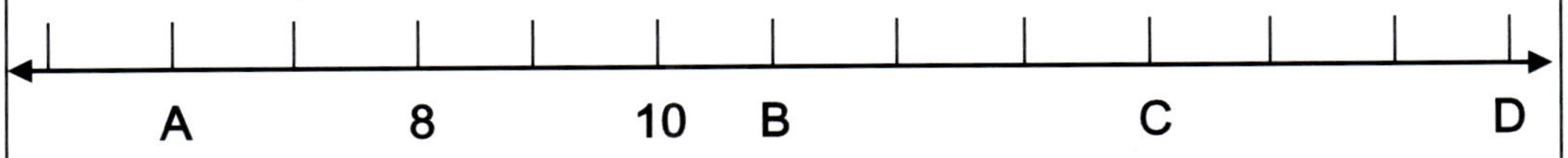

A 8 10 B C D

A 6 B 11
C 14 D 17

Vocabulary

Place Value
Whole Numbers
Hundreds Place
Sum
Difference
Product

Whole Numbers are a set of numbers start at "0" and increase by "1".
Sum is the answer when you add.
Hundreds Place is 10 times the tens place.
Place Value is the value of the position of a digit in a number.
Difference is the answer when you subtract.
Product is the answer when you multiply.

Fourth Grade Builder # 7 Name: ______________________

Computation: Add and Subtract Whole Numbers

```
   1  1
   9 5 6
+    6 7
  1 0 2 3
```

```
      16
   7  6  14
   8  7  4
−     8  8
   7  8  6
```

Multiplication Facts–Time Yourself ____Seconds

8 x 3 = 24	8 x 6 = 48	8 x 8 = 64	8 x 4 = 32	8 x 9 = 72	8 x 7 = 56
8 x 0 = 0	8 x 2 = 16	8 x 4 = 32	8 x 7 = 56	8 x 1 = 8	8 x 5 = 40

Place Value: Whole Numbers

Billions	,	Hundred Millions	Ten Millions	Millions	,	Hundred Thousands	Ten Thousands	Thousands	,	Hundreds	Tens	Ones
				8	,	5	4	6	,	5	7	4

8,546,574

Write the value of each digit of the number above.

8	x 1,000,000	=	8,000,000
5	x 100,000	=	500,000
4	x 10,000	=	40,000
6	x 1,000	=	6,000
5	x 100	=	500
7	x 10	=	70
4	x 1	=	4
Total			8,546,574

Comparisons

Use inequality symbols to compare.

> (greater than)

< (less than)

725 [<] 752

85,654 [>] 85,564

333,645 [<] 333,654

Money

Write the value of each coin below the coin.

Dime	Dime	Penny	Quarter	Penny	Penny
10¢	10¢	1¢	25¢	1¢	1¢

Now write the value as a decimal number.

$0.10	$0.10	$0.01	$0.25	$0.01	$0.01

Write the total value of all the coins.

$ 0.48 ____ 48 ¢ ____

Compare & Order

Order the numbers below from least to greatest.

54,741	54,147
54,471	54,417
54,147	54,471
54,417	54,741

Number Line

Write the value represented on the number line next to the letter.

A 8 9 B C D

A 7 B 9.5

C 11 D 12.5

Vocabulary

Place Value
Whole Numbers
Hundreds Place
Sum
Difference
Product

Hundreds Place is 10 times the tens place.

Difference is the answer when you subtract.

Place Value is the value of the position of a digit in a number.

Sum is the answer when you add.

Product is the answer when you multiply.

Whole Numbers are a set of numbers start at “0” and increase by “1”.

Fourth Grade Builder # 8 Name: ____________________

Computation: Add and Subtract Whole Numbers

```
  1 1
  1 5 9
+   4 1
-------
  2 0 0
```

```
  8 10
  9 0 5
-   3 5
-------
  8 7 0
```

Multiplication Facts–Time Yourself ____Seconds

8 x 3	8 x 6	8 x 8	8 x 4	8 x 9	8 x 7
24	48	64	32	72	56
8 x 0	8 x 2	8 x 4	8 x 7	8 x 1	8 x 5
0	16	32	56	8	40

Place Value: Whole Numbers

Billions	,	Hundred Millions	Ten Millions	Millions	,	Hundred Thousands	Ten Thousands	Thousands	,	Hundreds	Tens	Ones
				4	,	8	7	5	,	9	6	5

4,875,965

Write the value of each digit of the number above.

4 x 1,000,000 = 4,000,000
8 x 100,000 = 800,000
7 x 10,000 = 70,000
5 x 1,000 = 5,000
9 x 100 = 900
6 x 10 = 60
5 x 1 = 5

Total 4,875,965

Comparisons

Use inequality symbols to compare.

> (greater than)

< (less than)

897,576 [>] 897,567

73,487 [>] 73,478

152,785 [<] 152,875

Money

Write the value of each coin below the coin.

10¢ 10¢ 1¢ 5¢ 5¢ 1¢

Now write the value as a decimal number.

$0.10 $0.10 $0.01 $0.05 $0.05 $0.01

Write the total value of all the coins.

$ 0. 3 2 3 2 ¢

Compare & Order

Order the numbers below from least to greatest.

976,843	967,433
976,834	976,434
976,434	976,834
967,433	976,843

Number Line

Write the value represented on the number line next to the letter.

A 51 B 53 C D

A 49 B 52

C 54 D 55

Vocabulary

Place Value
Whole Numbers
Hundreds Place
Sum
Difference
Product

Product is the answer when you multiply.

Sum is the answer when you add.

Difference is the answer when you subtract.

Whole Numbers are a set of numbers start at "0" and increase by "1".

Hundreds Place is 10 times the tens place.

Place Value is the value of the position of a digit in a number.

Fourth Grade Builder # 9 Name: ______________________

Computation: Add and Subtract Whole Numbers

```
  1 1 1  1
  197,574
+  52,985
  250,559
```

```
 0 16
 1,657
 -  735
    922
```

Multiplication Facts–Time Yourself ____Seconds

9 x 3	9 x 6	9 x 8	9 x 4	9 x 9	9 x 7
27	54	72	36	81	63
9 x 0	9 x 2	9 x 4	9 x 7	9 x 1	9 x 5
0	18	36	63	9	45

Place Value: Whole Numbers

Billions	,	Hundred Millions	Ten Millions	Millions	,	Hundred Thousands	Ten Thousands	Thousands	,	Hundreds	Tens	Ones	.	Tenths	Hundredths
				4	,	6	7	4	,	0	9	4	.		
				4	,	2	3	4	,	5	3	2	.		

Write the 2 numbers in the chart and answer the questions.

A. 4,674,094
B. 4,234,532

Which number is the greatest? A

Which number has the greatest value hundreds place? B

Comparisons

Use inequality symbols to compare.

> (greater than)
< (less than)

1,584,572 [>] 1,548,725

873,978,576 [<] 874,000,576

564,875,655 [>] 564,857,655

Money

Fill in the chart showing 3 ways to get the desired amount.

$0.53

	1	2	3
Pennies	3	3	3
Nickels	0	10	0
Dimes	0	0	0
Quarters	2	0	0
Half Dollars	0	0	1

What is the fewest number of coins needed? 4

Decimals

Shade in each grid to represent the decimal given.

This is an easy way to see I should shade 5 out of 100 spaces.

0.05 — 100

[<]

0.50 — 100

I should shade 50 squares out of 100 or 5 rows out of 10. Both are correct statements.

Use inequality symbols to compare.

> (greater than)
< (less than)

Digit Value

Write the value of the underlined digit.

1,657,584.52	7,000
22,705.06	0.06
976,434	400
57,054.76	50,000

Number Line

Write the value represented on the number line next to the letter.

0 — A — 1 — B — C — D

Decimal Value

A 0.5 B 1.5

C 2.0 D 2.5

Vocabulary

Inequality
Decimal Number
Thousands Place
Billions Place
Expanded Notation
Tens Place

Thousands Place is 10 times the hundreds place.

Decimal Number are numbers in the base 10 system with one or more places to the right of the decimal.

Billions Place is 10 times the hundred millions place.

Expanded Notation is a number written out to show all the place values.

Inequality is a mathematical sentence where one side is not equal to the other side.

Tens Place is 10 times the ones place.

Fourth Grade Builder # 10 Name: ____________________

Computation: Add and Subtract Whole Numbers

```
   1 1  1 1
  107,625
+  44,496
  152,121
```

```
  1 14 13 17
  2,5 4 7
-   6 5 9
  1,8 8 8
```

Multiplication Facts–Time Yourself ____Seconds

6 x 2 = 12	6 x 7 = 42	6 x 8 = 48	6 x 5 = 30	6 x 1 = 6	6 x 4 = 24
6 x 0 = 0	6 x 3 = 18	6 x 4 = 24	6 x 7 = 42	6 x 6 = 36	6 x 8 = 48

Place Value: Whole Numbers

Billions	,	Hundred Millions	Ten Millions	Millions	,	Hundred Thousands	Ten Thousands	Thousands	,	Hundreds	Tens	Ones	.	Tenths	Hundredths
						4	3	9	,	2	0	5	.	0	9
				1	,	0	0	0	,	2	0	5	.	0	0

Write the 2 numbers in the chart and answer the questions.

A. 439,205.09
B. 1,000,205.00

Which number is the greatest? B

Which number has the greatest value hundredths place? A

Comparisons

Use inequality symbols to compare.
> (greater than)
< (less than)

489,678 < 498,678

796,687,821 > 769,687,821

684,658 > 684,568

Money

Fill in the chart showing 3 ways to get the desired amount.

$0.29

	1	2	3
Pennies	4	4	4
Nickels	0	1	5
Dimes	0	2	0
Quarters	1	0	0
Half Dollars	0	0	0

What is the fewest number of coins needed? 5

Decimals

Shade in each grid to represent the decimal given.

0.35 (35/100) < 0.70 (70/100)

Use inequality symbols to compare.
> (greater than)
< (less than)

Digit Value

Write the value of the underlined digit.

1,657,584.52 — 80

22,705.06 — 0

976,434 — 900,000

57,054.76 — 4

Number Line

Write the value represented on the number line next to the letter.

21 A 22 B C D

Decimal Value

A 21.5 B 22.5

C 23.0 D 23.5

Vocabulary

Inequality
Decimal Number
Thousands Place
Billions Place
Expanded Notation
Tens Place

Decimal Number are numbers in the base 10 system with one or more places to the right of the decimal.

Expanded Notation is a number written out to show all the place values.

Inequality is a mathematical sentence where one side is not equal to the other side.

Thousands Place is 10 times the hundreds place.

Tens Place is 10 times the ones place.

Billions Place is 10 times the hundred millions place.

Fourth Grade Builder # 11   Name: ______________________

Computation: Add and Subtract Whole Numbers

```
   1   1 1 1
  5 5 1,4 8 9
+   8 7,5 6 1
  6 3 9,0 5 0
```

```
      16 13
    7  6  3 11
    8, 7  4  1
  –     9  7  5
    7, 7  6  6
```

Multiplication Facts–Time Yourself ____Seconds

6 x 5 = 30	6 x 8 = 48	6 x 2 = 12	6 x 9 = 54	6 x 1 = 6	6 x 3 = 18
6 x 6 = 36	6 x 4 = 24	6 x 7 = 42	6 x 3 = 18	6 x 7 = 42	6 x 8 = 48

Place Value: Whole Numbers

Billions	,	Hundred Millions	Ten Millions	Millions	,	Hundred Thousands	Ten Thousands	Thousands	,	Hundreds	Tens	Ones	.	Tenths	Hundredths
						2	3	5	,	9	0	0	.	0	3
						2	3	3	,	0	0	9	.	0	3

Write the 2 numbers in the chart and answer the questions.

A. 235,900.03
B. 233,009.03

Which number is the least? B

Which number has the greatest value thousands place? A

Comparisons

Use inequality symbols to compare.
> (greater than)
< (less than)

671,586,124 [<] 675,186,124

51,798 [>] 51,789

157,698,009 [<] 157,869,009

Money

Fill in the chart showing 3 ways to get the desired amount.

$0.42

	1	2	3
Pennies	2	2	2
Nickels	1	3	0
Dimes	1	0	4
Quarters	1	1	0
Half Dollars	0	0	0

What is the fewest number of coins needed? 5

Decimals

Shade in each grid to represent the decimal given.

0.60 = 60/100 [>] 0.56 = 56/100

Use inequality symbols to compare.
> (greater than)
< (less than)

Digit Value

Write the value of the underlined digit.

1,657,584.52 1,000,000

22,705.06 0

976,434 30

57,054.76 7,000

Number Line

Write the value represented on the number line next to the letter.

6 A 7 B C D

Decimal Value

A 6.5 B 7.5

C 8.0 D 8.5

Vocabulary

Inequality
Decimal Number
Thousands Place
Billions Place
Expanded Notation
Tens Place

Decimal Number are numbers in the base 10 system with one or more places to the right of the decimal.

Tens Place is 10 times the ones place.

Expanded Notation is a number written out to show all the place values.

Inequality is a mathematical sentence where one side is not equal to the other side.

Thousands Place is 10 times the hundreds place.

Billions Place is 10 times the hundred millions place.

Fourth Grade Builder # 12 Name: ______________________

Computation: Add and Subtract Whole Numbers

```
  1 1 1 1 1
  499,999
+  87,561
  587,560
```

```
   7 9 9 10
     10 10
   8,000
-    555
   7,445
```

Multiplication Facts–Time Yourself ____Seconds

6 x 4	6 x 9	6 x 3	6 x 8	6 x 6	6 x 1
24	54	18	48	36	6
6 x 2	6 x 7	6 x 8	6 x 6	6 x 9	6 x 7
12	42	48	36	54	42

Place Value: Whole Numbers

Billions	,	Hundred Millions	Ten Millions	Millions	,	Hundred Thousands	Ten Thousands	Thousands	,	Hundreds	Tens	Ones	.	Tenths	Hundredths
						1	0	1	,	0	1	0	.	0	1
						1	0	1	,	1	0	0	.	1	0

Write the 2 numbers in the chart and answer the questions.

A. 101,010.01
B. 101,100.10

Which number is the least? A

Which number has the greatest value tenths place? B

Comparisons

Use inequality symbols to compare.
> (greater than)
< (less than)

1,687,264,652 [<] 1,687,462,652

235,432 [<] 253,432

258,654,633 [>] 258,645,633

Money

Fill in the chart showing 3 ways to get the desired amount.

$0.88

	1	2	3
Pennies	3	3	3
Nickels	0	1	0
Dimes	1	3	1
Quarters	1	0	3
Half Dollars	1	1	0

What is the fewest number of coins needed? 6

Decimals

Shade in each grid to represent the decimal given.

0.70 (70/100) [>] 0.52 (52/100)

Use inequality symbols to compare.
> (greater than)
< (less than)

Digit Value

Write the value of the underlined digit.

1,657,584.52	0.5
22,705.06	20,000
976,434	70,000
57,054.76	0

Number Line

Write the value represented on the number line next to the letter.

34 A 35 B C D

Decimal Value

A 34.5 B 35.5

C 36.0 D 36.5

Vocabulary

Inequality
Decimal Number
Thousands Place
Billions Place
Expanded Notation
Tens Place

Expanded Notation is a number written out to show all the place values.

Thousands Place is 10 times the hundreds place.

Billions Place is 10 times the hundred millions place.

Expanded Notation are numbers in the base 10 system with one or more places to the right of the decimal.

Tens Place is 10 times the ones place.

Inequality is a mathematical sentence where one side is not equal to the other side.

Fourth Grade Builder # 13 Name: ____________

Computation: Add and Subtract Whole Numbers

```
  1 1 1  1 1
  699,999
+  25,561
  -------
  725,560
```

```
   7 9  9 10
     10 10
  8,000
–   777
  -----
  7,223
```

Multiplication Facts–Time Yourself ____Seconds

7 x 4 = 28	7 x 9 = 63	7 x 3 = 21	7 x 8 = 56	7 x 6 = 42	7 x 1 = 7
7 x 2 = 14	7 x 7 = 14	7 x 8 = 56	7 x 6 = 42	7 x 9 = 63	7 x 7 = 49

Place Value: Whole Numbers

Billions	,	Hundred Millions	Ten Millions	Millions	,	Hundred Thousands	Ten Thousands	Thousands	,	Hundreds	Tens	Ones	.	Tenths	Hundredths
						5	3	4	,	4	5	3	.	4	5
						5	3	4	,	4	3	5	.	4	5

Write the 2 numbers in the chart and answer the questions.

A. 534,453.45
B. 534,435.45

Which number is the greatest? A

Which number has the greatest value tens place? A

Rounding

Round each number to the nearest **tens** place.

427 → 430

17,045 → 17,050

Rounding poem:

Find your place,
Look RIGHT next door
Four or less just ignore
Five or more, add 1 more.

Underline the place value you are asked to estimate the number to, then follow the poem.

Money

Fill in the chart showing 3 ways to get the desired amount.

$1.18

	1	2	3
Pennies	3	3	3
Nickels	1	1	1
Dimes	1	1	6
Quarters	0	4	2
Half Dollars	2	0	0

What is the fewest number of coins needed? 7

Decimals

Shade in each grid to represent the decimal given.

0.46 (46/100) < 0.60 (60/100)

Use inequality symbols to compare.
> (greater than)
< (less than)

Digit Value

Write the value of the underlined digit.

389.05	80
685.54	0.5
7,610.17	0.07
92,684.36	600

Number Line

Write the value represented on the number line next to the letter.

4.5 A B 6.0 C D

Decimal Value

A 5.0 B 5.25

C 6.5 D 7.0

Vocabulary

Inequality
Decimal Number
Thousands Place
Billions Place
Expanded Notation
Tens Place

Tens Place is 10 times the ones place.

Inequality is a mathematical sentence where one side is not equal to the other side.

Thousands Place is 10 times the hundreds place.

Expanded Notation is a number written out to show all the place values.

Billions Place is 10 times the hundred millions place.

Decimal Number are numbers in the base 10 system with one or more places to the right of the decimal.

Fourth Grade Builder # 14 Name: ____________________

Computation: Add and Subtract Whole Numbers

$$399{,}999 + 68{,}514 = 468{,}513$$

$$5{,}000 - 594 = 4{,}406$$

Multiplication Facts–Time Yourself ____Seconds

7 x 6 = 42	7 x 4 = 28	7 x 1 = 7	7 x 7 = 49	7 x 3 = 21	7 x 6 = 42
7 x 0 = 0	7 x 5 = 35	7 x 2 = 14	7 x 8 = 56	7 x 9 = 63	7 x 7 = 49

Place Value: Whole Numbers

Billions	,	Hundred Millions	Ten Millions	Millions	,	Hundred Thousands	Ten Thousands	Thousands	,	Hundreds	Tens	Ones	.	Tenths	Hundredths
						6	8	5	,	4	6	9	.	3	2
						6	8	5	,	4	9	6	.	2	3

Write the 2 numbers in the chart and answer the questions.

A. 685,469.32
B. 685,496.23

Which number is the greatest? B

Which number has the greatest value hundredths place? B

Rounding

Round each number to the nearest **thousands** place.

5,627 → 6,000

17,045 → 17,000

Rounding poem:

Find your place,
Look RIGHT next door
Four or less just ignore
Five or more, add 1 more.

Underline the place value you are asked to estimate the number to, then follow the poem.

Money

Fill in the chart showing 3 ways to get the desired amount.

$1.72

	1	2	3
Pennies	2	2	2
Nickels	0	0	0
Dimes	2	2	2
Quarters	0	2	6
Half Dollars	3	2	0

What is the fewest number of coins needed? 7

Decimals

Shade in each grid to represent the decimal given.

0.08 (8/100) < 0.80 (80/100)

Use inequality symbols to compare.

> (greater than)
< (less than)

Digit Value

Write the value of the underlined digit.

389.05 — 0.05

48,685.54 — 600

257,610.17 — 10

92,684.36 — 90,000

Number Line

Write the value represented on the number line next to the letter.

11.5 A B C 13.0 D

Decimal Value

A 12.0 B 12.5

C 12.75 D 13.5

Vocabulary

Inequality
Decimal Number
Thousands Place
Billions Place
Expanded Notation
Tens Place

Decimal Number are numbers in the base 10 system with one or more places to the right of the decimal.

Thousands Place is 10 times the hundreds place.

Expanded Notation is a number written out to show all the place values.

Billions Place is 10 times the hundred millions place.

Tens Place is 10 times the ones place.

Inequality is a mathematical sentence where one side is not equal to the other side.

Fourth Grade Builder # 15 Name: ______

Computation: Add and Subtract Whole Numbers

9,999.9 + 542.3 10,542.2	3,000.9 − 888.5 2,112.4

Multiplication Facts–Time Yourself ____Seconds

7 x 2 = 14	7 x 7 = 49	7 x 5 = 35	7 x 3 = 21	7 x 6 = 42	7 x 7 = 49
7 x 1 = 7	7 x 4 = 28	7 x 0 = 0	7 x 9 = 63	7 x 8 = 56	7 x 6 = 42

Place Value: Whole Numbers

Billions	,	Hundred Millions	Ten Millions	Millions	,	Hundred Thousands	Ten Thousands	Thousands	,	Hundreds	Tens	Ones	.	Tenths	Hundredths
						7	8	4	,	3	5	4	.	5	8
						7	4	8	,	3	4	5	.	8	5

Write the 2 numbers in the chart and answer the questions.

A. 784,354.58
B. 748,345.85

Which number is the least? B

Which number has the greatest value tenths place? B

Rounding

Round each number to the nearest **hundreds** place.

5,672
5,700

17,645
17,600

Rounding poem:

Find your place,
Look RIGHT next door
Four or less just ignore
Five or more, add 1 more.

Underline the place value you are asked to estimate the number to, then follow the poem.

Money

Fill in the chart showing 3 ways to get the desired amount.

$1.93

	1	2	3
Pennies	3	3	3
Nickels	1	0	1
Dimes	1	4	1
Quarters	1	0	7
Half Dollars	3	3	0

What is the fewest number of coins needed? 9

Decimals

Shade in each grid to represent the decimal given.

0.57 = 57/100 < 0.70 = 70/100

Use inequality symbols to compare.
> (greater than)
< (less than)

Digit Value

Write the value of the underlined digit.

389.05 9

248,685.54 80

257,610.17 50,000

92,684.36 0.3

Number Line

Write the value represented on the number line next to the letter.

1.25 A B C 3.0 D

Decimal Value

A 1.75 B 2.0
C 2.75 D 4.0

Vocabulary

Inequality
Decimal Number
Thousands Place
Billions Place
Expanded Notation
Tens Place

Expanded Notation is a number written out to show all the place values.
Decimal Number are numbers in the base 10 system with one or more places to the right of the decimal.
Billions Place is 10 times the hundred millions place.
Inequality is a mathematical sentence where one side is not equal to the other side.
Thousands Place is 10 times the hundreds place.
Tens Place is 10 times the ones place.

Fourth Grade Builder # 16 Name: ______________________

Computation: Add and Subtract Whole Numbers

2,999.3 + 742.1 = 3,741.4	2,000.5 − 222.2 = 1,778.3

Multiplication Facts–Time Yourself ____Seconds

7 x 6 = 42	7 x 3 = 21	7 x 0 = 0	7 x 9 = 63	7 x 6 = 42	7 x 2 = 14
7 x 8 = 56	7 x 4 = 28	7 x 6 = 42	7 x 7 = 49	7 x 8 = 56	7 x 7 = 49

Place Value: Whole Numbers

Billions	,	Hundred Millions	Ten Millions	Millions	,	Hundred Thousands	Ten Thousands	Thousands	,	Hundreds	Tens	Ones	.	Tenths	Hundredths
						2	3	1	,	3	5	1	.	5	4
						2	3	1	,	5	3	1	.	4	5

Write the 2 numbers in the chart and answer the questions.

A. 231,351.54
B. 231,531.45

Which number is the greatest? B

Which number has the greatest value hundreds place? B

Rounding

Round each number to the nearest hundreds place.

7,288 → 7,300

14,922 → 14,900

Rounding poem:

Find your place,
Look RIGHT next door
Four or less just ignore
Five or more, add 1 more.

Underline the place value you are asked to estimate the number to, then follow the poem.

Money

Fill in the chart showing 3 ways to get the desired amount.

$2.74

	1	2	3
Pennies	4	4	4
Nickels	0	0	4
Dimes	2	2	0
Quarters	0	10	10
Half Dollars	5	0	0

What is the fewest number of coins needed? 11

Decimals

Shade in each grid to represent the decimal given.

0.72 (100) < 0.80 (100)

Use inequality symbols to compare.

> (greater than)
< (less than)

Digit Value

Write the value of the underlined digit.

389.05 — 0.0

8,685.54 — 8,000

257,610.17 — 0.1

92,684.36 — 4

Number Line

Write the value represented on the number line next to the letter.

0.5 A B C 2.0 D

Decimal Value

A 1.0 B 1.5

C 1.75 D 2.25

Vocabulary

Inequality
Decimal Number
Thousands Place
Billions Place
Expanded Notation
Tens Place

Inequality is a mathematical sentence where one side is not equal to the other side.

Thousands Place is 10 times the hundreds place.

Decimal Number are numbers in the base 10 system with one or more places to the right of the decimal.

Expanded Notation is a number written out to show all the place values.

Tens Place is 10 times the ones place.

Billions Place is 10 times the hundred millions place.

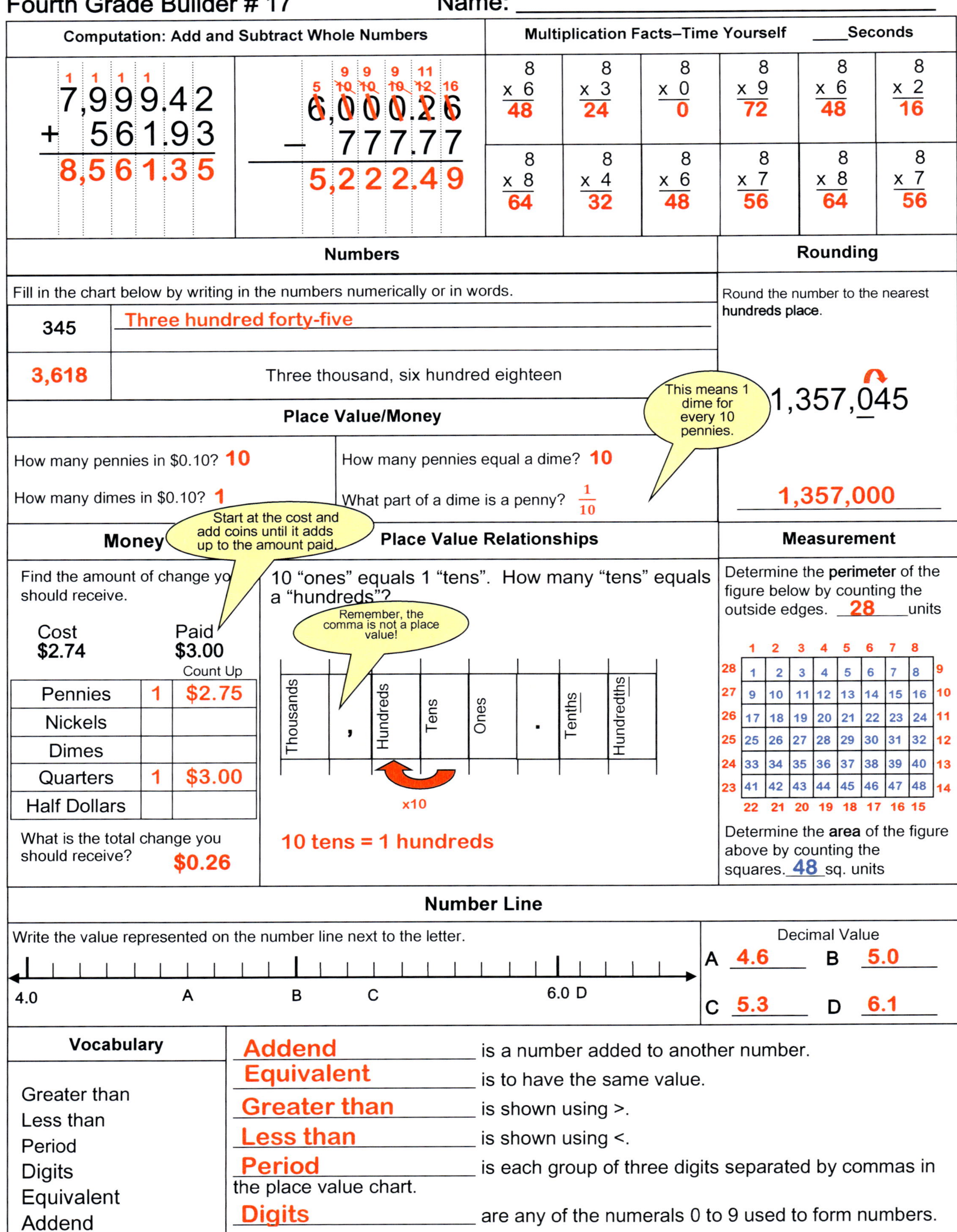

Fourth Grade Builder # 17

Name: ______________________

Computation: Add and Subtract Whole Numbers

7,999.42 + 561.93 **8,561.35**	6,000.26 − 777.77 **5,222.49**

Multiplication Facts–Time Yourself ____Seconds

8 x 6 = **48**	8 x 3 = **24**	8 x 0 = **0**	8 x 9 = **72**	8 x 6 = **48**	8 x 2 = **16**
8 x 8 = **64**	8 x 4 = **32**	8 x 6 = **48**	8 x 7 = **56**	8 x 8 = **64**	8 x 7 = **56**

Numbers

Fill in the chart below by writing in the numbers numerically or in words.

345	**Three hundred forty-five**
3,618	Three thousand, six hundred eighteen

Rounding

Round the number to the nearest **hundreds place**.

1,357,045

1,357,000

Place Value/Money

How many pennies in $0.10? **10**

How many dimes in $0.10? **1**

How many pennies equal a dime? **10**

What part of a dime is a penny? $\frac{1}{10}$

Money

Find the amount of change you should receive.

Cost $2.74 Paid $3.00

		Count Up
Pennies	1	$2.75
Nickels		
Dimes		
Quarters	1	$3.00
Half Dollars		

What is the total change you should receive? **$0.26**

Place Value Relationships

10 "ones" equals 1 "tens". How many "tens" equals a "hundreds"?

10 tens = 1 hundreds

Measurement

Determine the **perimeter** of the figure below by counting the outside edges. **28** units

Determine the **area** of the figure above by counting the squares. **48** sq. units

Number Line

Write the value represented on the number line next to the letter.

Decimal Value

A **4.6** B **5.0**

C **5.3** D **6.1**

Vocabulary

Greater than
Less than
Period
Digits
Equivalent
Addend

Addend is a number added to another number.

Equivalent is to have the same value.

Greater than is shown using >.

Less than is shown using <.

Period is each group of three digits separated by commas in the place value chart.

Digits are any of the numerals 0 to 9 used to form numbers.

Fourth Grade Builder # 18 Name: ______________________

Computation: Add and Subtract Whole Numbers

$$3{,}999.00 + 815.18 = 4{,}814.18$$

$$6{,}000.26 - 458.84 = 5{,}541.42$$

Multiplication Facts–Time Yourself ____Seconds

8 x 7 = 56	8 x 6 = 48	8 x 8 = 64	8 x 9 = 72	8 x 6 = 48	8 x 4 = 32
8 x 5 = 40	8 x 1 = 8	8 x 3 = 24	8 x 7 = 56	8 x 0 = 0	8 x 2 = 16

Numbers

Fill in the chart below by writing in the numbers numerically or in words.

612	Six hundred twelve
418	Four hundred eighteen

Rounding

Round the number to the nearest hundreds place.

4,635,218

4,635,200

Place Value/Money

How many pennies in $0.30? 30

How many dimes in $0.30? 3

How many dimes equal a dollar? 10

What part of a dollar is a dime? $\frac{1}{10}$

Money

Start at the cost and add coins until it adds up to the amount paid.

Find the amount of change you should receive.

Cost $2.49 Paid $3.00

		Count Up
Pennies	1	$2.50
Nickels		
Dimes		
Quarters		
Half Dollars	1	$3.00

What is the total change you should receive? $0.51

Place Value Relationships

How many "ones" equals a "hundreds"?

Thousands	,	Hundreds	Tens	Ones	.	Tenths	Hundredths

x10 x10

10 x 10 = 100

So, 100 ones = 1 hundreds

Measurement

Perimeter 24 units

1	2	3	4	5	6
7	8	9	10	11	12
13	14	15	16	17	18
19	20	21	22	23	24
25	26	27	28	29	30
31	32	33	34	35	36

Area 36 sq. units

Number Line

Write the value represented on the number line next to the letter.

3.0 A B 4.0 C D

Decimal Value

A 3.3 B 3.8

C 4.6 D 5.3

Vocabulary

Greater than
Less than
Period
Digits
Equivalent
Addend

Greater than is shown using >.

Digits are any of the numerals 0 to 9 used to form numbers.

Equivalent is to have the same value.

Addend is a number added to another number.

Period is each group of three digits separated by commas in the place value chart.

Less than is shown using <.

Fourth Grade Builder # 19 Name: ____________________

Computation: Add and Subtract Whole Numbers

7,846.92 + 591.93 = 8,438.85	6,365.20 − 758.08 = 5,607.12

Multiplication Facts–Time Yourself ____Seconds

8 x 9 = 72	8 x 7 = 56	8 x 0 = 0	8 x 4 = 32	8 x 6 = 48	8 x 2 = 16
8 x 1 = 8	8 x 4 = 32	8 x 5 = 40	8 x 3 = 24	8 x 7 = 56	8 x 8 = 64

Numbers

Fill in the chart below by writing in the numbers numerically or in words.

5,345	Five thousand, three hundred forty-five
323,618	Three hundred twenty-three thousand, six hundred eighteen

Rounding

Round the number to the nearest **thousands place.**

4,635,218

4

Place Value/Money

How many pennies in $0.70? 70

How many dimes in $0.70? 7

How many ones equal a ten? 10

What part of a ten is a one? $\frac{1}{10}$

Money

Start at the cost and add coins until it adds up to the amount paid.

Find the amount of change you should receive.

Cost $2.25 Paid $3.00

		Count Up
Pennies		
Nickels		
Dimes		
Quarters	3	$3.00
Half Dollars		

What is the total change you should receive? $0.75

Place Value Relationships

How many "tens" equals a "hundreds"?

Thousands	,	Hundreds	Tens	Ones	.	Tenths	Hundredths

10 tens = 1 hundreds

Measurement

Perimeter 22 units

					1
	2	3	4	5	
6	7	8	9	10	11
12	13	14	15	16	17
18	19	20	21	22	23

Area 23 sq. units

Number Line

Write the value represented on the number line next to the letter.

A 7.2 B C 9.0 D

Decimal Value

A 7.0 B 8.1

C 8.3 D 9.3

Vocabulary

Greater than
Less than
Period
Digits
Equivalent
Addend

Greater than is shown using >.
Equivalent is to have the same value.
Less than is shown using <.
Digits are any of the numerals 0 to 9 used to form numbers.
Addend is a number added to another number.
Period is each group of three digits separated by commas in the place value chart.

Fourth Grade Builder # 20 Name: ____________________

Computation: Add and Subtract Whole Numbers	
1,297.31 + 3,506.08 = **4,803.39**	5,028.48 − 469.82 = **4,558.66**

Multiplication Facts–Time Yourself ____Seconds

8 x 5 = **40**	8 x 8 = **64**	8 x 1 = **8**	8 x 2 = **16**	8 x 0 = **0**	8 x 7 = **56**
8 x 3 = **24**	8 x 6 = **48**	8 x 9 = **72**	8 x 4 = **32**	8 x 5 = **40**	8 x 8 = **64**

Numbers

Fill in the chart below by writing in the numbers numerically or in words.

2,302	**Two thousand, three hundred two**
200,000	Two hundred thousand

Rounding

Round the number to the nearest **tens place**.

3,967,321

3,967,320

Place Value/Money

How many pennies in $1.10? **110**

How many dimes in $1.10? **11**

How many tens equal a hundred? **10**

What part of a hundred is a ten? $\frac{1}{10}$

Money

Start at the cost and add coins until it adds up to the amount paid.

Find the amount of change you should receive.

Cost $2.45 Paid $3.00

		Count Up
Pennies		
Nickels	**1**	**$2.50**
Dimes		
Quarters	**2**	**$3.00**
Half Dollars		

What is the total change you should receive? **$0.55**

Place Value Relationships

How many "tenths" equals a "tens"?

Thousands	,	Hundreds	Tens	Ones	.	Tenths	Hundredths

100 tenths = 1 tens

Measurement

Perimeter **26** units

Area **24** sq. units

Number Line

Write the value represented on the number line next to the letter.

6.0 A 6.8 B C D

Decimal Value

A **6.4** B **7.1**

C **7.8** D **8.1**

Vocabulary

Greater than
Less than
Period
Digits
Equivalent
Addend

Period is each group of three digits separated by commas in the place value chart.

Less than is shown using <.

Addend is a number added to another number.

Equivalent is to have the same value.

Greater than is shown using >.

Digits are any of the numerals 0 to 9 used to form numbers.

Fourth Grade Builder # 21 Name: ______________________________

Computation: Add and Subtract Whole Numbers

$$\begin{array}{r} 6{,}624.02 \\ +5{,}469.82 \\ \hline 12{,}093.84 \end{array}$$

$$\begin{array}{r} 4{,}368.92 \\ -\ 954.38 \\ \hline 3{,}414.54 \end{array}$$

Multiplication Facts–Time Yourself ____Seconds

9 x 5 = 45	9 x 8 = 72	9 x 1 = 9	9 x 2 = 18	9 x 0 = 0	9 x 7 = 63
9 x 3 = 27	9 x 6 = 54	9 x 9 = 81	9 x 4 = 36	9 x 5 = 45	9 x 8 = 72

Numbers

Fill in the chart below by writing in the numbers numerically or in words.

8,405	Eight thousand, four hundred five
5,602	Five thousand, six hundred two

Rounding

Round the number to the nearest **thousands place**.

3,967,321

3,967,000

Place Value/Money

How many pennies in $1.40? 140

How many dimes in $1.40? 14

How many pennies equal a dime? 10

What part of a dime is a penny? $\frac{1}{10}$

Money

Start at the cost and add coins until it adds up to the amount paid.

Find the amount of change you should receive.

Cost **$2.37** Paid **$3.00**

		Count Up
Pennies	3	$2.40
Nickels		
Dimes	1	$2.50
Quarters	2	$3.00
Half Dollars		

What is the total change you should receive? $0.63

Place Value Relationships

What part of a "tens" is a "ones"? (go backwards)

Thousands	,	Hundreds	Tens	Ones	.	Tenths	Hundredths

÷10

10 ÷ 10 = 1

10 "ones" makes 1 "tens"

Measurement

Perimeter 24 units

Area 18 sq. units

Number Line

Write the value represented on the number line next to the letter.

A B 0.8 1.0 C D

Decimal Value

A 0.0 B 0.6

C 1.5 D 2.0

Vocabulary

Greater than
Less than
Period
Digits
Equivalent
Addend

Equivalent is to have the same value.

Digits are any of the numerals 0 to 9 used to form numbers.

Period is each group of three digits separated by commas in the place value chart.

Greater than is shown using >.

Addend is a number added to another number.

Less than is shown using <.

Fourth Grade Builder # 22 Name: ____________________

Computation: Add and Subtract Whole Numbers

$$1{,}297.00 + 4{,}812.24 = 6{,}109.24$$

$$5{,}000.40 - 459.78 = 4{,}540.62$$

Multiplication Facts–Time Yourself ____Seconds

9 x 2 = 18	9 x 9 = 81	9 x 7 = 63	9 x 3 = 27	9 x 5 = 45	9 x 1 = 9
9 x 0 = 0	9 x 4 = 36	9 x 9 = 81	9 x 6 = 54	9 x 8 = 72	9 x 7 = 63

Numbers

Fill in the chart below by writing in the numbers numerically or in words.

5,014	Five thousand, fourteen
402,016	Four hundred two thousand, sixteen

Rounding

Round the number to the nearest thousands place.

3,258,544

3,259,000

Place Value/Money

How many pennies in $1.90? 190

How many dimes in $1.90? 19

How many dimes equal a dollar? 10

What part of a dollar is a dime? $\frac{1}{10}$

Money

Start at the cost and add coins until it adds up to the amount paid.

Find the amount of change you should receive.

Cost $2.58 Paid $3.00

		Count Up
Pennies	2	$2.60
Nickels	1	$2.65
Dimes	1	$2.75
Quarters	1	$3.00
Half Dollars		

What is the total change you should receive? $0.42

Place Value Relationships

What part of a "ones" is a "tenths"? (go backwards)

Thousands	,	Hundreds	Tens	Ones	.	Tenths	Hundredths

÷10

1 ÷ 10 = 0.1

10 "tenths" makes 1"ones"

Measurement

Perimeter 20 units

Area 15 sq. units

Number Line

Write the value represented on the number line next to the letter.

9.1 A B C 11.0 D

Decimal Value

A 9.3 B 9.9

C 10.5 D 11.2

Vocabulary

Greater than
Less than
Period
Digits
Equivalent
Addend

Addend is a number added to another number.

Greater than is shown using >.

Digits are any of the numerals 0 to 9 used to form numbers.

Equivalent is to have the same value.

Period is each group of three digits separated by commas in the place value chart.

Less than is shown using <.

Fourth Grade Builder # 23 Name: ____________________

Computation: Add and Subtract Whole Numbers

$$\begin{array}{r} 1{,}248.30 \\ +5{,}754.79 \\ \hline 7{,}003.09 \end{array}$$

$$\begin{array}{r} 5{,}678.06 \\ -\ 687.78 \\ \hline 4{,}990.28 \end{array}$$

Multiplication Facts–Time Yourself ____Seconds

9 x 7 = 63	9 x 0 = 0	9 x 4 = 36	9 x 3 = 27	9 x 8 = 72	9 x 2 = 18
9 x 1 = 9	9 x 5 = 45	9 x 6 = 54	9 x 7 = 63	9 x 9 = 81	9 x 6 = 54

Numbers

Fill in the chart below by writing in the numbers numerically or in words.

51,010	Fifty-one thousand, ten
23,015	Twenty-three thousand, fifteen

Rounding

Round the number to the nearest hundreds place.

3,684,444

3,684,400

Place Value/Money

How many pennies in $1.60? 160

How many dimes in $1.60? 16

How many dollars equal a ten dollar bill? 10

What part of a ten is a one? $\frac{1}{10}$

Money

Find the amount of change you should receive.

Cost $2.71 Paid $3.00

		Count Up
Pennies	4	$2.75
Nickels		
Dimes		
Quarters	1	$3.00
Half Dollars		

What is the total change you should receive? $0.29

Place Value Relationships

What part of a "thousands" is a "hundreds"? (go backwards)

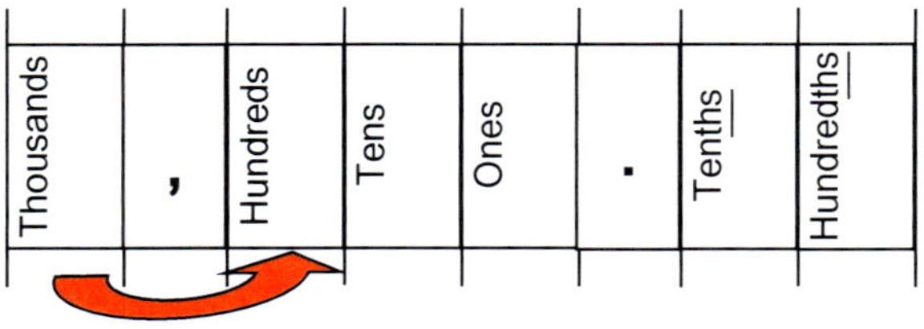

Thousands	,	Hundreds	Tens	Ones	.	Tenths	Hundredths

1000 ÷ 10 = 100

10 "hundreds" makes 1 "thousands"

Measurement

Perimeter 16 units

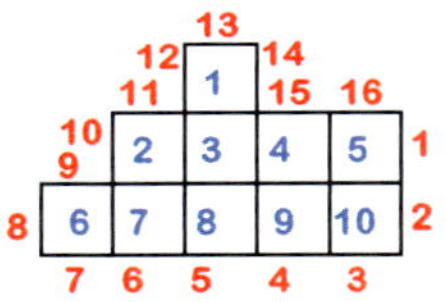

Area 10 sq. units

Number Line

Write the value represented on the number line next to the letter.

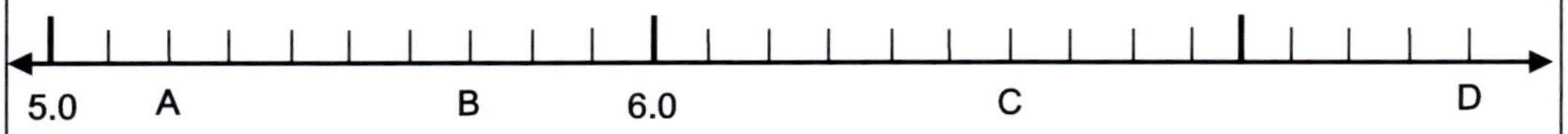

5.0 A B 6.0 C D

Decimal Value

A 5.2 B 5.7

C 6.6 D 7.4

Vocabulary

Greater than
Less than
Period
Digits
Equivalent
Addend

Equivalent is to have the same value.

Addend is a number added to another number.

Period is each group of three digits separated by commas in the place value chart.

Less than is shown using <.

Greater than is shown using >.

Digits are any of the numerals 0 to 9 used to form numbers.

Fourth Grade Builder # 24 Name: ______________________

Computation: Add and Subtract Whole Numbers

```
  1 1   1
  16,572.35
+  8,085.07
  24,657.42
```

```
    10 14 10 11
  6  0  4  0  1 14
  17,151.24
-     789.75
  16,361.49
```

Multiplication Facts–Time Yourself ____Seconds

9 x 5	9 x 2	9 x 4	9 x 6	9 x 7	9 x 0
45	18	36	54	63	0
9 x 1	9 x 8	9 x 3	9 x 5	9 x 9	9 x 3
9	72	27	45	81	27

Numbers

Fill in the chart below by writing in the numbers numerically or in words.

72,504	Seventy-two thousand, five hundred four
68,470	Sixty-eight thousand, four hundred seventy

Rounding

Round the number to the nearest thousands place.

3,684,456

3,684,000

Place Value/Money

How many pennies in $1.90? 190

How many dimes in $1.90? 19

How many dimes equal a dollar? 10

What part of a dollar is a dime? $\frac{1}{10}$

Money

Find the amount of change you should receive.

Cost $2.08 Paid $3.00

		Count Up
Pennies	2	$2.10
Nickels	1	$2.15
Dimes	1	$2.25
Quarters	3	$3.00
Half Dollars		

What is the total change you should receive? $0.92

Place Value Relationships

What part of a "hundreds" is a "tens"? (go backwards)

Thousands	,	Hundreds	Tens	Ones	.	Tenths	Hundredths

100 ÷ 10 = 10

10 "tens" makes 1 "hundreds"

Measurement

Perimeter 22 units

Area 17 sq. units

Number Line

Write the value represented on the number line next to the letter.

A B 3.0 3.3 C D

Decimal Value

A 2.1 B 2.8

C 3.5 D 4.2

Vocabulary

Greater than
Less than
Period
Digits
Equivalent
Addend

Greater than is shown using >.

Period is each group of three digits separated by commas in the place value chart.

Equivalent is to have the same value.

Digits are any of the numerals 0 to 9 used to form numbers.

Less than is shown using <.

Addend is a number added to another number.

Fourth Grade Builder # 25 Name: ______

Computation

63 × 7 = 441	45 × 6 = 270	629,408.39 − 539.80 = 628,868.59

Multiplication Facts–Time Yourself ____Seconds

8 x 5 = 40	9 x 8 = 72	1 x 5 = 5	3 x 3 = 9	3 x 9 = 27	7 x 2 = 14
5 x 9 = 45	7 x 8 = 56	6 x 4 = 24	7 x 7 = 49	6 x 5 = 30	8 x 3 = 24

Place Value/Multiplication

B	,	HM	TM	M	,	HT	TT	T	,	H	T	O	.	T ths	H ths
											2	5	.		
										2	5	0	.		

Multiply the number shown by 10 and write the product at the bottom of the place value chart. Remember, when you multiply by 10 all the digits move to the left 1 place. Put a zero to fill in the empty space.

25 x 10 = 250

Rounding

Round the number to the nearest **thousands place**.

5,876,846

5,877,000

Add/Sub Fact Families

9 + 4 = 13 13 – 9 = 4

4 + 9 = 13 13 – 4 = 9

Mult/Div Fact Families

7 x 9 = 63 63 ÷ 9 = 7

9 x 7 = 63 63 ÷ 7 = 9

Money

Find the amount of change you should receive.

Cost **$4.13** Paid **$5.00**

		Count Up
Pennies	2	$4.15
Nickels		
Dimes	1	$4.25
Quarters	3	$5.00
Half Dollars		

What is the total change you should receive? $0.87

Input/Output

Complete the input/output table.

△ + 5 = ○

INPUT	OUTPUT
△	○
0	5
1	6
2	7
3	8
4	9

0 + 5 = 5
1 + 5 = 6
2 + 5 = 7
3 + 5 = 8
4 + 5 = 9

Measurement

Use the formula for perimeter.

P = *l* + *w* + *l* + *w*
P = 5 + 4 + 5 + 4
P = 9 + 5 + 4
P = 14 + 4
P = 18 units

Use the formula for area.

A = *l* x *w*
A = 5 x 4
A = 20 square units

Number Line

Write the value represented on the number line next to the letter.

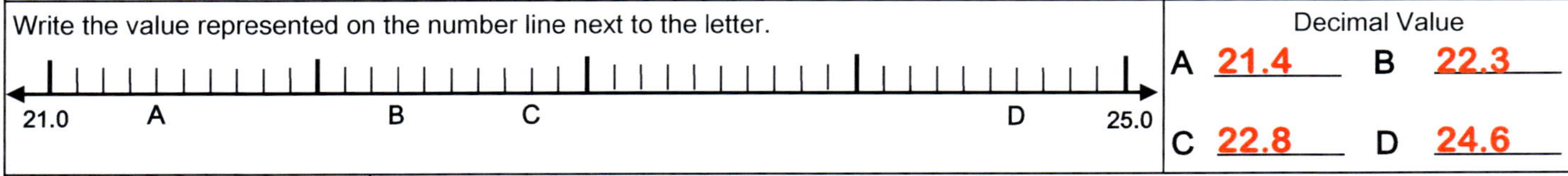

Decimal Value

A 21.4 B 22.3
C 22.8 D 24.6

Vocabulary

Area
Factors
Input
Output
Perimeter
Product

Factors are numbers you multiply together to get another number.
Output is the number or value that comes out of a process.
Product is the answer when you multiply.
Area is the amount of space on the surface of a 2-dimensional shape.
Perimeter is the distance around a 2-dimensional shape.
Input is the number or value that is put into a process.

Fourth Grade Builder # 26

Name: ______________________________

Computation

39 × 7	44 × 8	958,684.84 − 489.57
273	352	958,195.27

Multiplication Facts–Time Yourself ____Seconds

3 × 7 = 21	7 × 4 = 28	2 × 5 = 10	9 × 3 = 27	4 × 7 = 28	4 × 8 = 32
7 × 1 = 7	7 × 8 = 56	0 × 3 = 0	1 × 5 = 5	6 × 9 = 54	5 × 3 = 15

Place Value/Multiplication

B	,	HM	TM	M	,	HT	TT	T	,	H	T	O	.	T ths	H ths
										8	3	5	.		
								8	,	3	5	0	.		

Multiply the number shown by 10 and write the product at the bottom of the place value chart. Remember, when you multiply by 10 all the digits move to the left 1 place. Put a zero to fill in the empty space.

835 x 10 = 8,350

Rounding

Round the number to the nearest **tens place**.

5,815,357

5,815,360

Add/Sub Fact Families

9 + 2 = 11

2 + 9 = 11

11 – 9 = 2

11 – 2 = 9

Mult/Div Fact Families

6 x 7 = 42

7 x 6 = 42

42 ÷ 6 = 7

42 ÷ 7 = 6

Money

Find the amount of change you should receive.

Cost **$4.27** Paid **$5.00**

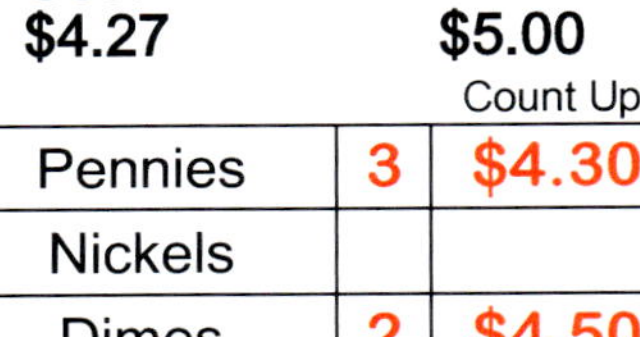

		Count Up
Pennies	3	$4.30
Nickels		
Dimes	2	$4.50
Quarters	2	$5.00
Half Dollars		

What is the total change you should receive? $0.73

Input/Output

Complete the input/output table.

☆ + 12 = ☐

INPUT	OUTPUT
☆	☐
0	12
1	13
2	14
3	15
4	16

0 + 12 = 12

1 + 12 = 13

2 + 12 = 14

3 + 12 = 15

4 + 12 = 16

Measurement

Use the formula for perimeter.

$P = l + w + l + w$

$P = 4 + 6 + 4 + 6$

$P = 10 + 6 + 4$

$P = 16 + 4$

P = 20 units

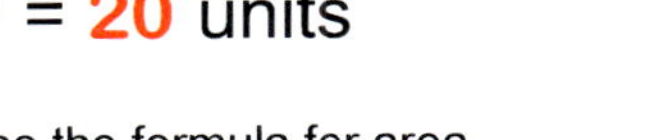

Use the formula for area.

$A = l \times w$

$A = 4 \times 6$

A = 24 square units

Number Line

Write the value represented on the number line next to the letter.

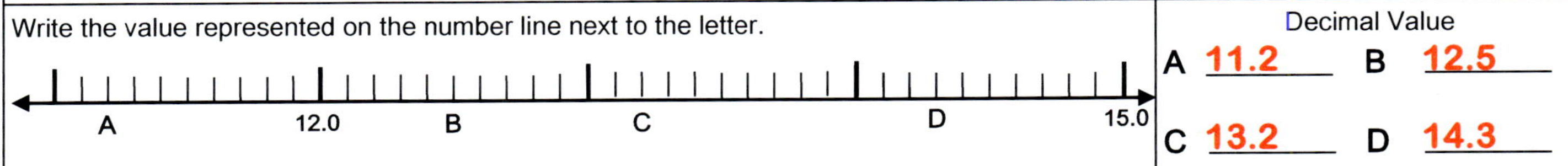

Decimal Value

A 11.2 B 12.5

C 13.2 D 14.3

Vocabulary

Area
Factors
Input
Output
Perimeter
Product

Product is the answer when you multiply.

Factors are numbers you multiply together to get another number.

Perimeter is the distance around a 2-dimensional shape.

Input is the number or value that is put into a process.

Output is the number or value that comes out of a process.

Area is the amount of space on the surface of a 2-dimensional shape.

Fourth Grade Builder # 27

Name: ______________________________

Computation

53 × 9 = 477	62 × 6 = 372	897,681.00 − 867.32 = 896,813.68

Multiplication Facts–Time Yourself ____Seconds

6 x 8 = 48	8 x 6 = 48	6 x 7 = 42	7 x 5 = 35	6 x 9 = 54	4 x 2 = 8
5 x 3 = 15	9 x 6 = 54	2 x 5 = 10	3 x 7 = 21	8 x 7 = 56	9 x 5 = 45

Place Value/Multiplication

							5	6	,	8	1	5	.		
B	,	HM	TM	M	,	HT	TT	T	,	H	T	O	.	T ths	H ths
						5	6	8	,	1	5	0			

Multiply the number shown by 10 and write the product at the bottom of the place value chart.

56,815 x 10 = 568,150

Rounding

Round the number to the nearest **thousands place**.

4,285,099

4,285,000

Add/Sub Fact Families

9 + 8 = 17

8 + 9 = 17

17 – 8 = 9

17 – 9 = 8

Mult/Div Fact Families

4 x 8 = 32

8 x 4 = 32

32 ÷ 8 = 4

32 ÷ 4 = 8

Money

Find the amount of change you should receive.

Cost **$4.56** Paid **$5.00**

		Count Up
Pennies	4	$4.60
Nickels	1	$4.65
Dimes	1	$4.75
Quarters	1	$5.00
Half Dollars		

What is the total change you should receive? $0.44

Input/Output

Complete the input/output table.

△ + 18 = ○

INPUT	OUTPUT
△	○
0	18
1	19
2	20
3	21
4	22

0 + 18 = 18

1 + 18 = 19

2 + 18 = 20

3 + 18 = 21

4 + 18 = 22

Measurement

Use the formula for perimeter.

P = *l* + *w* + *l* + *w*

P = 7 + 2 + 7 + 2

P = 9 + 7 + 2

P = 16 + 2

P = 18 units

Use the formula for area.

A = *l* x *w*

A = 7 x 2

A = 14 square units

Number Line

Write the value represented on the number line next to the letter.

A B 4.0 C D 6.0

Decimal Value

A 2.8 B 2.9

C 4.3 D 5.1

Vocabulary

Area
Factors
Input
Output
Perimeter
Product

Factors are numbers you multiply together to get another number.

Perimeter is the distance around a 2-dimensional shape.

Area is the amount of space on the surface of a 2-dimensional shape.

Output is the number or value that comes out of a process.

Input is the number or value that is put into a process.

Product is the answer when you multiply.

Fourth Grade Builder # 28 Name: ______

Computation

87 × 3 = 261	817 × 3 = 2,451	9,387.00 − 789.75 = 8,597.25

Multiplication Facts–Time Yourself ____Seconds

3 x 7 = 21	5 x 4 = 20	3 x 5 = 15	4 x 3 = 12	3 x 7 = 21	1 x 0 = 0
8 x 1 = 8	3 x 8 = 24	5 x 3 = 15	8 x 5 = 40	5 x 9 = 45	6 x 3 = 18

Place Value/Multiplication

								6	,	4	9	5	.		
B	,	HM	TM	M	,	HT	TT	T	,	H	T	O	.	T ths	H ths
							6	4	,	9	5	0			

Multiply the number shown by 10 and write the product at the bottom of the place value chart.

6,495 x 10 = 64,950

Rounding

Round the number to the nearest hundreds place.

4,325,008

4,325,000

Add/Sub Fact Families

6 + 7 = 13

7 + 6 = 13

13 − 6 = 7

13 − 7 = 6

Mult/Div Fact Families

8 x 6 = 48

6 x 8 = 48

48 ÷ 6 = 8

48 ÷ 8 = 6

Money

Find the amount of change you should receive.

Cost **$4.24** Paid **$5.00**

		Count Up
Pennies	1	$4.25
Nickels		
Dimes		
Quarters	3	$5.00
Half Dollars		

What is the total change you should receive? $0.76

Input/Output

Complete the input/output table.

⬠ + 14 = ✚

INPUT	OUTPUT
⬠	✚
0	14
1	15
2	16
3	17
4	18

0 + 14 = 14

1 + 14 = 15

2 + 14 = 16

3 + 14 = 17

4 + 14 = 18

Measurement

Use the formula for perimeter.

P = *l* + *w* + *l* + *w*

P = 5 + 6 + 5 + 6

P = 11 + 5 + 6

P = 16 + 6

P = 22 units

Use the formula for area.

A = *l* x *w*

A = 5 x 6

A = 30 square units

Number Line

Write the value represented on the number line next to the letter.

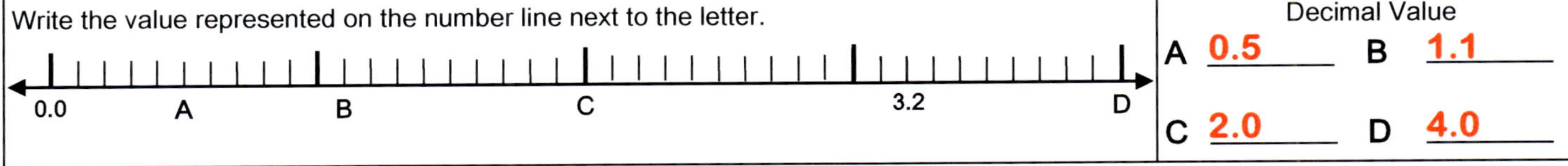

Decimal Value

A 0.5 B 1.1

C 2.0 D 4.0

Vocabulary

Area
Factors
Input
Output
Perimeter
Product

Product is the answer when you multiply.

Output is the number or value that comes out of a process.

Input is the number or value that is put into a process.

Area is the amount of space on the surface of a 2-dimensional shape.

Perimeter is the distance around a 2-dimensional shape.

Factors are numbers you multiply together to get another number.

Fourth Grade Builder # 29 Name: ____________________

Computation

51 × 8 = **408**	724 × 6 = **4,344**	1,384.48 − 899.99 = **484.49**

Multiplication Facts–Time Yourself ____Seconds

6 x 3 = **18**	8 x 0 = **0**	6 x 1 = **6**	7 x 9 = **63**	6 x 3 = **18**	4 x 6 = **24**
5 x 7 = **35**	9 x 4 = **36**	2 x 9 = **18**	3 x 1 = **3**	8 x 5 = **40**	9 x 9 = **81**

Place Value/Multiplication

B	,	HM	TM	M	,	HT	TT	T	,	H	T	O	.	T ths	H ths
												5	.	6	
											5	6	.	0	

Multiply the number shown by 10 and write the product at the bottom of the place value chart.

5.6 x 10 = 56.0

Rounding

Round the number to the nearest **thousands place**.

67,258,089

67,258,000

Add/Sub Fact Families

8 + 4 = 12

12 – **4** = **8**

4 + **8** = **12**

12 – **8** = **4**

Mult/Div Fact Families

8 x 7 = 56

56 ÷ **8** = **7**

7 x **8** = **56**

56 ÷ **7** = **8**

Money

Find the amount of change you should receive.

Cost **$4.81** Paid **$5.00**

		Count Up
Pennies	4	$4.85
Nickels	1	$4.90
Dimes	1	$5.00
Quarters		
Half Dollars		

What is the total change you should receive? **$0.19**

Input/Output

Complete the input/output table.

○ + 7 = ◇

Input ○	0	1	2	3	4
Output ◇	7	8	9	10	11

0 + 7 = **7**

1 + 7 = **8**

2 + 7 = **9**

3 + 7 = **10**

4 + 7 = **11**

Measurement

Use the formula for perimeter.

P = *l* + *w* + *l* + *w*

P = 7 + 3 + 7 + 3

P = 10 + 7 + 3

P = 17 + 3

P = **20** units

Use the formula for area.

A = *l* x *w*

A = 7 x 3

A = **21** square units

Number Line

Write the value represented on the number line next to the letter.

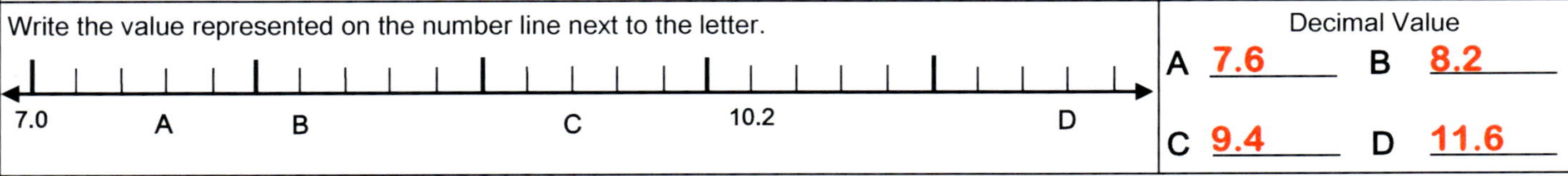

Decimal Value	
A **7.6**	B **8.2**
C **9.4**	D **11.6**

Vocabulary

Area
Factors
Input
Output
Perimeter
Product

Input is the number or value that is put into a process.

Output is the number or value that comes out of a process.

Perimeter is the distance around a 2-dimensional shape.

Factors are numbers you multiply together to get another number.

Area is the amount of space on the surface of a 2-dimensional shape.

Product is the answer when you multiply.

Fourth Grade Builder # 30 Name: ______________________

Computation

33 × 8 = **264**	732 × 9 = **6,588**	5,997.00 − 532.92 = **5,464.08**

Multiplication Facts–Time Yourself ____Seconds

6 x 2 = **12**	8 x 9 = **72**	6 x 1 = **6**	7 x 8 = **56**	6 x 2 = **12**	4 x 5 = **20**
5 x 6 = **30**	9 x 3 = **27**	2 x 8 = **16**	3 x 0 = **0**	8 x 4 = **32**	9 x 8 = **72**

Place Value/Multiplication

B	,	HM	TM	M	,	HT	TT	T	,	H	T	O	.	T ths	H ths
											4	6	.	8	
										4	6	8	.	0	

Multiply the number shown by 10 and write the product at the bottom of the place value chart.

46.8 x 10 = 468.0

Rounding

Round the number to the nearest **tens place**.

8,654,204,694

8,654,204,690

Add/Sub Fact Families

5 + 3 = 8

3 + **5** = **8**

8 – **5** = **3**

8 – **3** = **5**

Mult/Div Fact Families

5 x 3 = 15

3 x **5** = **15**

15 ÷ **5** = **3**

15 ÷ **3** = **5**

Money

Find the amount of change you should receive.

Cost **$4.73** Paid **$5.00**

		Count Up
Pennies	2	$4.75
Nickels		
Dimes		
Quarters	1	$5.00
Half Dollars		

What is the total change you should receive? **$0.27**

Input/Output

Complete the input/output table.

11 + ✦ = ☺

Input	✦	0	1	2	3	4
Output	☺	11	12	13	14	15

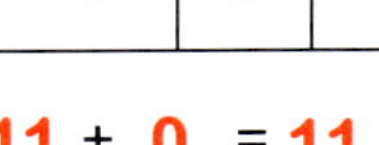

11 + **0** = **11**

11 + **1** = **12**

11 + **2** = **13**

11 + **3** = **14**

11 + **4** = **15**

Measurement

Use the formula for perimeter.

P = *l* + *w* + *l* + *w*

P = 5 + 7 + 5 + 7

P = 12 + 5 + 7

P = 17 + 7

P = **24** units

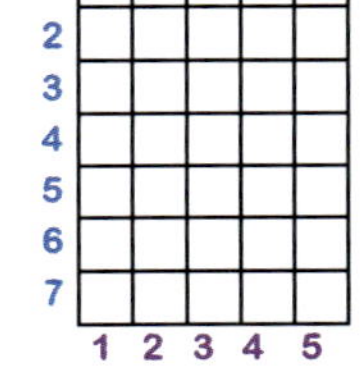

Use the formula for area.

A = *l* x *w*

A = 5 x 7

A = **35** square units

Number Line

Write the value represented on the number line next to the letter.

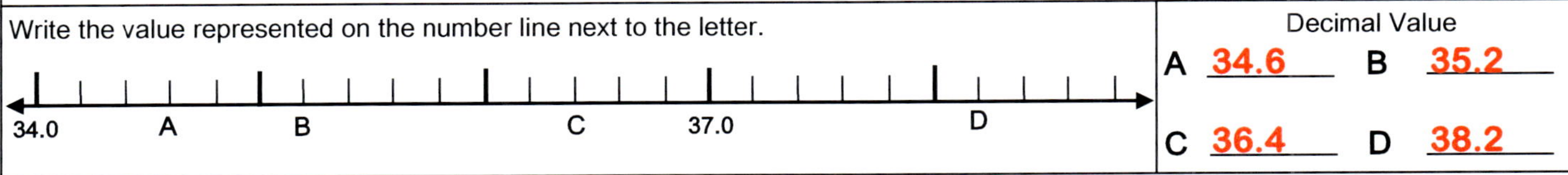

Decimal Value

A **34.6** B **35.2**

C **36.4** D **38.2**

Vocabulary

Area
Factors
Input
Output
Perimeter
Product

Factors are numbers you multiply together to get another number

Area is the amount of space on the surface of a 2-dimensional shape.

Input is the number or value that is put into a process.

Output is the number or value that comes out of a process.

Product is the answer when you multiply.

Perimeter is the distance around a 2-dimensional shape.

Fourth Grade Builder # 31

Name: ____________________

Computation

67 × 4	9,154 × 5	2,000.00 − 574.46
268	45,770	1,425.54

Multiplication Facts–Time Yourself ____Seconds

0 x 7 = 0	2 x 4 = 8	9 x 5 = 45	1 x 3 = 3	7 x 7 = 49	5 x 8 = 40
6 x 8 = 48	5 x 8 = 40	8 x 3 = 24	7 x 5 = 35	4 x 9 = 36	5 x 3 = 15

Place Value/Multiplication

										6	0	.	4	
B	,	HM	TM	M	,	HT	TT	T	,	H	T	O	.	T ths	H ths
										6	0	4	.	0

Multiply the number shown by 10 and write the product at the bottom of the place value chart.

60.4 x 10 = 604.0

Rounding

Round the number to the nearest **hundred thousands place**.

7,628,258,465

7,628,300,000

Add/Sub Fact Families

8 + 7 = 15

7 + 8 = 15

15 – 8 = 7

15 – 7 = 8

Mult/Div Fact Families

4 x 3 = 12

3 x 4 = 12

12 ÷ 4 = 3

12 ÷ 3 = 4

Money

Find the amount of change you should receive.

Cost **$4.44** Paid **$5.00**

		Count Up
Pennies	1	$4.45
Nickels	1	$4.50
Dimes		
Quarters	2	$5.00
Half Dollars		

What is the total change you should receive? $0.56

Input/Output

Complete the input/output table.

x + 2 = **y**

Input	x	0	1	2	3	4
Output	y	2	3	4	5	6

0 + 2 = 2 3 + 2 = 5

1 + 2 = 3 4 + 2 = 6

2 + 2 = 4

Measurement

Use the formula for perimeter.

$P = l + w + l + w$

P = 8 + 4 + 8 + 4

P = 12 + 8 + 4

P = 20 + 4

P = 24 units

Use the formula for area.

$A = l \times w$

A = 8 x 4

A = 32 square units

Number Line

Write the value represented on the number line next to the letter.

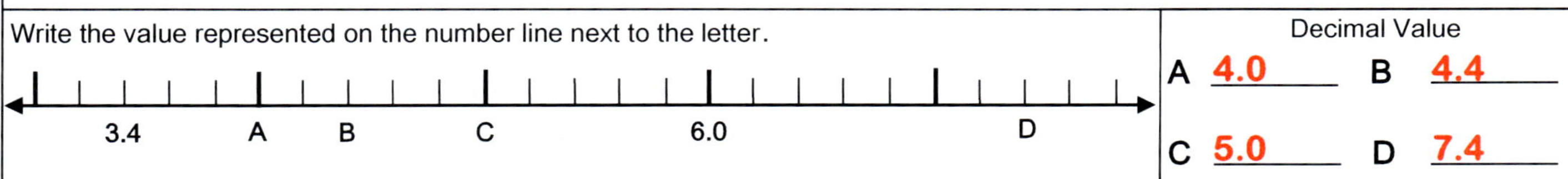

Decimal Value

A 4.0 B 4.4

C 5.0 D 7.4

Vocabulary

Area
Factors
Input
Output
Perimeter
Product

Product is the answer when you multiply.

Output is the number or value that comes out of a process.

Perimeter is the distance around a 2-dimensional shape.

Input is the number or value that is put into a process.

Factors are numbers you multiply together to get another number

Area is the amount of space on the surface of a 2-dimensional shape.

Fourth Grade Builder # 32 Name: ____________________

Computation

7 48 x 9 432	3 2 2 2,755 x 4 11,020	11 13 11 14 8 1 3 1 4 13 9,242.53 – 246.57 8,995.96

Multiplication Facts–Time Yourself ____Seconds

6 x 4 = 24	8 x 8 = 64	6 x 9 = 54	7 x 0 = 0	6 x 7 = 42	4 x 5 = 20
5 x 7 = 35	9 x 5 = 45	2 x 8 = 16	3 x 2 = 6	8 x 6 = 48	9 x 9 = 81

Place Value/Multiplication

B	,	HM	TM	M	,	HT	TT	T	,	H	T	O	.	T ths	H ths
										5	0	0	.		
								5	,	0	0	0	.		

Multiply the number shown by 10 and write the product at the bottom of the place value chart.

500 x 10 = 5,000

Rounding

Round the number to the nearest **ten thousands place**.

6,254,685,321

6,254,690,000

Add/Sub Fact Families

6 + 7 = 13

7 + 6 = 13

13 – 6 = 7

13 – 7 = 6

Mult/Div Fact Families

6 x 9 = 54

9 x 6 = 54

54 ÷ 9 = 6

54 ÷ 6 = 9

Money

Find the amount of change you should receive.

Cost **$4.38** Paid **$5.00**

		Count Up
Pennies	2	$4.40
Nickels		
Dimes	1	$4.50
Quarters	2	$5.00
Half Dollars		

What is the total change you should receive? $0.62

Input/Output

Complete the input/output table.

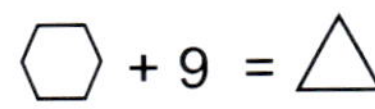

Input	⬡	0	1	2	3	4
Output	△	9	10	11	12	13

0 + 9 = 9

1 + 9 = 10

2 + 9 = 11

3 + 9 = 12

4 + 9 = 13

Measurement

Use the formula for perimeter.

P = *l* + *w* + *l* + *w*

P = 6 + 6 + 6 + 6

P = 12 + 6 + 6

P = 18 + 6

P = 24 units

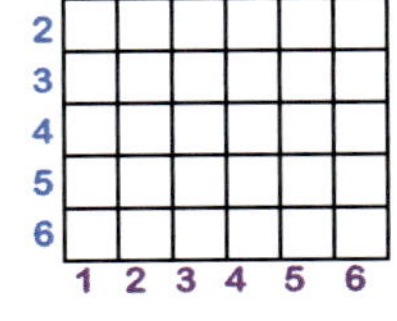

Use the formula for area.

A = *l* x *w*

A = 6 x 6

A = 36 square units

Number Line

Write the value represented on the number line next to the letter.

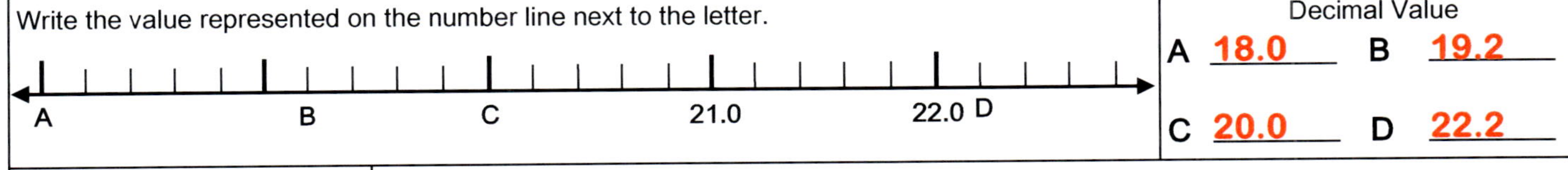

Decimal Value

A 18.0 B 19.2

C 20.0 D 22.2

Vocabulary

Area
Factors
Input
Output
Perimeter
Product

Perimeter is the distance around a 2-dimensional shape.

Factors are numbers you multiply together to get another number.

Product is the answer when you multiply.

Area is the amount of space on the surface of a 2-dimensional shape.

Output is the number or value that comes out of a process.

Input is the number or value that is put into a process.

Fourth Grade Builder # 33 Name: ______

Computation

265 × 9 = **2,385**	52 × 34: 208, 1560 → **1,768**	94.53 − 6.16 = **88.37**

Multiplication Facts–Time Yourself ____Seconds

8 × 6 = **48**	6 × 0 = **0**	8 × 1 = **8**	9 × 2 = **18**	8 × 9 = **72**	6 × 7 = **42**
7 × 9 = **63**	2 × 7 = **14**	4 × 3 = **12**	5 × 4 = **20**	12 × 2 = **24**	11 × 3 = **33**

Place Value/Multiplication

B	,	HM	TM	M	,	HT	TT	T	,	H	T	O	.	T ths	H ths
										5	0	0	.		
							5	0	,	0	0	0	.		

Multiply the number shown by 100 and write the product at the bottom of the place value chart.

500 x 100 = 50,000

Estimate by Rounding

Estimate to the hundreds place.

ROUND FIRST!!!

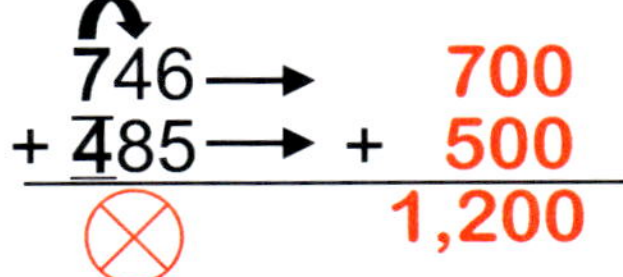

746 → 700
+ 485 → + 500
1,200

Add/Sub Fact Families

10 + 7 = 17	17 − 10 = 7
7 + 10 = 17	17 − 7 = 10

Mult/Div Fact Families

5 x 9 = 45	45 ÷ 9 = 5
9 x 5 = 45	45 ÷ 5 = 9

Money

Find the amount of change you should receive.

Cost **$2.19** Paid **$5.00**

		Count Up
Pennies	1	$2.20
Nickels	1	$2.25
Dimes		
Quarters	3	$3.00
Dollar Bill	2	$5.00

What is the total change you should receive? $2.81

Input/Output

Complete the input/output table.

15 − ☼ = ◇

INPUT ☼	OUTPUT ◇	
0	15	15 − 0 = 15
1	14	15 − 1 = 14
2	13	15 − 2 = 13
3	12	15 − 3 = 12
4	11	15 − 4 = 11

Measurement

Use the formula for perimeter.

$P = 2l + 2w$

P = 2 x 6 ft + 2 x 7 ft

P = 12 ft + 14 ft

P = 26 feet

Use the formula for area.

$A = l \times w$

A = 6 ft x 7 ft

A = 42 square feet

☐ = 1 square foot

Number Line

Write the value represented on the number line next to the letter.

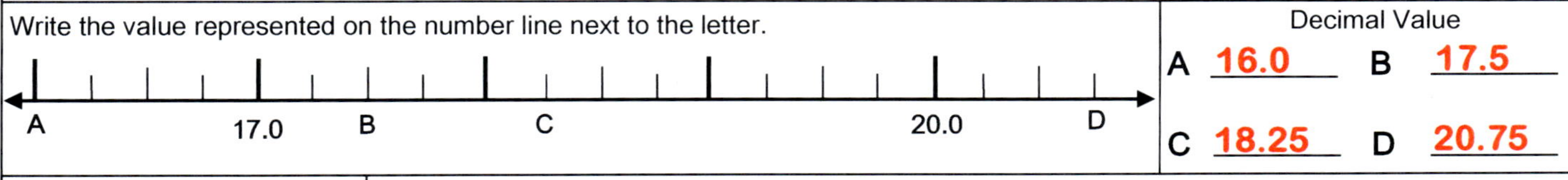

Decimal Value

A 16.0 B 17.5

C 18.25 D 20.75

Vocabulary

Addition
Division
Equation
Formula
Multiplication
Subtraction

Multiplication is the operation or process to calculate the product.

Equation is a mathematical statement that includes an equal sign.

Addition is the operation or process to calculate the sum.

Subtraction is the operation or process to calculate the difference.

Division is the operation or process to calculate the quotient.

Formula is a mathematical rule written using symbols.

Fourth Grade Builder # 34 Name: ______________________

Computation

578 × 8 = **4,624** (carries: 6 6)	51 × 22: 102, 1020 → **1,122**	84.00 − 5.11 = **78.89**

Multiplication Facts–Time Yourself ____Seconds

7 x 5 = **35**	5 x 9 = **45**	7 x 0 = **0**	8 x 3 = **24**	9 x 8 = **72**	7 x 6 = **42**
8 x 8 = **64**	3 x 8 = **24**	5 x 2 = **10**	6 x 5 = **30**	11 x 5 = **55**	12 x 1 = **12**

Place Value/Multiplication

B	,	HM	TM	M	,	HT	TT	T	,	H	T	O	.	T ths	H ths
										5	3	2	.	5	
							5	3	,	2	5	0	.	0	

Multiply the number shown by 100 and write the product at the bottom of the place value chart.

532.5 x 100 = 53,250.0

Estimate by Rounding

Estimate to the tens place.

ROUND FIRST!!!

752 → **750**

+ 235 → + **240**

990

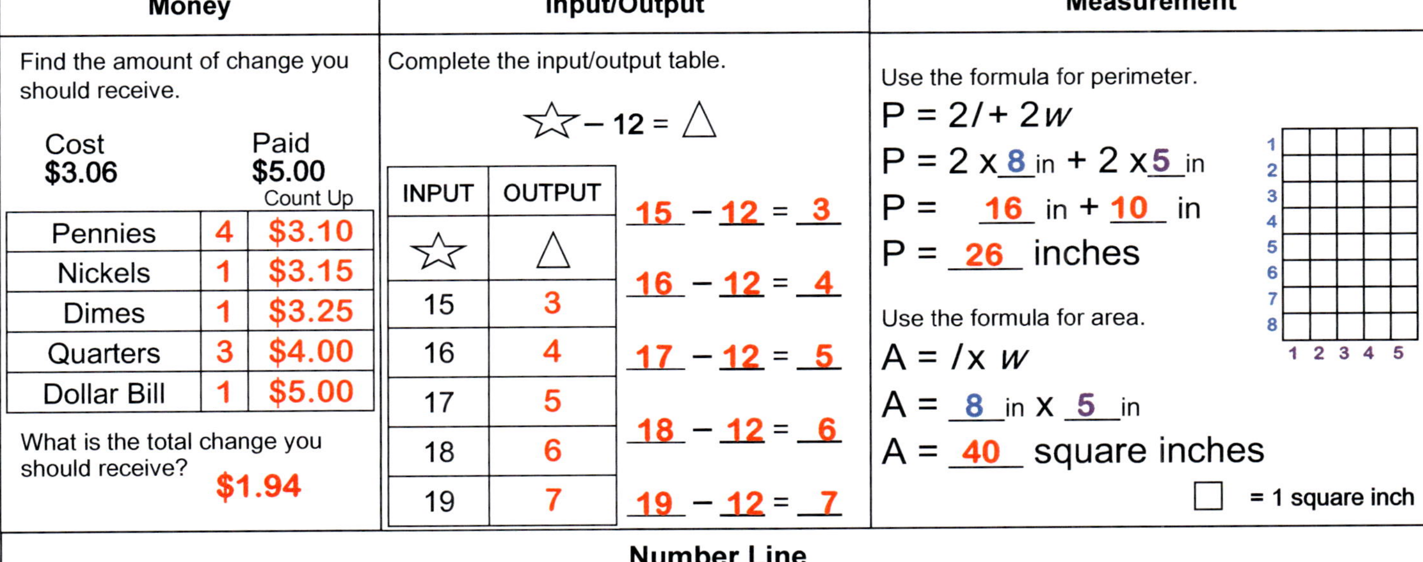

Add/Sub Fact Families

13 + 7 = 20 | **20** − **13** = **7**

7 + **13** = **20** | **20** − **7** = **13**

Mult/Div Fact Families

8 x 2 = 16 | **16** ÷ **8** = **2**

2 x **8** = **16** | **16** ÷ **2** = **8**

Money

Find the amount of change you should receive.

Cost **$3.06** Paid **$5.00**

		Count Up
Pennies	4	$3.10
Nickels	1	$3.15
Dimes	1	$3.25
Quarters	3	$4.00
Dollar Bill	1	$5.00

What is the total change you should receive? **$1.94**

Input/Output

Complete the input/output table.

☆ − 12 = △

INPUT	OUTPUT
☆	△
15	3
16	4
17	5
18	6
19	7

15 − **12** = **3**

16 − **12** = **4**

17 − **12** = **5**

18 − **12** = **6**

19 − **12** = **7**

Measurement

Use the formula for perimeter.

$P = 2l + 2w$

P = 2 x **8** in + 2 x **5** in

P = **16** in + **10** in

P = **26** inches

Use the formula for area.

$A = l \times w$

A = **8** in x **5** in

A = **40** square inches

□ = 1 square inch

Number Line

Write the value represented on the number line next to the letter.

A B C 11.0 11.5 D

Decimal Value			
A	**8.0**	B	**9.25**
C	**9.75**	D	**12.5**

Vocabulary

Addition
Division
Equation
Formula
Multiplication
Subtraction

Equation is a mathematical statement that includes an equal sign.

Subtraction is the operation or process to calculate the difference.

Formula is a mathematical rule written using symbols.

Addition is the operation or process to calculate the sum.

Multiplication is the operation or process to calculate the product.

Division is the operation or process to calculate the quotient.

Fourth Grade Builder # 35

Name: ______________________________

Computation

144 × 6 = 864	33 × 52: 66 + 1650 = 1,716	57.75 − 8.25 = 49.50

Multiplication Facts–Time Yourself ____Seconds

8 × 5 = 40	6 × 9 = 54	8 × 0 = 0	9 × 1 = 9	8 × 8 = 64	6 × 6 = 36
7 × 8 = 56	2 × 6 = 12	4 × 2 = 8	5 × 3 = 15	12 × 3 = 36	11 × 2 = 22

Place Value/Multiplication

B	,	HM	TM	M	,	HT	TT	T	,	H	T	O	.	T ths	H ths
								5	,	1	4	7	.		
						5	1	4	,	7	0	0	.		

Multiply the number shown by 100 and write the product at the bottom of the place value chart.

5,147 x 100 = 514,700

Estimate by Rounding

Estimate to the hundreds place.

ROUND FIRST!!!

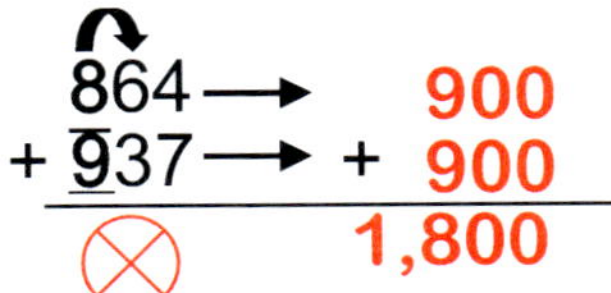

864 → 900
\+ 937 → + 900
1,800

Add/Sub Fact Families

10 + 17 = 27	27 − 10 = 17
17 + 10 = 27	27 − 17 = 10

Mult/Div Fact Families

12 x 3 = 36	36 ÷ 3 = 12
3 x 12 = 36	36 ÷ 12 = 3

Money

Find the amount of change you should receive.

Cost **$3.33** Paid **$5.00**

Count Up

Pennies	2	$3.35
Nickels	1	$3.40
Dimes	1	$3.50
Quarters	2	$4.00
Dollar Bill	1	$5.00

What is the total change you should receive? $1.67

Input/Output

Complete the input/output table.

24 − □ = ○

INPUT	OUTPUT	
□	○	
0	24	24 − 0 = 24
1	23	24 − 1 = 23
2	22	24 − 2 = 22
3	21	24 − 3 = 21
4	20	24 − 4 = 20

Measurement

Use the formula for perimeter.

P = 2*l* + 2*w*

P = 2 x 6 in + 2 x 4 in

P = 12 in + 8 in

P = 20 inches

Use the formula for area.

A = *l* x *w*

A = 6 in x 4 in

A = 24 square inches

□ = 1 square inch

Number Line

Write the value represented on the number line next to the letter.

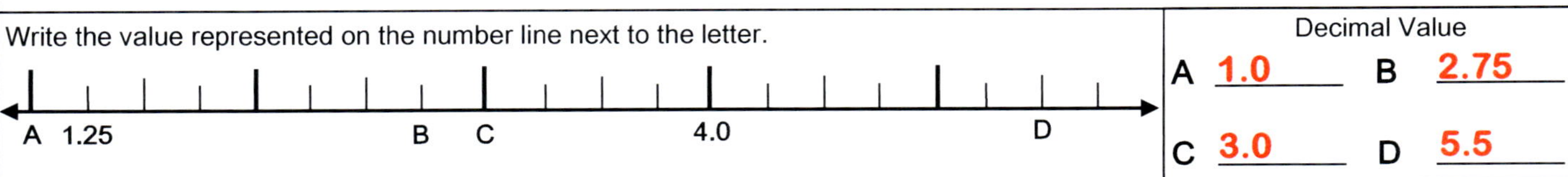

Decimal Value

A 1.0 B 2.75

C 3.0 D 5.5

Vocabulary

Addition
Division
Equation
Formula
Multiplication
Subtraction

Formula is a mathematical rule written using symbols.

Division is the operation or process to calculate the quotient.

Multiplication is the operation or process to calculate the product.

Equation is a mathematical statement that includes an equal sign.

Addition is the operation or process to calculate the sum.

Subtraction is the operation or process to calculate the difference.

Fourth Grade Builder # 36 Name: ____________________

Computation

765 × 4 = 3,060	77 × 55: 385 + 3850 = 4,235	84.72 − 9.47 = 75.25

Multiplication Facts–Time Yourself ____Seconds

5 x 6 = 30	5 x 0 = 0	6 x 1 = 6	6 x 2 = 12	5 x 9 = 45	3 x 7 = 21
5 x 9 = 45	5 x 7 = 35	7 x 3 = 21	2 x 4 = 8	12 x 4 = 48	11 x 6 = 66

Place Value/Multiplication

B	,	HM	TM	M	,	HT	TT	T	,	H	T	O	.	T ths	H ths
							5	4	,	8	1	1	.		
				5	,	4	8	1	,	1	0	0	.		

Multiply the number shown by **100** and write the product at the bottom of the place value chart.

54,811 x 100 = 5,481,100

Estimate by Rounding

Estimate to the tens place.

ROUND FIRST!!!

442 → 440
+ 765 → + 770
1,210

Add/Sub Fact Families

20 + 10 = 30	30 − 10 = 20
10 + 20 = 30	30 − 20 = 10

Mult/Div Fact Families

8 x 9 = 72	72 ÷ 9 = 8
9 x 8 = 72	72 ÷ 8 = 9

Money

Find the amount of change you should receive.

Cost **$1.88** Paid **$5.00**

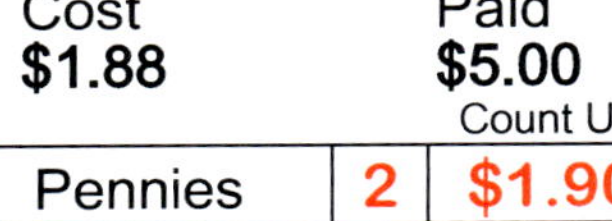

		Count Up
Pennies	2	$1.90
Nickels		
Dimes	1	$2.00
Quarters		
Dollar Bill	3	$5.00

What is the total change you should receive? $3.12

Input/Output

Complete the input/output table.

$20 - \mathbf{x} = \mathbf{y}$

INPUT x	OUTPUT y	
0	20	20 − 0 = 20
1	19	20 − 1 = 19
2	18	20 − 2 = 18
3	17	20 − 3 = 17
4	16	20 − 4 = 16

Measurement

Use the formula for perimeter.

$P = 2l + 2w$

P = 2 x 6 m + 2 x 5 m

P = 12 m + 10 m

P = 22 meters

Use the formula for area.

$A = l \times w$

A = 6 m x 5 m

A = 30 square meters

□ = 1 square meter

Number Line

Write the value represented on the number line next to the letter.

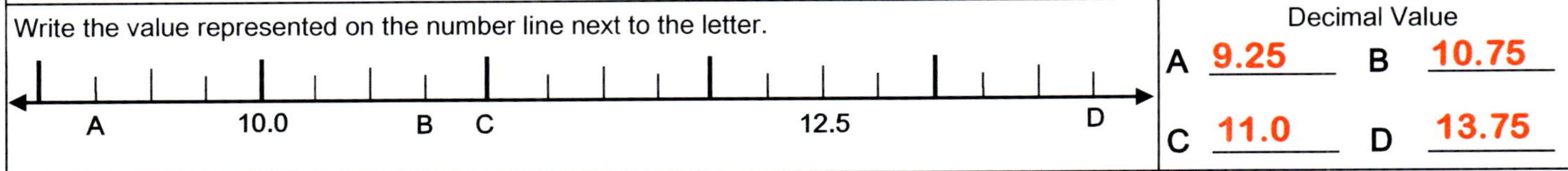

Decimal Value

A 9.25 B 10.75

C 11.0 D 13.75

Vocabulary

Addition
Division
Equation
Formula
Multiplication
Subtraction

Division is the operation or process to calculate the quotient.
Formula is a mathematical rule written using symbols.
Multiplication is the operation or process to calculate the product.
Subtraction is the operation or process to calculate the difference.
Addition is the operation or process to calculate the sum.
Equation is a mathematical statement that includes an equal sign.

Fourth Grade Builder # 37 Name: ____________________

Computation

1 34 x 23 102 68☺ 782	1 33 x 25 165 66☺ 825	4 15 9 10 10 56.00 − 8.42 47.58

Multiplication Facts–Time Yourself ____Seconds

8 x 9 = 72	6 x 3 = 18	3 x 4 = 12	9 x 5 = 45	8 x 4 = 32	6 x 1 = 6
3 x 3 = 9	2 x 0 = 0	4 x 7 = 28	5 x 3 = 15	12 x 5 = 60	11 x 7 = 77

Place Value/Multiplication

								1	,	2	0	0	.		
B	,	HM	TM	M	,	HT	TT	T	,	H	T	O	.	T ths	H ths
							1	2	0	,	0	0	0	.	

Multiply the number shown by **100** and write the product at the bottom of the place value chart.

1,200 x 100 = 120,000

Estimate by Rounding

Estimate to the hundreds place.

ROUND FIRST!!!

164	→	200
+ 339	→	+ 300
		500

Add/Sub Fact Families

2 + 15 = 17

15 + 2 = 17

17 − 2 = 15

17 − 15 = 2

Mult/Div Fact Families

6 x 7 = 42

7 x 6 = 42

42 ÷ 6 = 7

42 ÷ 7 = 6

Money

Find the amount of change you should receive.

Cost **$3.59** Paid **$5.00**

		Count Up
Pennies	1	$3.60
Nickels	1	$3.65
Dimes	1	$3.75
Quarters	1	$4.00
Dollar Bill	1	$5.00

What is the total change you should receive?

Input/Output

Complete the input/output table.

30 − ◇ = ⏢

Input	◇	0	1	2	3	4
Output	⏢	30	29	28	27	26

30 − 0 = 30

30 − 1 = 29

30 − 2 = 28

30 − 3 = 27

30 − 4 = 26

Measurement

Use the formula for perimeter.

P = 2*l* + 2*w*

P = 2 x 3 ft + 2 x 4 ft

P = 6 ft + 8 ft

P = 14 feet

Use the formula for area.

A = *l* x *w*

A = 3 ft x 4 ft

A = 12 square feet

☐ = 1 square feet

Number Line

Write the value represented on the number line next to the letter.

A 4.0 B 5.0 C D

Decimal Value

A 3.0 B 4.75

C 5.75 D 7.25

Vocabulary

Addition
Division
Equation
Formula
Multiplication
Subtraction

Addition is the operation or process to calculate the sum.

Formula is a mathematical rule written using symbols.

Equation is a mathematical statement that includes an equal sign.

Division is the operation or process to calculate the quotient.

Multiplication is the operation or process to calculate the product.

Subtraction is the operation or process to calculate the difference.

Fourth Grade Builder # 38 Name: ____________________

Computation

62 × 43 = 186 + 2480 = 2,666	26 × 31 = 26 + 780 = 806	44.00 − 7.65 = 36.35

Multiplication Facts–Time Yourself ____Seconds

9 × 7 = 63	7 × 1 = 7	9 × 2 = 18	10 × 3 = 30	9 × 0 = 0	7 × 8 = 56
8 × 8 = 64	3 × 6 = 18	6 × 4 = 24	6 × 5 = 30	12 × 6 = 72	11 × 9 = 99

Place Value/Multiplication

B	,	HM	TM	M	,	HT	TT	T	,	H	T	O	.	T ths	H ths
						8	4	0	,	5	0	0	.		
			8	4	,	0	5	0	,	0	0	0	.		

Multiply the number shown by 100 and write the product at the bottom of the place value chart.

840,500 x 100 = 84,050,000

Estimate by Rounding

Estimate to the hundreds place.

ROUND FIRST!!!

792 → 800
+ 226 → + 200
1,000

Add/Sub Fact Families

50 + 14 = 64
14 + 50 = 64
64 − 14 = 50
64 − 50 = 14

Mult/Div Fact Families

12 x 6 = 72
6 x 12 = 72
72 ÷ 12 = 6
72 ÷ 6 = 12

Money

Find the amount of change you should receive.

Cost $4.44 Paid $5.00

		Count Up
Pennies	1	$4.45
Nickels	1	$4.50
Dimes		
Quarters	2	$5.00
Dollar Bill		

What is the total change you should receive? $0.56

Input/Output

Complete the input/output table.

25 − **x** = **y**

Input	x	0	1	2	3	4
Output	y	25	24	23	22	21

25 − 0 = 25
25 − 1 = 24
25 − 2 = 23
25 − 3 = 22
25 − 4 = 21

Measurement

Use the formula for perimeter.

$P = 2l + 2w$

P = 2 x 7 in + 2 x 2 in

P = 14 in + 4 in

P = 18 inches

Use the formula for area.

$A = l \times w$

A = 7 in x 2 in

A = 14 square inches

□ = 1 square inch

Number Line

Write the value represented on the number line next to the letter.

A 8.0 B C 11.5 D

Decimal Value

A 7.25 B 8.75
C 9.0 D 11.75

Vocabulary

Addition
Division
Equation
Formula
Multiplication
Subtraction

Subtraction is the operation or process to calculate the difference.

Equation is a mathematical statement that includes an equal sign.

Multiplication is the operation or process to calculate the product.

Addition is the operation or process to calculate the sum.

Division is the operation or process to calculate the quotient.

Formula is a mathematical rule written using symbols.

Fourth Grade Builder # 39

Name: ____________________

Computation

36 × 25 = 180 + 720 = **900**	74 × 55 = 370 + 3700 = **4,070**	11.00 − 9.99 = **1.01**

Multiplication Facts–Time Yourself ____Seconds

8 × 4 = 32	6 × 8 = 48	8 × 9 = 72	9 × 0 = 0	8 × 7 = 56	6 × 5 = 30
7 × 7 = 49	2 × 5 = 10	4 × 1 = 4	5 × 2 = 10	12 × 6 = 72	11 × 8 = 88

Place Value/Multiplication

B	,	HM	TM	M	,	HT	TT	T	,	H	T	O	.	T ths	H ths
										7	0	5	.		
							7	0	,	5	0	0	.		

Multiply the number shown by 100 and write the product at the bottom of the place value chart.

705 x 100 = 70,500

Estimate by Rounding

Estimate to the tens place.

ROUND FIRST!!!

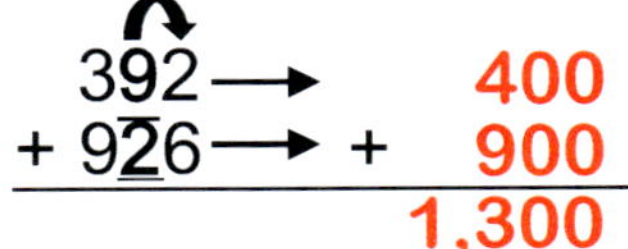

392 → 400
+ 926 → + 900
1,300

Add/Sub Fact Families

4 + 7 = 11

7 + 4 = 11

11 – 4 = 7

11 – 7 = 4

Mult/Div Fact Families

7 x 2 = 14

2 x 7 = 14

14 ÷ 2 = 7

14 ÷ 7 = 2

Money

Find the amount of change you should receive.

Cost **$4.12** Paid **$5.00**

		Count Up
Pennies	3	$4.15
Nickels		
Dimes	1	$4.25
Quarters	3	$5.00
Dollar Bill		

What is the total change you should receive? $0.88

Input/Output

Complete the input/output table.

8 – **x** = **y**

Input	**x**	0	1	2	3	4
Output	**y**	8	7	6	5	4

8 – 0 = 8

8 – 1 = 7

8 – 2 = 6

8 – 3 = 5

8 – 4 = 4

Measurement

Use the formula for perimeter.

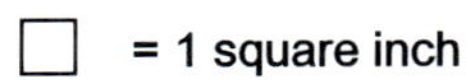

☐ = 1 square inch

P = 2*l* + 2*w*

P = 2 x 8 in + 2 x 3 in

P = 16 in + 6 in

P = 22 inches

Use the formula for area.

A = *l* x *w*

A = 8 in x 3 in

A = 24 square inches

☐ = 1 square inch

Number Line

Write the value represented on the number line next to the letter.

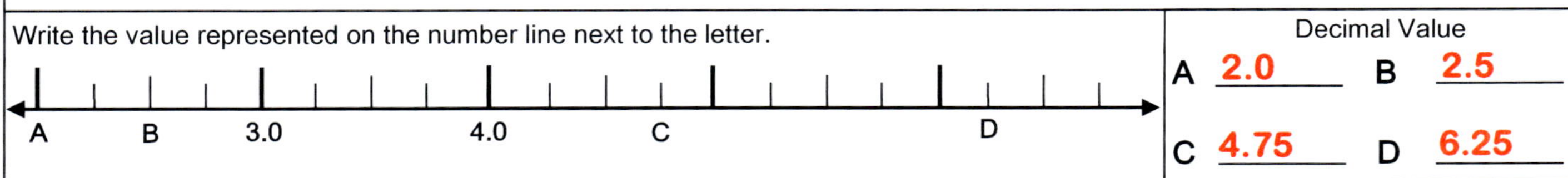

Decimal Value

A 2.0 B 2.5

C 4.75 D 6.25

Vocabulary

Addition
Division
Equation
Formula
Multiplication
Subtraction

Formula is a mathematical rule written using symbols.

Multiplication is the operation or process to calculate the product.

Division is the operation or process to calculate the quotient.

Addition is the operation or process to calculate the sum.

Subtraction is the operation or process to calculate the difference.

Equation is a mathematical statement that includes an equal sign.

Fourth Grade Builder # 40 Name: ___________________

Computation

62 x 45 310 2480 2,790	47 x 85 235 3760 3,995	10.00 − 5.55 4.45

Multiplication Facts–Time Yourself ____Seconds

8 x 1 = 8	6 x 6 = 36	8 x 7 = 56	9 x 8 = 72	8 x 4 = 32	6 x 2 = 12
7 x 4 = 28	2 x 2 = 4	4 x 8 = 32	5 x 9 = 45	12 x 8 = 96	11 x 4 = 44

Place Value/Multiplication

B	,	HM	TM	M	,	HT	TT	T	,	H	T	O	.	T ths	H ths
											3	0	.	5	
							3	0	,	5	0	0	.		

Multiply the number shown by 100 and write the product at the bottom of the place value chart.

30.5 x 100 = 30,500

Estimate by Rounding

Estimate to the hundreds place.

ROUND FIRST!!!

952 → 1,000
+ 212 → + 200
1,200

Add/Sub Fact Families

5 + 6 = 11 | 11 – 5 = 6

6 + 5 = 11 | 11 – 6 = 5

Mult/Div Fact Families

8 x 3 = 24 | 24 ÷ 3 = 8

3 x 8 = 24 | 24 ÷ 8 = 3

Money

Find the amount of change you should receive.

Cost $3.08 Paid $5.00

		Count Up
Pennies	2	$3.10
Nickels	1	$3.15
Dimes	1	$3.25
Quarters	3	$4.00
Dollar Bill	1	$5.00

What is the total change you should receive? $1.92

Input/Output

Complete the input/output table.

11 – **x** = **y**

Input	x	0	1	2	3	4
Output	y	11	10	9	8	7

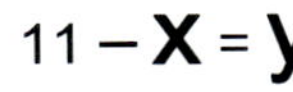

11 – 0 = 11 | 11 – 3 = 8
11 – 1 = 10 | 11 – 4 = 7
11 – 2 = 9

Measurement

Use the formula for perimeter.

$P = 2l + 2w$

P = 2 x 6 in + 2 x 3 in

P = 12 in + 6 in

P = 18 inches

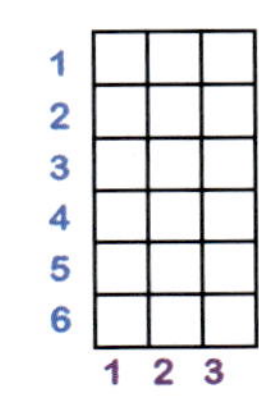

Use the formula for area.

$A = l \times w$

A = 6 in x 3 in

A = 18 square inches

☐ = 1 square inch

Number Line

Write the value represented on the number line next to the letter.

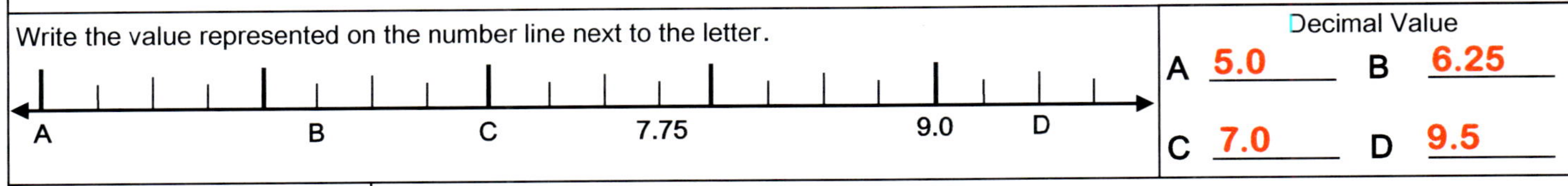

Decimal Value

A 5.0 B 6.25

C 7.0 D 9.5

Vocabulary

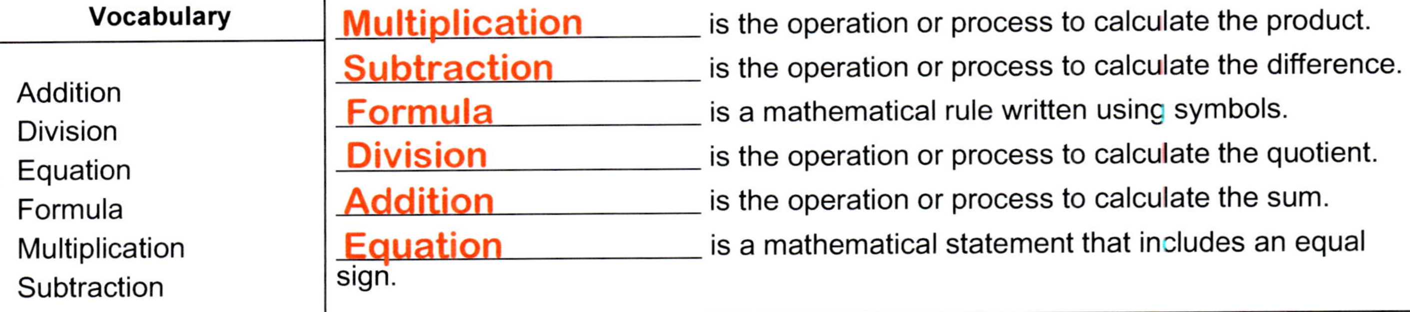

Addition
Division
Equation
Formula
Multiplication
Subtraction

Multiplication is the operation or process to calculate the product.
Subtraction is the operation or process to calculate the difference.
Formula is a mathematical rule written using symbols.
Division is the operation or process to calculate the quotient.
Addition is the operation or process to calculate the sum.
Equation is a mathematical statement that includes an equal sign.

Fourth Grade Builder # 41 Name: ______________________

Computation

use to help with long division

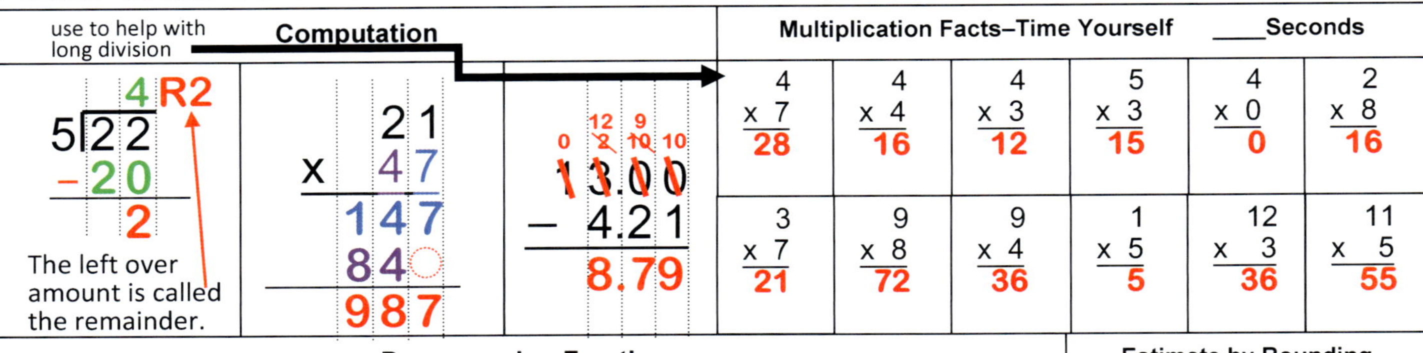

Multiplication Facts–Time Yourself ____Seconds

4 x 7 = 28	4 x 4 = 16	4 x 3 = 12	5 x 3 = 15	4 x 0 = 0	2 x 8 = 16
3 x 7 = 21	9 x 8 = 72	9 x 4 = 36	1 x 5 = 5	12 x 3 = 36	11 x 5 = 55

The left over amount is called the remainder.

Decomposing Fractions

$\frac{\text{Numerator}}{\text{Denominator}} = \frac{\text{top number}}{\text{bottom number}} = \frac{\text{number of parts}}{\text{number of parts that make the whole}}$

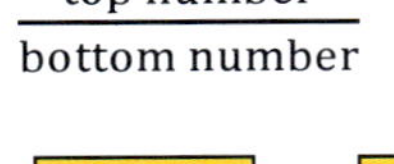

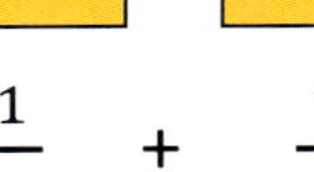

$\frac{1}{4} + \frac{1}{4} + \frac{1}{4} = \frac{3}{4} = \frac{3 \text{ parts}}{\text{out of } 4}$

Estimate by Rounding

Sam's parents bought him a toy truck for \$27 and a toy tractor for \$21. What is the best estimate of how much Sam's parents paid for his toys.

27 → 30
+ 21 → + 20
50

Money

Find the amount of change you should receive.

Cost \$3.45 Paid \$10.00

		Count Up
Pennies		
Nickels	1	\$3.50
Dimes		
Quarters	2	\$4.00
Dollar Bill	6	\$10.00

What is the total change you should receive?

Input/Output

Complete the input/output table.

x – 8 = y

INPUT	OUTPUT
x	y
10	2
12	4
14	6
16	8
18	10

10 – 8 = 2
12 – 8 = 4
14 – 8 = 6
16 – 8 = 8
18 – 8 = 10

Measurement

Now use the formula.

P = 4s
P = 4 x 6 m
P = 24 meters

Now use the formula.

A = l x w
A = 6 m x 6 m
A = 36 square meters

□ = 1 square meter

Number Line

Write the value represented on the number line next to the letter.

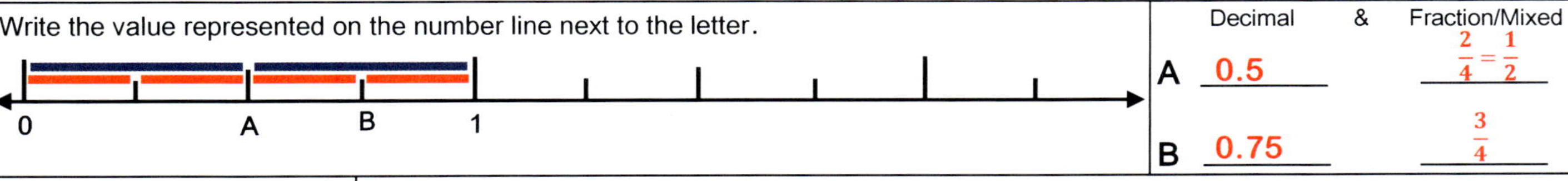

	Decimal	& Fraction/Mixed
A	0.5	$\frac{2}{4} = \frac{1}{2}$
B	0.75	$\frac{3}{4}$

Vocabulary

Denominator
Division
Equation
Factors
Numerator
Product

Factors are numbers you multiply together to get another number.
Numerator is the number that tells how many parts.
Equation is a mathematical statement that includes an equal sign.
Product is the answer when you multiply.
Division is the operation or process to calculate the quotient.
Denominator is the number of parts the whole is divided into.

Fourth Grade Builder # 42  Name: ______________________

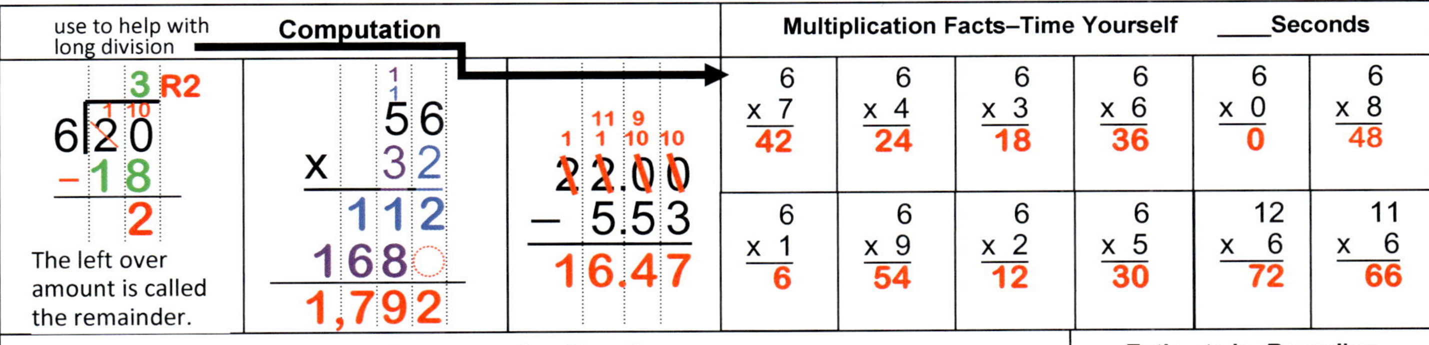

Decomposing Fractions

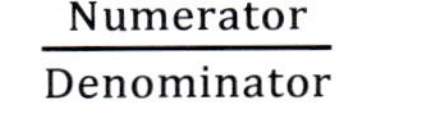

= $\frac{\text{top number}}{\text{bottom number}}$ = $\frac{\text{number of parts}}{\text{number of parts that make the whole}}$

$\frac{1}{8} + \frac{1}{8} + \frac{1}{8} + \frac{1}{8} + \frac{1}{8} = \frac{5}{8} =$ 5 parts out of 8

Estimate by Rounding

Micah wants to buy a guitar for \$233 and a drum set for \$149. What is the best estimate, to the nearest tens place, for the equipment Micah wants to buy?

233	→	230
+ 149	→	+150
		380

Money

Find the amount of change you should receive.

Cost **\$8.21** Paid **\$10.00**

		Count Up
Pennies	4	\$8.25
Nickels		
Dimes		
Quarters	3	\$9.00
Dollar Bill	1	\$10.00

What is the total change you should receive?

\$1.79

Input/Output

Complete the input/output table.

$15 - x = y$

INPUT	OUTPUT	
x	y	
0	15	15 – 0 = 15
2	13	15 – 2 = 13
4	11	15 – 4 = 11
6	9	15 – 6 = 9
8	7	15 – 8 = 7

Measurement

Now use the formula.

P = 4s

P = 4 x 3 m

P = 12 meters

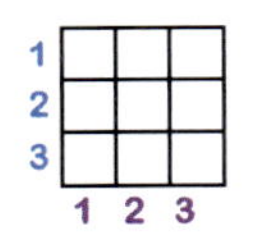

Now use the formula.

A = *l* x *w*

A = 3 m x 3 m

A = 9 square meters

☐ = 1 square meter

Number Line

Write the value represented on the number line next to the letter.

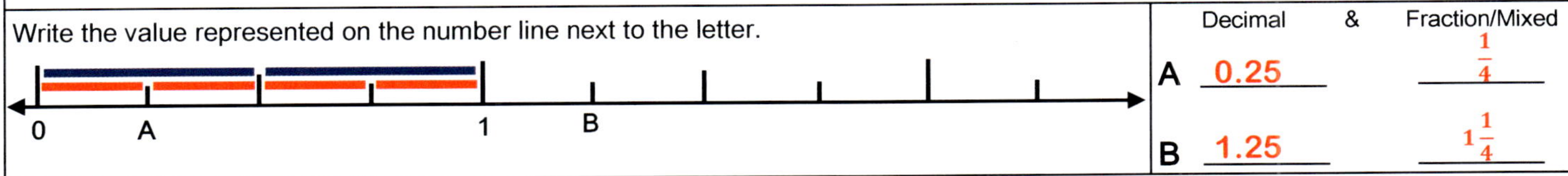

	Decimal	& Fraction/Mixed
A	0.25	$\frac{1}{4}$
B	1.25	$1\frac{1}{4}$

Vocabulary

Denominator
Division
Equation
Factors
Numerator
Product

Denominator is the number of parts the whole is divided into.

Product is the answer when you multiply.

Factors are numbers you multiply together to get another number.

Numerator is the number that tells how many parts.

Division is the operation or process to calculate the quotient.

Equation is a mathematical statement that includes an equal sign.

Fourth Grade Builder # 43 Name: ____________

Computation

use to help with long division

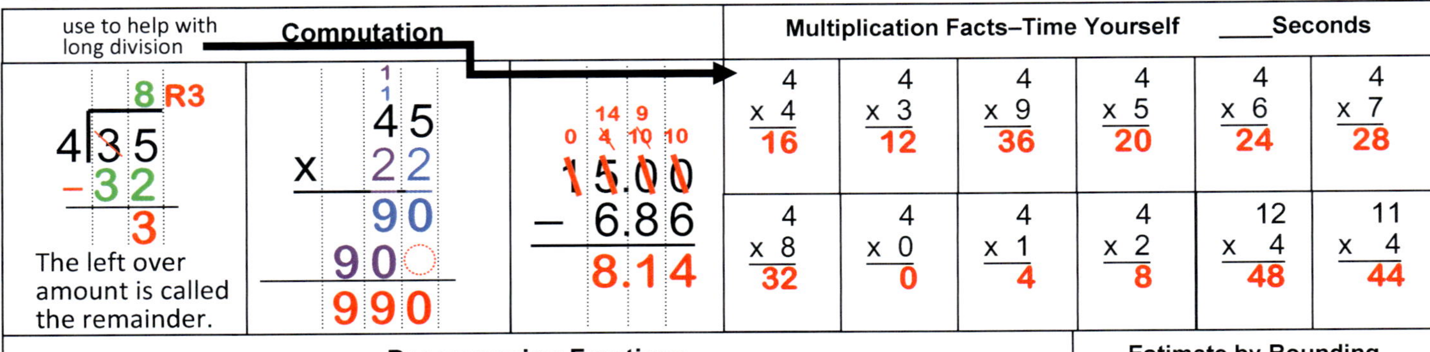

Multiplication Facts–Time Yourself ____Seconds

4 x 4 = 16	4 x 3 = 12	4 x 9 = 36	4 x 5 = 20	4 x 6 = 24	4 x 7 = 28
4 x 8 = 32	4 x 0 = 0	4 x 1 = 4	4 x 2 = 8	12 x 4 = 48	11 x 4 = 44

The left over amount is called the remainder.

Decomposing Fractions

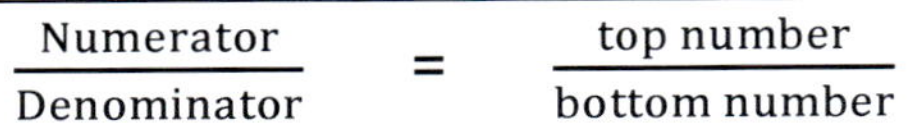

$\frac{\text{Numerator}}{\text{Denominator}} = \frac{\text{top number}}{\text{bottom number}} = \frac{\text{number of parts}}{\text{number of parts that make the whole}}$

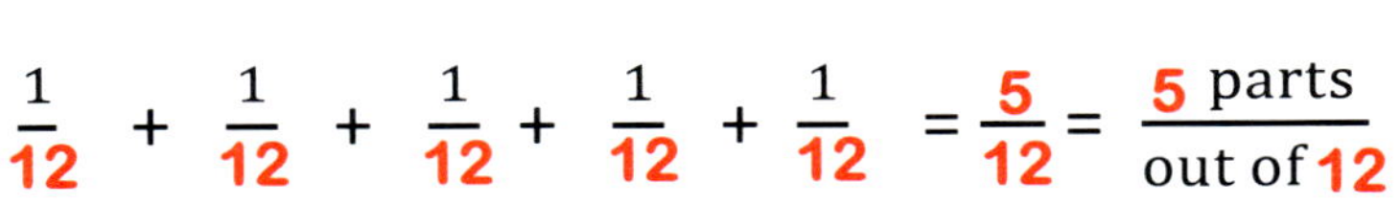

$\frac{1}{12} + \frac{1}{12} + \frac{1}{12} + \frac{1}{12} + \frac{1}{12} = \frac{5}{12} = \frac{5 \text{ parts}}{\text{out of } 12}$

Estimate by Rounding

Corey bought 2 boxes of doggy treats. One box has 368 treats and the other has 54 treats. What is the best estimate of the number of doggy treats Corey has?

368 → 370
\+ 54 → + 50
420

Money

Find the amount of change you should receive.

Cost $6.15 Paid $10.00

Count Up

Pennies		
Nickels		
Dimes	1	$6.25
Quarters	3	$7.00
Dollar Bill	3	$10.00

What is the total change you should receive?

Input/Output

Complete the input/output table.

x – 12 = y

INPUT	OUTPUT
x	y
20	8
22	10
24	12
26	14
28	16

20 – 12 = 8
22 – 12 = 10
24 – 12 = 12
26 – 12 = 14
28 – 12 = 16

Measurement

Now use the formula.

P = 4s
P = 4 x 5 ft
P = 20 feet

Now use the formula.

A = *l* x *w*
A = 5 ft x 5 ft
A = 25 square feet

☐ = 1 square foot

Number Line

Write the value represented on the number line next to the letter.

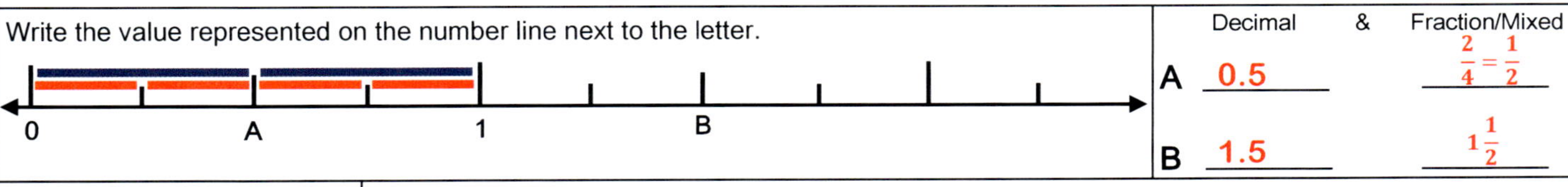

	Decimal	& Fraction/Mixed
A	0.5	$\frac{2}{4} = \frac{1}{2}$
B	1.5	$1\frac{1}{2}$

Vocabulary

Denominator
Division
Equation
Factors
Numerator
Product

Equation is a mathematical statement that includes an equal sign.

Division is the operation or process to calculate the quotient.

Denominator is the number of parts the whole is divided into.

Factors are numbers you multiply together to get another number.

Product is the answer when you multiply.

Numerator is the number that tells how many parts.

Fourth Grade Builder # 44

Name: ______________________

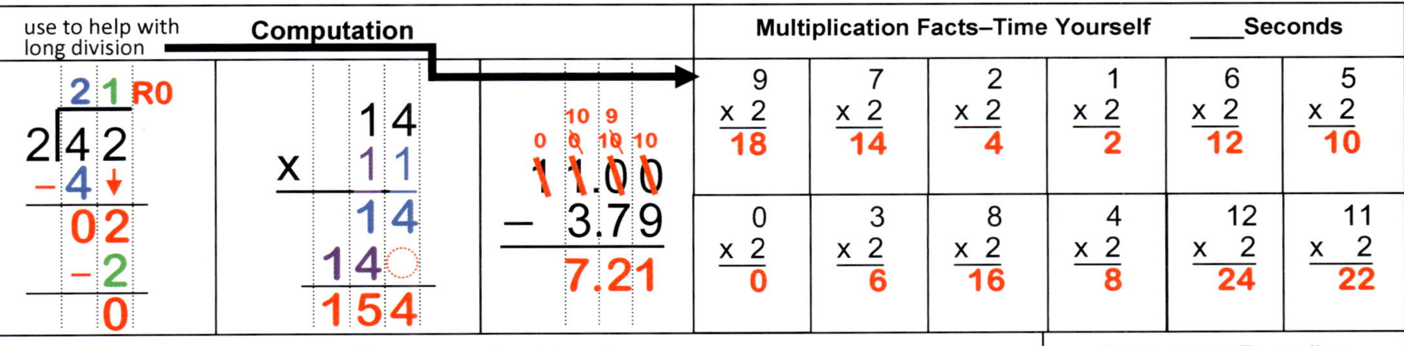

9 x 2 = 18	7 x 2 = 14	2 x 2 = 4	1 x 2 = 2	6 x 2 = 12	5 x 2 = 10
0 x 2 = 0	3 x 2 = 6	8 x 2 = 16	4 x 2 = 8	12 x 2 = 24	11 x 2 = 22

$2\overline{)42}$ = 21 R0

14 x 11 = 154

11.00 − 3.79 = 7.21

Decomposing Fractions

$$\frac{\text{Numerator}}{\text{Denominator}} = \frac{\text{top number}}{\text{bottom number}} = \frac{\text{number of parts}}{\text{number of parts that make the whole}}$$

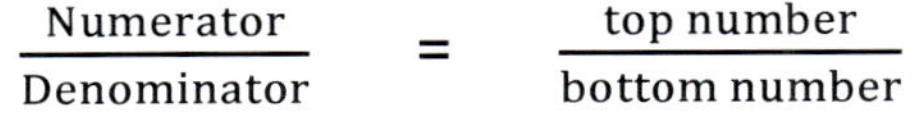

$\frac{1}{8} + \frac{1}{8} + \frac{1}{8} = \frac{3}{8} = \frac{3 \text{ parts}}{\text{out of } 8}$

Estimate by Rounding

Lana has 136 hair barrettes, 43 hair bands, and 178 hair ribbons. What is the best estimate of the number of hair accessories Lana has?

136 → 140
43 → 40
+ 178 → + 180
360

Money

Find the amount of change you should receive.

Cost $7.25 Paid $10.00

Count Up

Pennies		
Nickels		
Dimes		
Quarters	3	$8.00
Dollar Bill	2	$10.00

What is the total change you should receive?

Input/Output

Complete the input/output table.

x – 5 = y

INPUT	OUTPUT
x	y
10	5
12	7
14	9
16	11
18	13

10 – 5 = 5
12 – 5 = 7
14 – 5 = 9
16 – 5 = 11
18 – 5 = 13

Measurement

Now use the formula.

P = 4s
P = 4 x 2 in
P = 8 inches

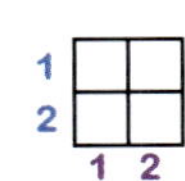

Now use the formula.

A = l x w
A = 2 in x 2 in
A = 4 square inches

☐ = 1 square inch

Number Line

Write the value represented on the number line next to the letter.

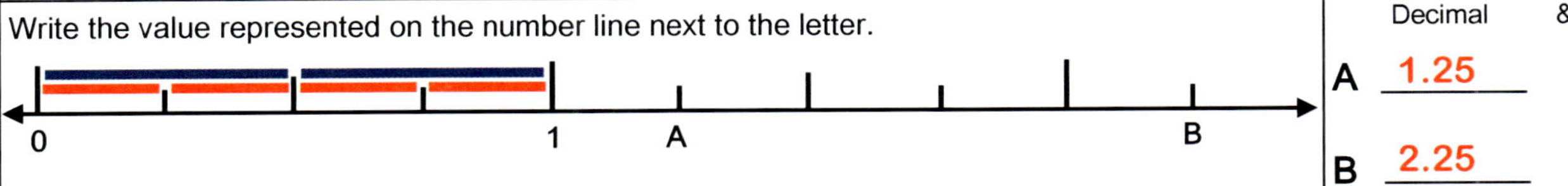

	Decimal	& Fraction/Mixed
A	1.25	$1\frac{1}{4}$
B	2.25	$2\frac{1}{4}$

Vocabulary

Denominator
Division
Equation
Factors
Numerator
Product

Denominator is the number of parts the whole is divided into.
Division is the operation or process to calculate the quotient.
Numerator is the number that tells how many parts.
Equation is a mathematical statement that includes an equal sign.
Product is the answer when you multiply.
Factors are numbers you multiply together to get another number.

Fourth Grade Builder # 45

Name: ______________________

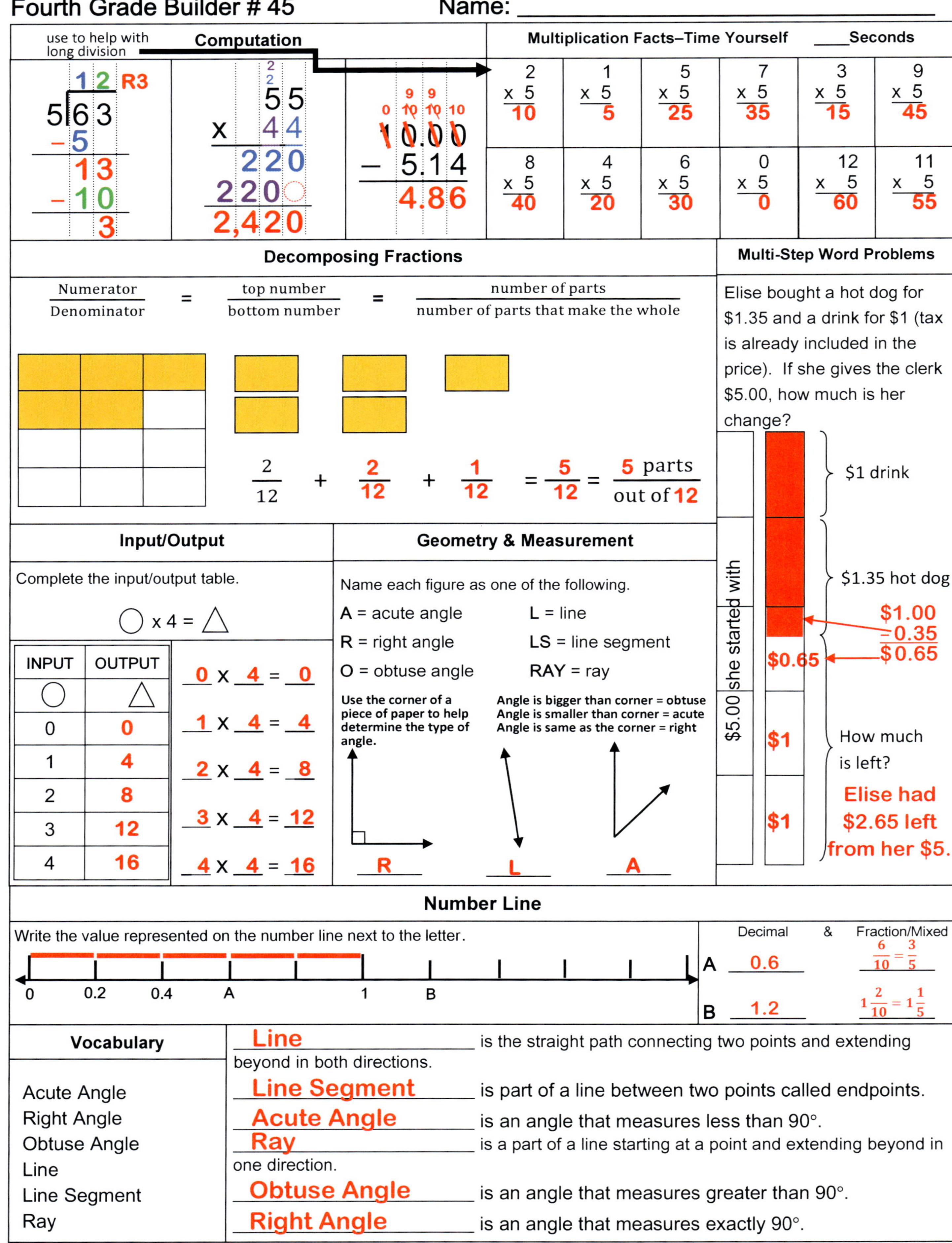

INPUT ○	OUTPUT △
0	0
1	4
2	8
3	12
4	16

Number Line

Write the value represented on the number line next to the letter.

0 0.2 0.4 A 1 B

	Decimal	& Fraction/Mixed
A	0.6	$\frac{6}{10} = \frac{3}{5}$
B	1.2	$1\frac{2}{10} = 1\frac{1}{5}$

Vocabulary

Acute Angle
Right Angle
Obtuse Angle
Line
Line Segment
Ray

Line is the straight path connecting two points and extending beyond in both directions.

Line Segment is part of a line between two points called endpoints.

Acute Angle is an angle that measures less than 90°.

Ray is a part of a line starting at a point and extending beyond in one direction.

Obtuse Angle is an angle that measures greater than 90°.

Right Angle is an angle that measures exactly 90°.

Fourth Grade Builder # 46  Name: ____________________

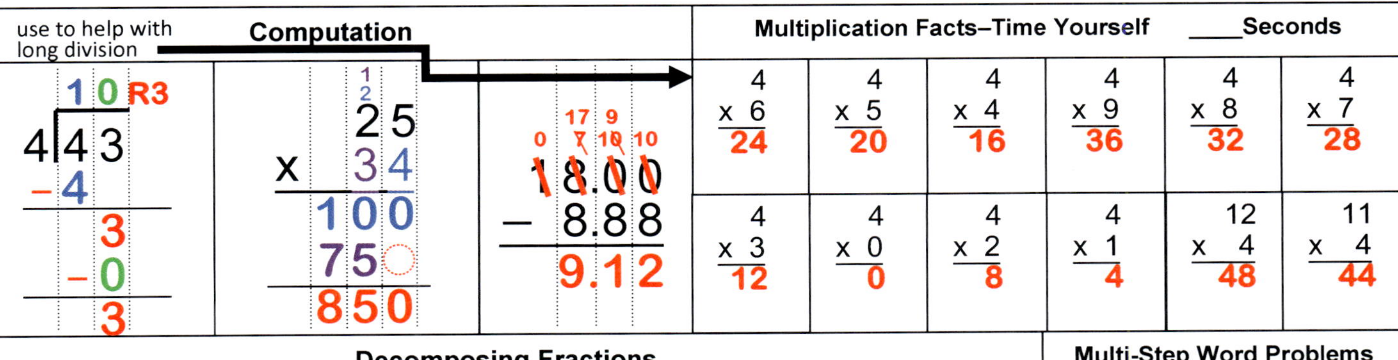

Decomposing Fractions

$\frac{\text{Numerator}}{\text{Denominator}} = \frac{\text{top number}}{\text{bottom number}} = \frac{\text{number of parts}}{\text{number of parts that make the whole}}$

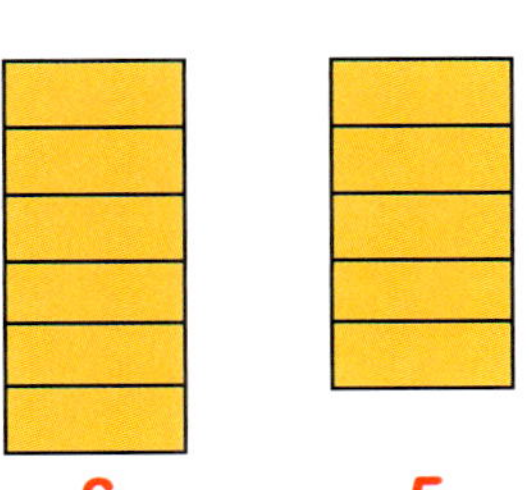

$\frac{6}{18} + \frac{5}{18} = \frac{11}{18} = \frac{11 \text{ parts}}{\text{out of } 18}$

Multi-Step Word Problems

Will saved \$38. This is \$13 more dollars than Junelle saved. How much did Will and Junelle save altogether?

Step 1 (Junelle's \$)

13 + ___ = 38

38 − 13 = ___

38 − 13 = 25

Step 2 (Saved Altogether)

38 + 25 = 63

Will and Junelle saved \$63 altogether.

Input/Output

Complete the input/output table.

○ x 3 = △

INPUT	OUTPUT
○	△
0	3
2	6
4	12
6	18
8	24

0 x 3 = 0

2 x 3 = 6

4 x 3 = 12

6 x 3 = 18

8 x 3 = 24

Geometry & Measurement

Name each figure as one of the following.

A = acute angle L = line

R = right angle LS = line segment

O = obtuse angle RAY = ray

Use the corner of a piece of paper to help determine the type of angle.

Angle is bigger than corner = obtuse
Angle is smaller than corner = acute
Angle is same as the corner = right

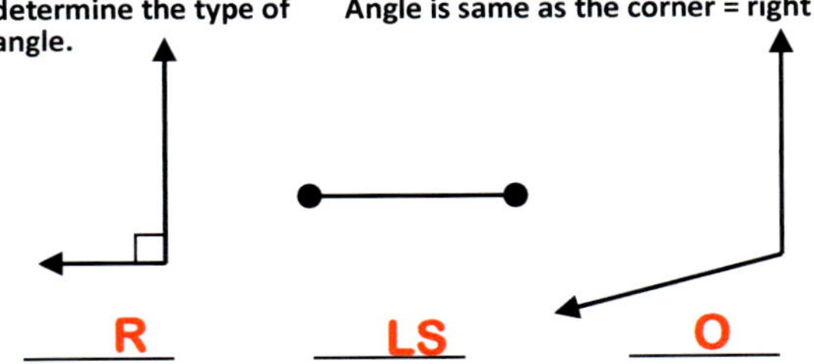

R LS O

Number Line

Write the value represented on the number line next to the letter.

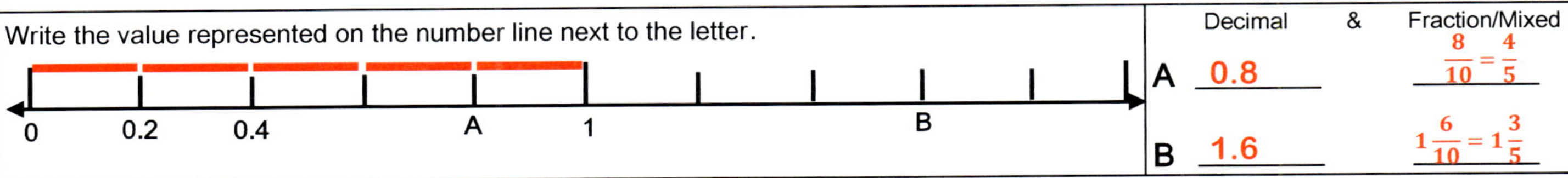

	Decimal	& Fraction/Mixed
A	0.8	$\frac{8}{10} = \frac{4}{5}$
B	1.6	$1\frac{6}{10} = 1\frac{3}{5}$

Vocabulary

Acute Angle
Right Angle
Obtuse Angle
Line
Line Segment
Ray

Acute Angle is an angle that measures less than 90°.

Obtuse Angle is an angle that measures greater than 90°.

Line is the straight path connecting two points and extending beyond in both directions.

Right Angle is an angle that measures exactly 90°.

Line Segment is part of a line between two points called endpoints.

Ray is a part of a line starting at a point and extending beyond in one direction.

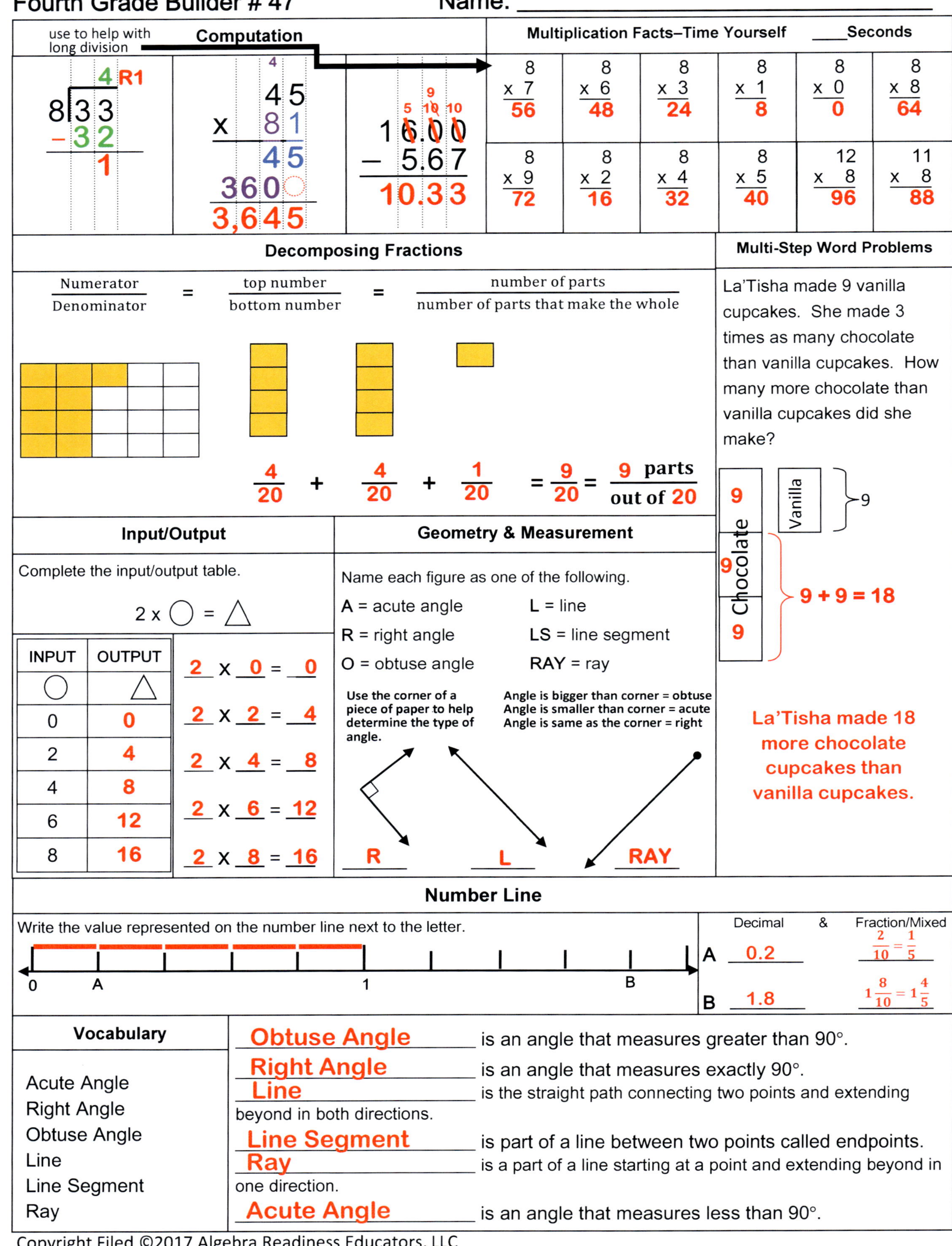

Fourth Grade Builder # 47

Name: ____________________

Computation

use to help with long division

8 ⟌ 33
4 R1
− 32
1

	4	
	4	5
x	8	1
	4	5
3	6	0 0
3,6	4	5

$$\begin{array}{r} 16.00 \\ -\ 5.67 \\ \hline 10.33 \end{array}$$

Multiplication Facts–Time Yourself ____Seconds

8 x 7	8 x 6	8 x 3	8 x 1	8 x 0	8 x 8
56	48	24	8	0	64
8 x 9	**8 x 2**	**8 x 4**	**8 x 5**	**12 x 8**	**11 x 8**
72	16	32	40	96	88

Decomposing Fractions

$\frac{\text{Numerator}}{\text{Denominator}} = \frac{\text{top number}}{\text{bottom number}} = \frac{\text{number of parts}}{\text{number of parts that make the whole}}$

$\frac{4}{20} + \frac{4}{20} + \frac{1}{20} = \frac{9}{20} =$ 9 parts out of 20

Multi-Step Word Problems

La'Tisha made 9 vanilla cupcakes. She made 3 times as many chocolate than vanilla cupcakes. How many more chocolate than vanilla cupcakes did she make?

Vanilla: 9

Chocolate: 9 | 9 | 9

9 + 9 = 18

La'Tisha made 18 more chocolate cupcakes than vanilla cupcakes.

Input/Output

Complete the input/output table.

2 x ○ = △

INPUT ○	OUTPUT △
0	0
2	4
4	8
6	12
8	16

2 x 0 = 0

2 x 2 = 4

2 x 4 = 8

2 x 6 = 12

2 x 8 = 16

Geometry & Measurement

Name each figure as one of the following.

A = acute angle — L = line

R = right angle — LS = line segment

O = obtuse angle — RAY = ray

Use the corner of a piece of paper to help determine the type of angle.

Angle is bigger than corner = obtuse
Angle is smaller than corner = acute
Angle is same as the corner = right

R — L — RAY

Number Line

Write the value represented on the number line next to the letter.

0 A 1 B

	Decimal	& Fraction/Mixed
A	0.2	$\frac{2}{10} = \frac{1}{5}$
B	1.8	$1\frac{8}{10} = 1\frac{4}{5}$

Vocabulary

Acute Angle
Right Angle
Obtuse Angle
Line
Line Segment
Ray

Obtuse Angle is an angle that measures greater than 90°.

Right Angle is an angle that measures exactly 90°.

Line is the straight path connecting two points and extending beyond in both directions.

Line Segment is part of a line between two points called endpoints.

Ray is a part of a line starting at a point and extending beyond in one direction.

Acute Angle is an angle that measures less than 90°.

Fourth Grade Builder # 48 Name: ______________________

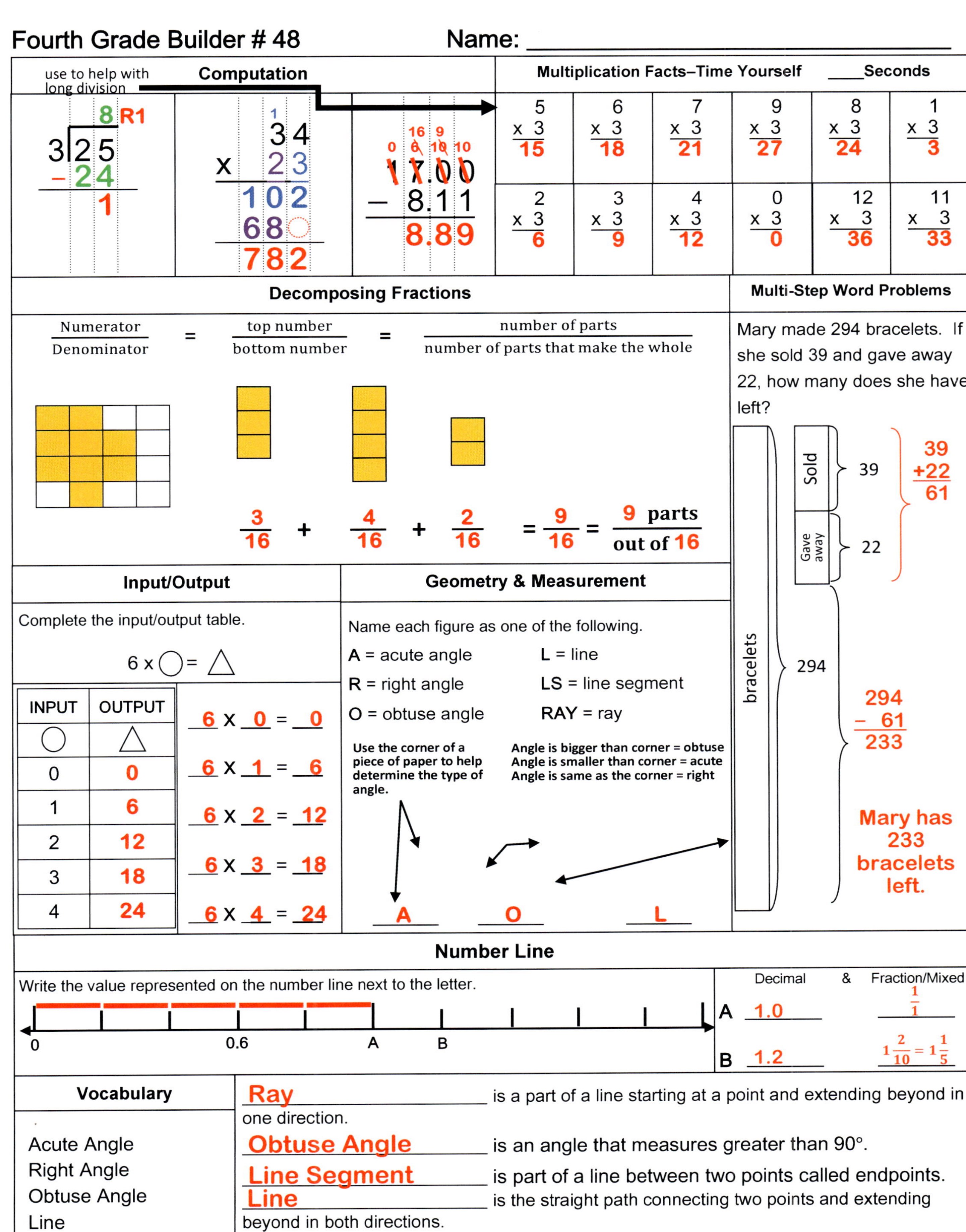

Vocabulary

Acute Angle
Right Angle
Obtuse Angle
Line
Line Segment
Ray

Ray is a part of a line starting at a point and extending beyond in one direction.

Obtuse Angle is an angle that measures greater than 90°.

Line Segment is part of a line between two points called endpoints.

Line is the straight path connecting two points and extending beyond in both directions.

Right Angle is an angle that measures exactly 90°.

Acute Angle is an angle that measures less than 90°.

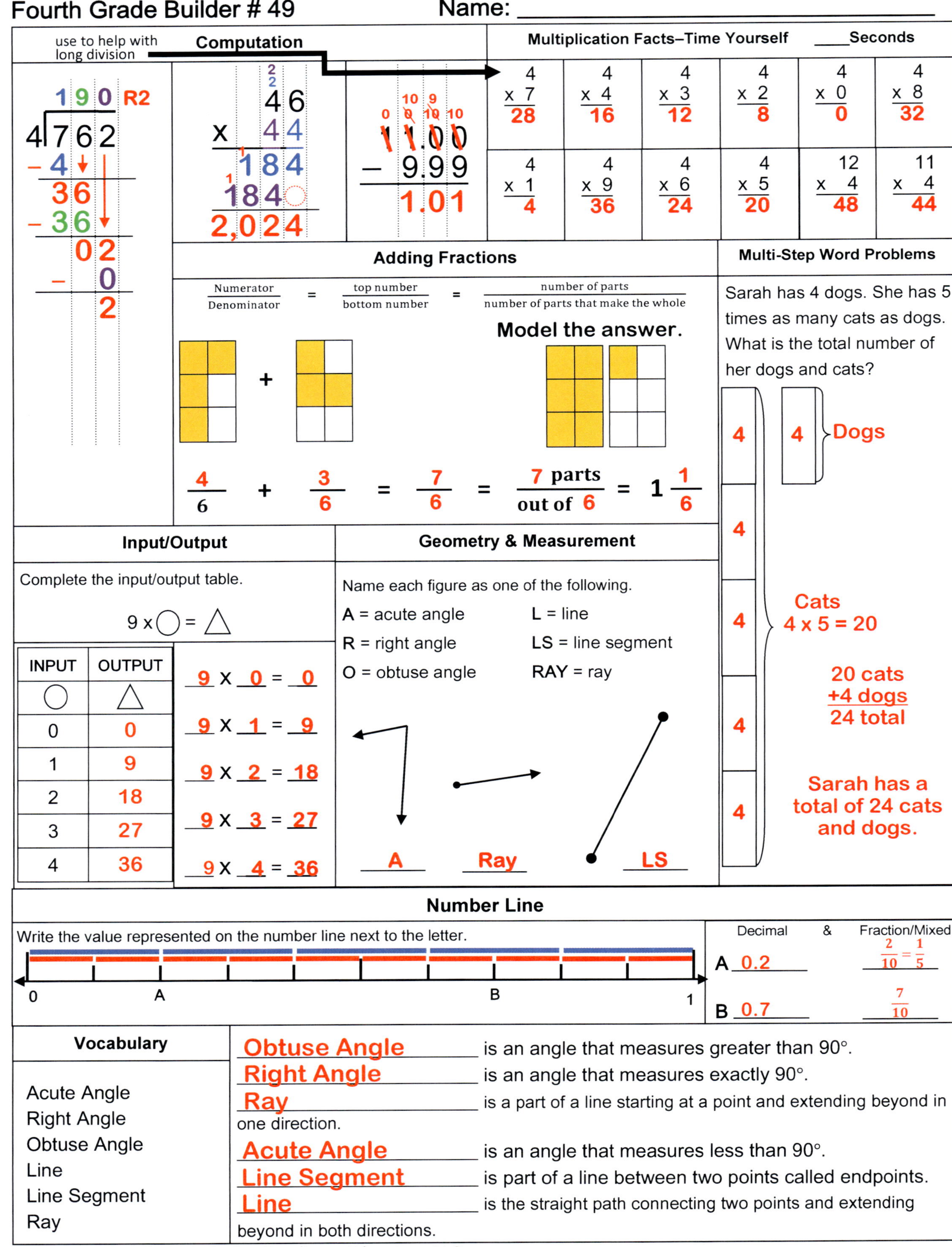

Fourth Grade Builder # 49

Name: ______________________

Computation

use to help with long division

190 R2 4)762 − 4 36 − 36 02 − 0 2	46 x 44 184 1840 2,024	11.00 − 9.99 1.01

Multiplication Facts–Time Yourself ____Seconds

4 x 7 = 28	4 x 4 = 16	4 x 3 = 12	4 x 2 = 8	4 x 0 = 0	4 x 8 = 32
4 x 1 = 4	4 x 9 = 36	4 x 6 = 24	4 x 5 = 20	12 x 4 = 48	11 x 4 = 44

Adding Fractions

$\frac{\text{Numerator}}{\text{Denominator}} = \frac{\text{top number}}{\text{bottom number}} = \frac{\text{number of parts}}{\text{number of parts that make the whole}}$

Model the answer.

$\frac{4}{6} + \frac{3}{6} = \frac{7}{6} = \frac{7 \text{ parts}}{\text{out of } 6} = 1\frac{1}{6}$

Multi-Step Word Problems

Sarah has 4 dogs. She has 5 times as many cats as dogs. What is the total number of her dogs and cats?

4 Dogs

Cats 4 x 5 = 20

20 cats
+4 dogs
24 total

Sarah has a total of 24 cats and dogs.

Input/Output

Complete the input/output table.

9 x ◯ = △

INPUT ◯	OUTPUT △
0	0
1	9
2	18
3	27
4	36

9 x 0 = 0
9 x 1 = 9
9 x 2 = 18
9 x 3 = 27
9 x 4 = 36

Geometry & Measurement

Name each figure as one of the following.

A = acute angle
R = right angle
O = obtuse angle
L = line
LS = line segment
RAY = ray

A   Ray   LS

Number Line

Write the value represented on the number line next to the letter.

0   A   B   1

	Decimal	& Fraction/Mixed
A	0.2	$\frac{2}{10} = \frac{1}{5}$
B	0.7	$\frac{7}{10}$

Vocabulary

Acute Angle
Right Angle
Obtuse Angle
Line
Line Segment
Ray

Obtuse Angle is an angle that measures greater than 90°.
Right Angle is an angle that measures exactly 90°.
Ray is a part of a line starting at a point and extending beyond in one direction.
Acute Angle is an angle that measures less than 90°.
Line Segment is part of a line between two points called endpoints.
Line is the straight path connecting two points and extending beyond in both directions.

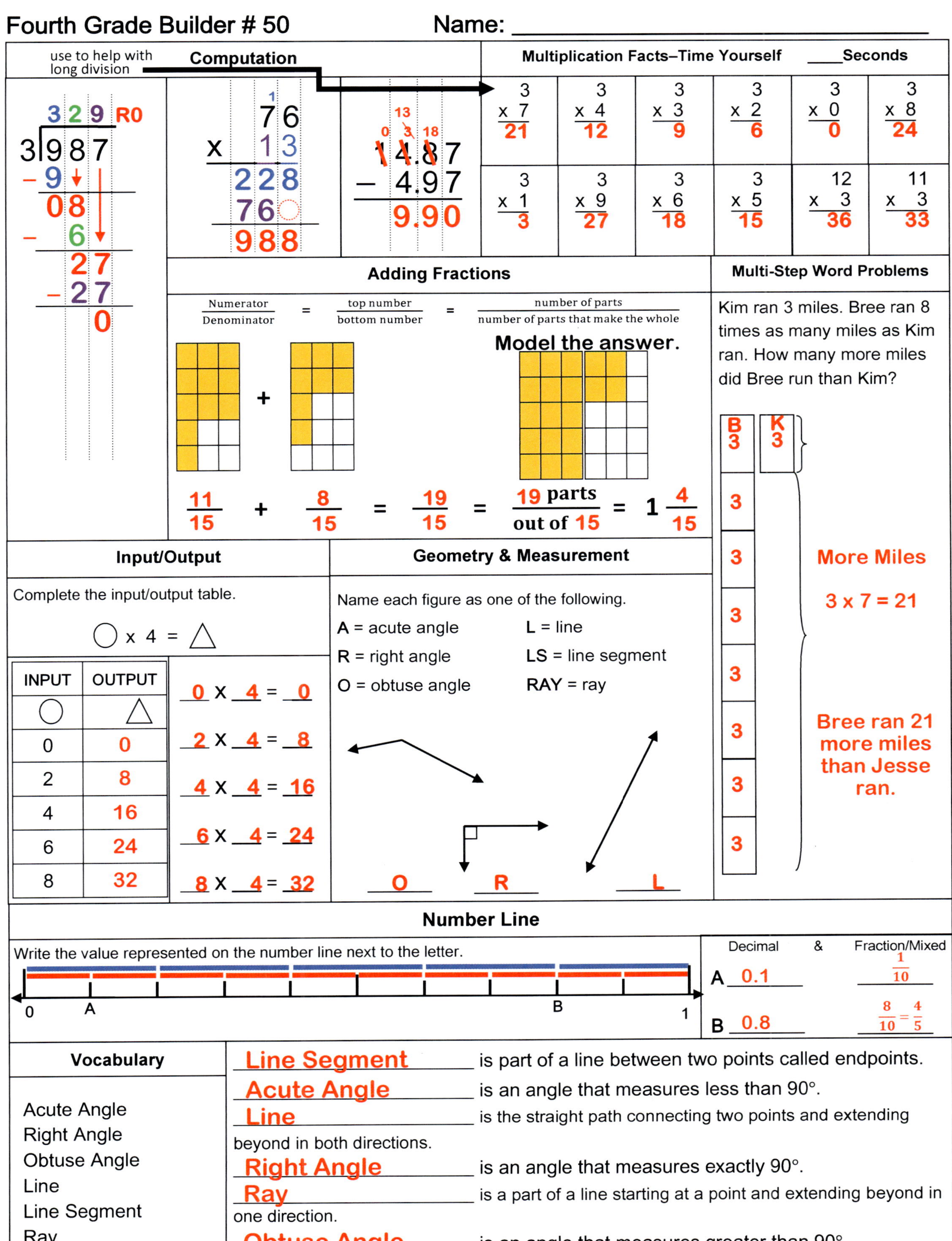

Fourth Grade Builder # 50

Name: ______________________________

Computation

use to help with long division

329 R0
3)987
−9
08
−6
27
−27
0

76
x 13
228
760
988

14.87
− 4.97
9.90

Multiplication Facts–Time Yourself ____Seconds

3 x 7 = 21	3 x 4 = 12	3 x 3 = 9	3 x 2 = 6	3 x 0 = 0	3 x 8 = 24
3 x 1 = 3	3 x 9 = 27	3 x 6 = 18	3 x 5 = 15	12 x 3 = 36	11 x 3 = 33

Adding Fractions

$\frac{\text{Numerator}}{\text{Denominator}} = \frac{\text{top number}}{\text{bottom number}} = \frac{\text{number of parts}}{\text{number of parts that make the whole}}$

Model the answer.

$\frac{11}{15} + \frac{8}{15} = \frac{19}{15} = \frac{19 \text{ parts}}{\text{out of } 15} = 1\frac{4}{15}$

Multi-Step Word Problems

Kim ran 3 miles. Bree ran 8 times as many miles as Kim ran. How many more miles did Bree run than Kim?

B: 3, 3, 3, 3, 3, 3, 3, 3
K: 3

More Miles

3 x 7 = 21

Bree ran 21 more miles than Jesse ran.

Input/Output

Complete the input/output table.

○ x 4 = △

INPUT ○	OUTPUT △
0	0
2	8
4	16
6	24
8	32

0 x 4 = 0
2 x 4 = 8
4 x 4 = 16
6 x 4 = 24
8 x 4 = 32

Geometry & Measurement

Name each figure as one of the following.

A = acute angle — L = line
R = right angle — LS = line segment
O = obtuse angle — RAY = ray

O — R — L

Number Line

Write the value represented on the number line next to the letter.

0 — A — B — 1

	Decimal	& Fraction/Mixed
A	0.1	$\frac{1}{10}$
B	0.8	$\frac{8}{10} = \frac{4}{5}$

Vocabulary

Acute Angle
Right Angle
Obtuse Angle
Line
Line Segment
Ray

Line Segment is part of a line between two points called endpoints.
Acute Angle is an angle that measures less than 90°.
Line is the straight path connecting two points and extending beyond in both directions.
Right Angle is an angle that measures exactly 90°.
Ray is a part of a line starting at a point and extending beyond in one direction.
Obtuse Angle is an angle that measures greater than 90°.

Fourth Grade Builder # 51

Name: ______________________

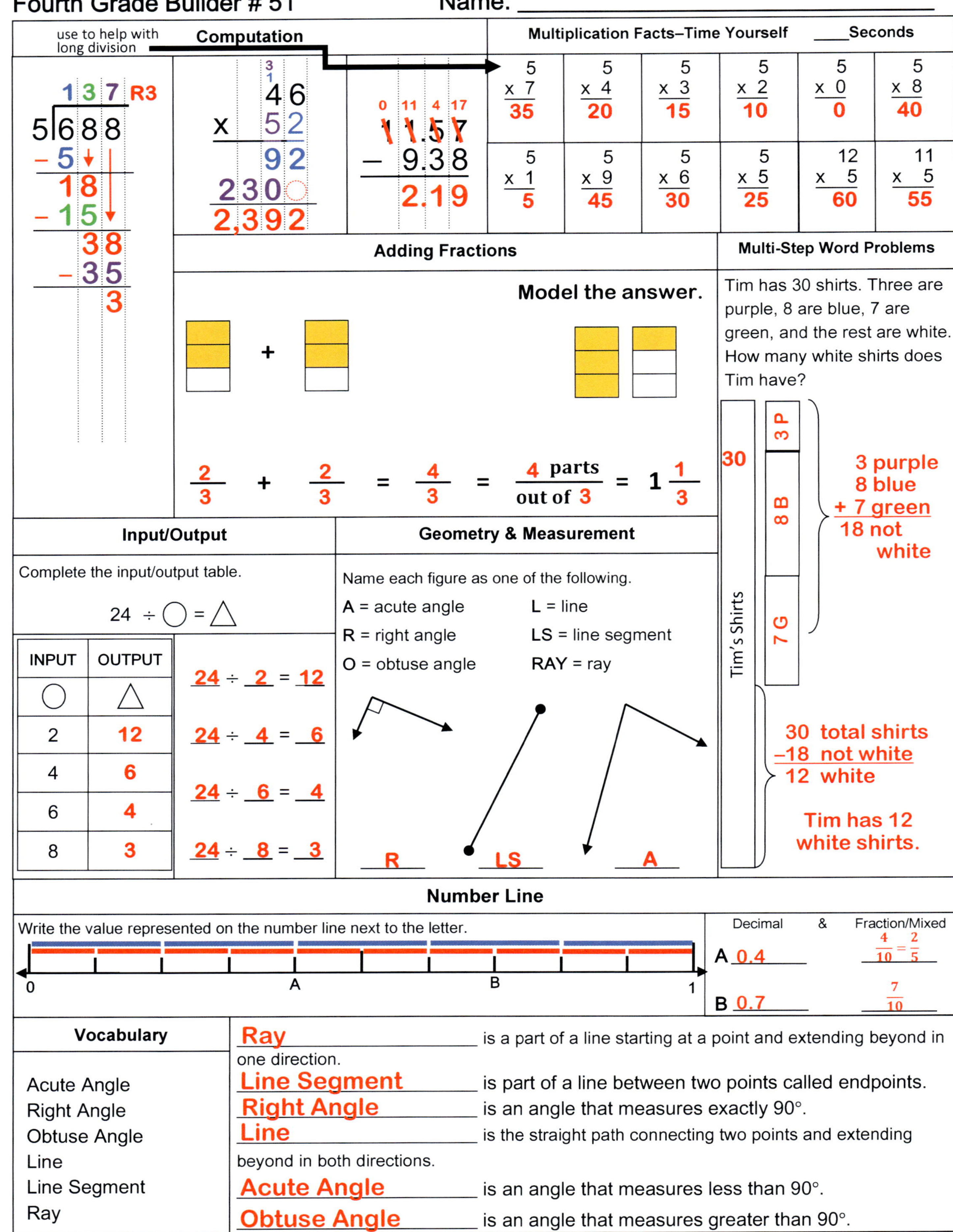

Computation

use to help with long division

$$\begin{array}{r} 137 \text{ R3} \\ 5\overline{)688} \\ -5 \\ 18 \\ -15 \\ 38 \\ -35 \\ 3 \end{array}$$

$$\begin{array}{r} 46 \\ \times\ 52 \\ \hline 92 \\ 2300 \\ \hline 2{,}392 \end{array}$$

$$\begin{array}{r} 11.57 \\ -\ 9.38 \\ \hline 2.19 \end{array}$$

Multiplication Facts–Time Yourself ____Seconds

5 x 7 = 35	5 x 4 = 20	5 x 3 = 15	5 x 2 = 10	5 x 0 = 0	5 x 8 = 40
5 x 1 = 5	5 x 9 = 45	5 x 6 = 30	5 x 5 = 25	12 x 5 = 60	11 x 5 = 55

Adding Fractions

Model the answer.

$\frac{2}{3} + \frac{2}{3} = \frac{4}{3} = \frac{4 \text{ parts}}{\text{out of } 3} = 1\frac{1}{3}$

Multi-Step Word Problems

Tim has 30 shirts. Three are purple, 8 are blue, 7 are green, and the rest are white. How many white shirts does Tim have?

Tim's Shirts: 30 — 3 P, 8 B, 7 G

3 purple
8 blue
+ 7 green
18 not white

30 total shirts
−18 not white
12 white

Tim has 12 white shirts.

Input/Output

Complete the input/output table.

24 ÷ ○ = △

INPUT ○	OUTPUT △
2	12
4	6
6	4
8	3

24 ÷ 2 = 12
24 ÷ 4 = 6
24 ÷ 6 = 4
24 ÷ 8 = 3

Geometry & Measurement

Name each figure as one of the following.

A = acute angle L = line
R = right angle LS = line segment
O = obtuse angle RAY = ray

R   LS   A

Number Line

Write the value represented on the number line next to the letter.

0   A   B   1

	Decimal	& Fraction/Mixed
A	0.4	$\frac{4}{10} = \frac{2}{5}$
B	0.7	$\frac{7}{10}$

Vocabulary

Acute Angle
Right Angle
Obtuse Angle
Line
Line Segment
Ray

Ray is a part of a line starting at a point and extending beyond in one direction.
Line Segment is part of a line between two points called endpoints.
Right Angle is an angle that measures exactly 90°.
Line is the straight path connecting two points and extending beyond in both directions.
Acute Angle is an angle that measures less than 90°.
Obtuse Angle is an angle that measures greater than 90°.

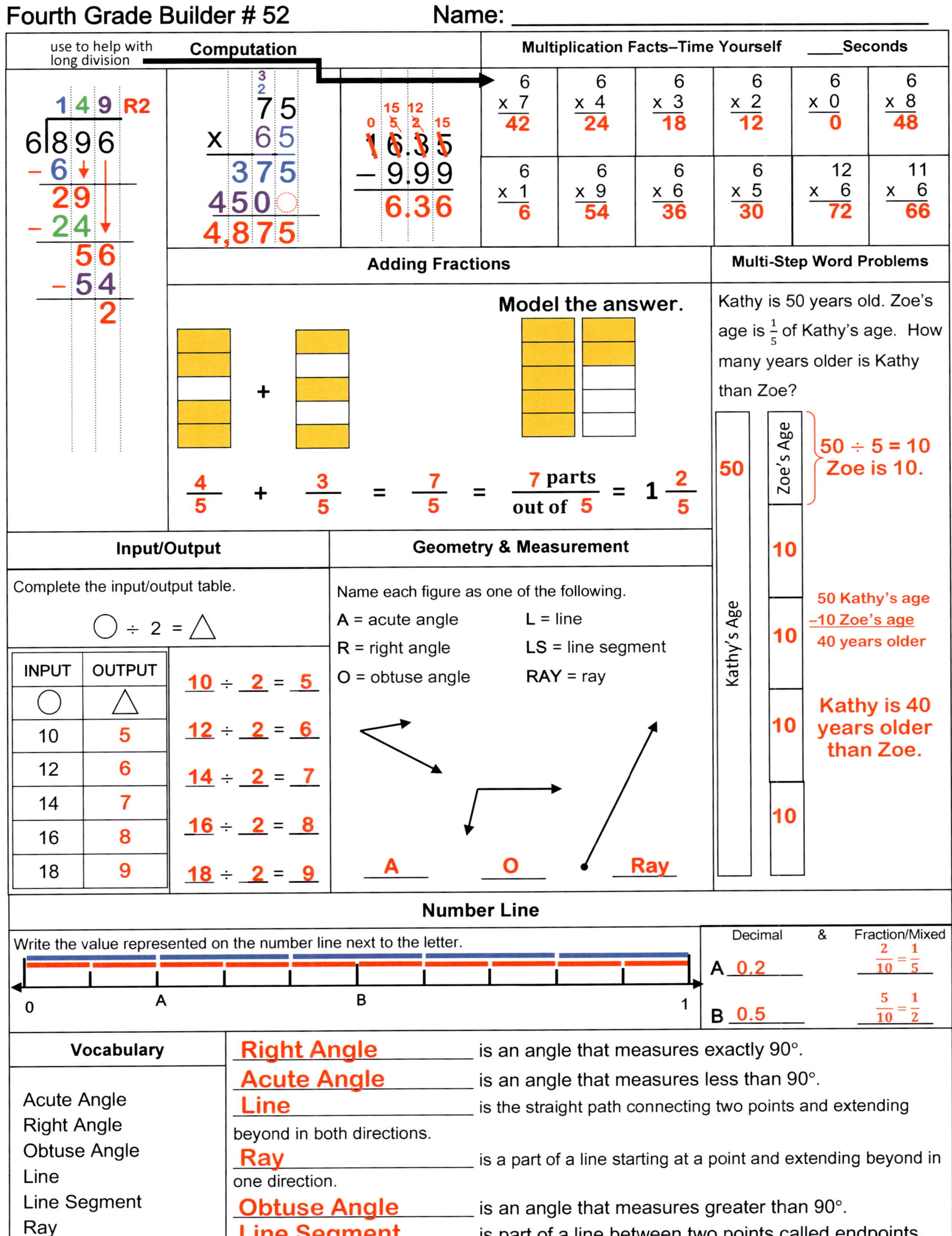
Fourth Grade Builder # 52
Name:
use to help with long division
Computation
Multiplication Facts–Time Yourself ___Seconds
Adding Fractions
Model the answer.
Multi-Step Word Problems
Kathy is 50 years old. Zoe's age is 1/5 of Kathy's age. How many years older is Kathy than Zoe?
Kathy's Age
Zoe's Age
50 ÷ 5 = 10
Zoe is 10.
50 Kathy's age
−10 Zoe's age
40 years older
Kathy is 40 years older than Zoe.
Input/Output
Complete the input/output table.
INPUT
OUTPUT
Geometry & Measurement
Name each figure as one of the following.
A = acute angle
R = right angle
O = obtuse angle
L = line
LS = line segment
RAY = ray
Number Line
Write the value represented on the number line next to the letter.
Decimal & Fraction/Mixed
Vocabulary
Acute Angle
Right Angle
Obtuse Angle
Line
Line Segment
Ray
Right Angle is an angle that measures exactly 90°.
Acute Angle is an angle that measures less than 90°.
Line is the straight path connecting two points and extending beyond in both directions.
Ray is a part of a line starting at a point and extending beyond in one direction.
Obtuse Angle is an angle that measures greater than 90°.
Line Segment is part of a line between two points called endpoints.

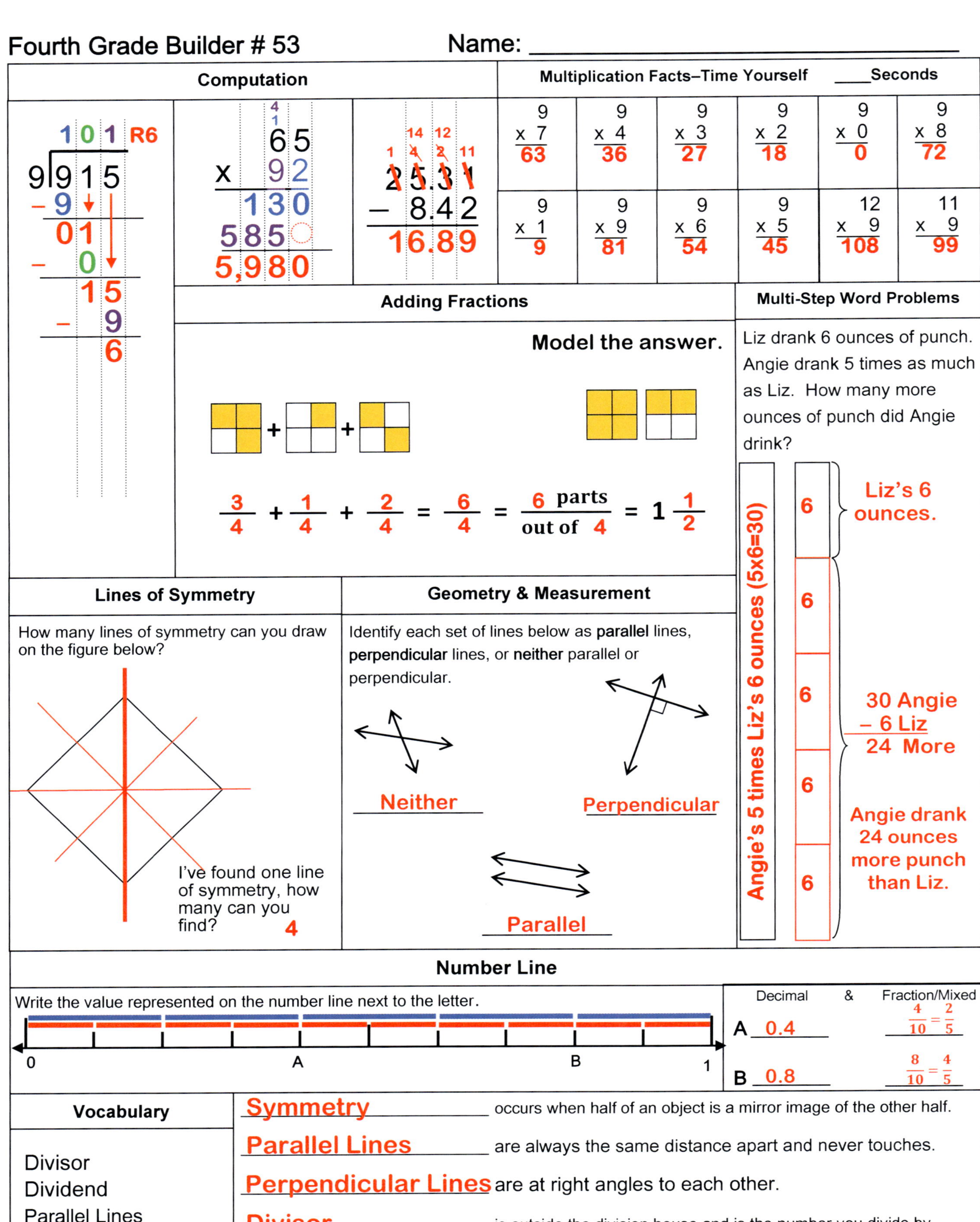

Fourth Grade Builder # 53
Name:
Computation
9)915 = 101 R6
65 x 92 = 130 + 5850 = 5,980
25.31 − 8.42 = 16.89
Multiplication Facts–Time Yourself ____Seconds
9 x 7 = 63
9 x 4 = 36
9 x 3 = 27
9 x 2 = 18
9 x 0 = 0
9 x 8 = 72
9 x 1 = 9
9 x 9 = 81
9 x 6 = 54
9 x 5 = 45
12 x 9 = 108
11 x 9 = 99
Adding Fractions
Model the answer.
3/4 + 1/4 + 2/4 = 6/4 = 6 parts out of 4 = 1 1/2
Multi-Step Word Problems
Liz drank 6 ounces of punch. Angie drank 5 times as much as Liz. How many more ounces of punch did Angie drink?
Angie's 5 times Liz's 6 ounces (5x6=30)
6
Liz's 6 ounces.
30 Angie
− 6 Liz
24 More
Angie drank 24 ounces more punch than Liz.
Lines of Symmetry
How many lines of symmetry can you draw on the figure below?
I've found one line of symmetry, how many can you find? 4
Geometry & Measurement
Identify each set of lines below as parallel lines, perpendicular lines, or neither parallel or perpendicular.
Neither
Perpendicular
Parallel
Number Line
Write the value represented on the number line next to the letter.
0
A
B
1
Decimal & Fraction/Mixed
A 0.4 4/10 = 2/5
B 0.8 8/10 = 4/5
Vocabulary
Divisor
Dividend
Parallel Lines
Perpendicular Lines
Quotient
Symmetry
Symmetry occurs when half of an object is a mirror image of the other half.
Parallel Lines are always the same distance apart and never touches.
Perpendicular Lines are at right angles to each other.
Divisor is outside the division house and is the number you divide by.
Dividend is inside the division house and is the number you want to divide up.
Quotient is the answer to a division problem.

Fourth Grade Builder # 54 Name: ____________________

Computation

4)895 = 223 R3 − 8 09 − 8 15 − 12 3	12 × 45 60 480 540	53.24 − 6.71 = 46.53

Multiplication Facts–Time Yourself ____Seconds

4 x 7 = 28	4 x 4 = 16	4 x 3 = 12	4 x 2 = 8	4 x 0 = 0	4 x 8 = 32
4 x 1 = 4	4 x 9 = 36	4 x 6 = 24	9 x 4 = 36	12 x 4 = 48	11 x 4 = 44

Adding Fractions

Model the answer.

$\frac{5}{9} + \frac{6}{9} = \frac{11}{9} = \frac{11 \text{ parts}}{\text{out of } 9} = 1\frac{2}{9}$

Multi-Step Word Problems

Trent has a bag of 100 suckers. He eats 12 suckers and gives 32 away. Draw a strip diagram and find how many suckers Trent has left.

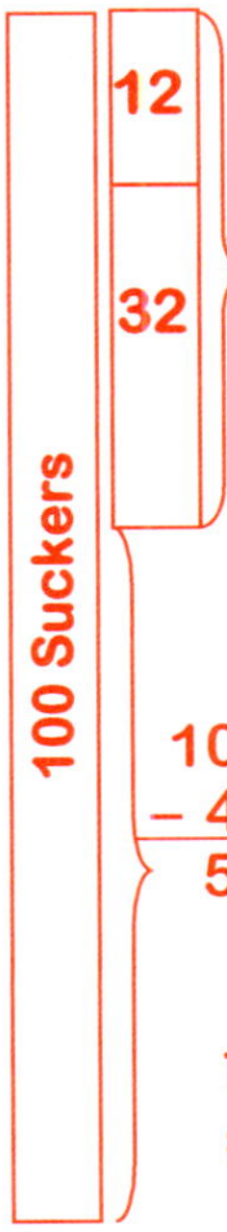

100 Suckers | 12 | 32

12 + 32 = 44 eaten or given away

100 total − 44 eaten/given = 56 left

Trent has 56 suckers left.

Lines of Symmetry

How many lines of symmetry can you draw on the figures below?

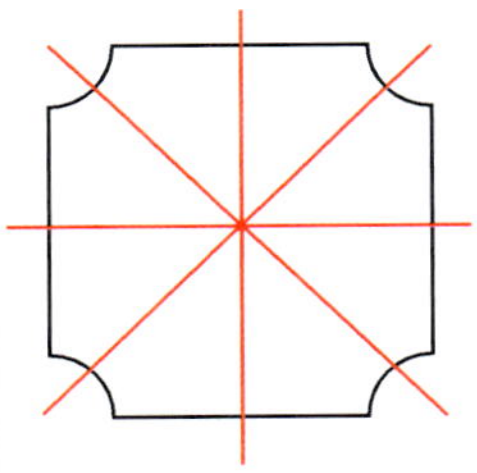

4 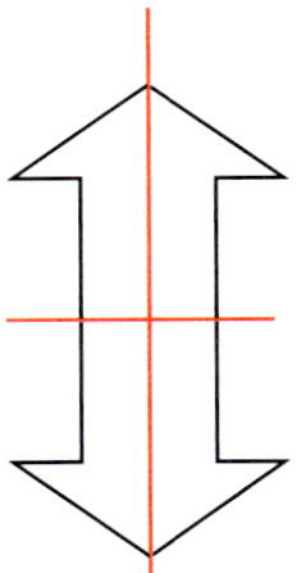 2

Geometry & Measurement

Identify each set of lines below as **parallel** lines, **perpendicular** lines, or **neither** parallel or perpendicular.

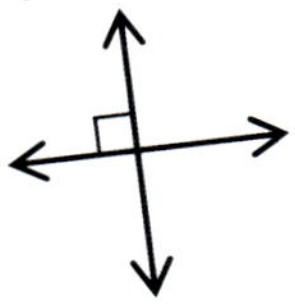

Perpendicular 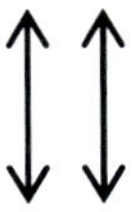 Parallel 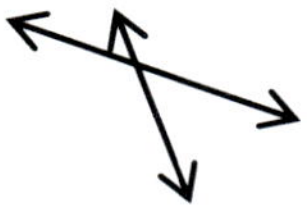 Neither

Number Line

Write the value represented on the number line next to the letter.

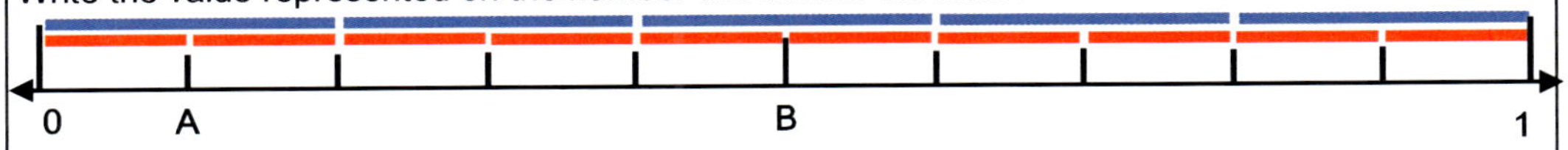

0 A B 1

	Decimal	& Fraction/Mixed
A	0.1	$\frac{1}{10}$
B	0.5	$\frac{5}{10} = \frac{1}{2}$

Vocabulary

Divisor
Dividend
Parallel Lines
Perpendicular Lines
Quotient
Symmetry

Perpendicular Lines are at right angles to each other.
Quotient is the answer to a division problem.
Symmetry occurs when half of an object is a mirror image of the other half.
Parallel Lines are always the same distance apart and never touches.
Divisor is outside the division house and is the number you divide by.
Dividend is inside the division house and is the number you want to divide up.

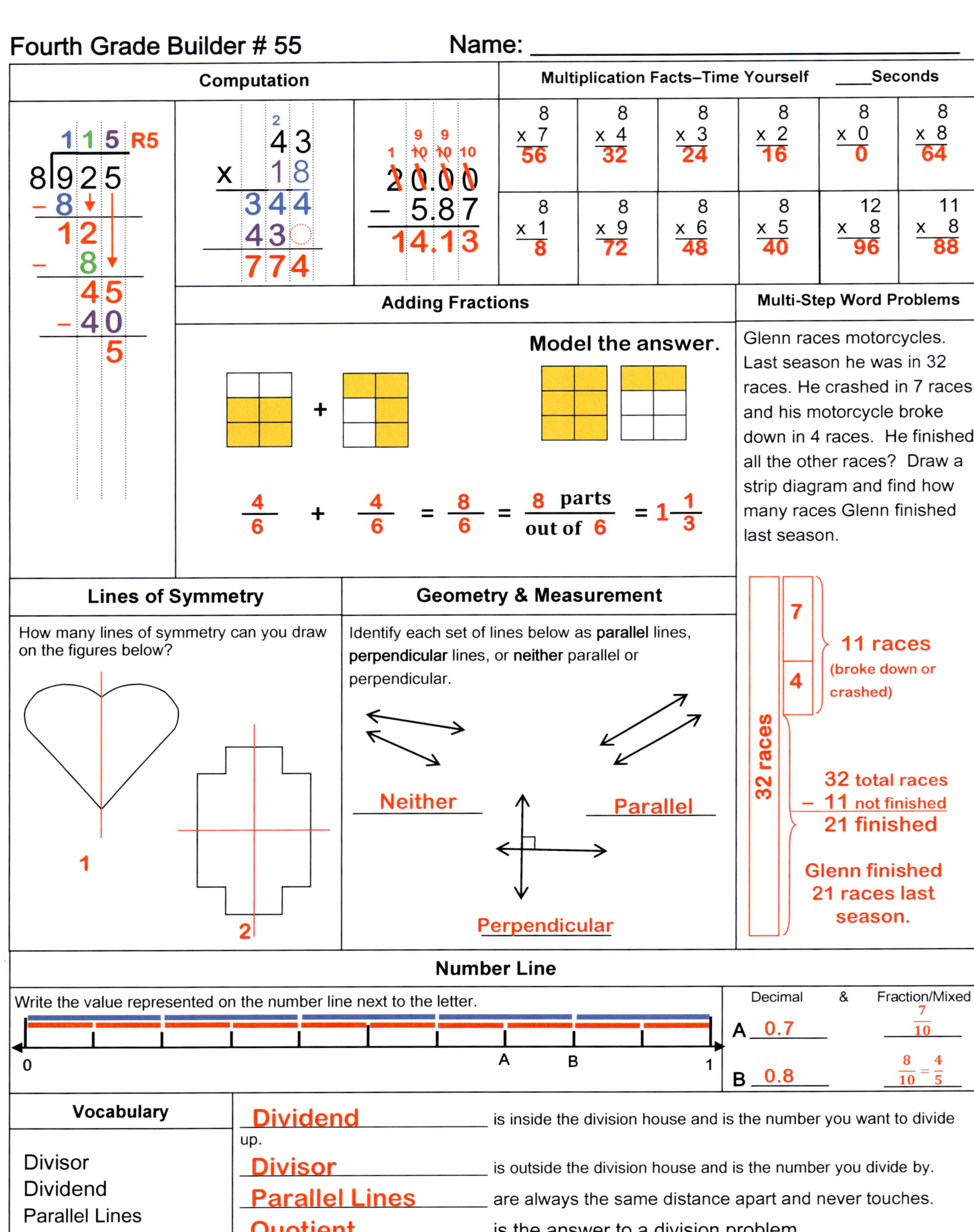

Fourth Grade Builder # 55

Name: ______________________________

Computation

115 R5 8)925 − 8 12 − 8 45 − 40 5	43 x 18 344 430 774	20.00 − 5.87 14.13

Multiplication Facts–Time Yourself ____Seconds

8 x 7 = 56	8 x 4 = 32	8 x 3 = 24	8 x 2 = 16	8 x 0 = 0	8 x 8 = 64
8 x 1 = 8	8 x 9 = 72	8 x 6 = 48	8 x 5 = 40	12 x 8 = 96	11 x 8 = 88

Adding Fractions

Model the answer.

$\frac{4}{6} + \frac{4}{6} = \frac{8}{6} = \frac{8 \text{ parts}}{\text{out of } 6} = 1\frac{1}{3}$

Multi-Step Word Problems

Glenn races motorcycles. Last season he was in 32 races. He crashed in 7 races and his motorcycle broke down in 4 races. He finished all the other races? Draw a strip diagram and find how many races Glenn finished last season.

32 races

7

4

11 races (broke down or crashed)

32 total races
− 11 not finished
21 finished

Glenn finished 21 races last season.

Lines of Symmetry

How many lines of symmetry can you draw on the figures below?

1

2

Geometry & Measurement

Identify each set of lines below as **parallel** lines, **perpendicular** lines, or **neither** parallel or perpendicular.

Neither

Parallel

Perpendicular

Number Line

Write the value represented on the number line next to the letter.

0 A B 1

	Decimal	&	Fraction/Mixed
A	0.7		$\frac{7}{10}$
B	0.8		$\frac{8}{10} = \frac{4}{5}$

Vocabulary

Divisor
Dividend
Parallel Lines
Perpendicular Lines
Quotient
Symmetry

Dividend is inside the division house and is the number you want to divide up.

Divisor is outside the division house and is the number you divide by.

Parallel Lines are always the same distance apart and never touches.

Quotient is the answer to a division problem.

Perpendicular Lines are at right angles to each other.

Symmetry occurs when half of an object is a mirror image of the other half.

Fourth Grade Builder # 56 Name: ____________________

Computation

7)815 = 116 R3
- 7, 11, - 7, 45, - 42, 3

74 × 37: 518 + 2220 = 2,738

20.00 − 4.01 = 15.99

Multiplication Facts–Time Yourself ____Seconds

7 × 7 = 49	7 × 4 = 28	7 × 3 = 21	7 × 2 = 14	7 × 0 = 0	7 × 8 = 56
7 × 1 = 7	7 × 9 = 63	7 × 6 = 42	7 × 5 = 35	12 × 7 = 84	11 × 7 = 77

Subtracting Fractions

Model the answer.

$\frac{2}{3} - \frac{1}{3} = \frac{1}{3} = \frac{1 \text{ parts}}{\text{out of } 3} = \frac{1}{3}$

Multi-Step Word Problems

Christy read 22 pages Monday, 15 pages Tuesday, and 29 pages Wednesday. The book has a total of 100 pages. Draw a strip diagram and find how many pages of the book Christy has left to read.

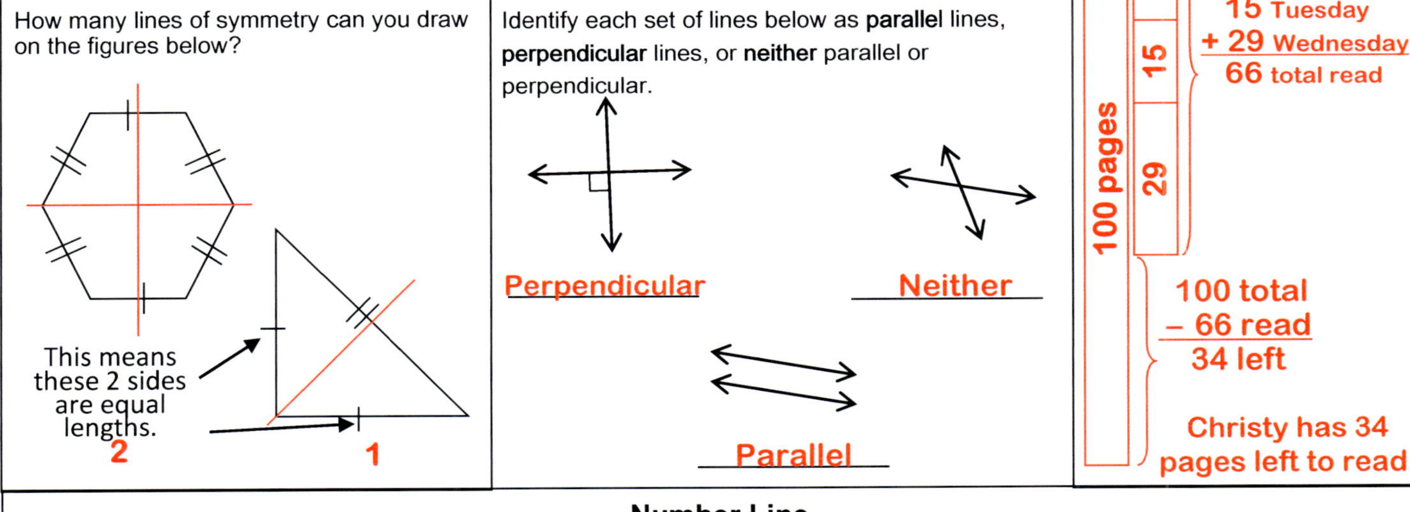

Number Line

Write the value represented on the number line next to the letter.

0 A B 1

	Decimal	& Fraction/Mixed
A	0.1	$\frac{1}{10}$
B	0.3	$\frac{3}{10}$

Vocabulary

Divisor
Dividend
Parallel Lines
Perpendicular Lines
Quotient
Symmetry

Symmetry occurs when half of an object is a mirror image of the other half.

Divisor is outside the division house and is the number you divide by.

Parallel Lines are always the same distance apart and never touches.

Quotient is the answer to a division problem.

Perpendicular Lines are at right angles to each other.

Dividend is inside the division house and is the number you want to divide up.

Fourth Grade Builder # 57 Name: ______

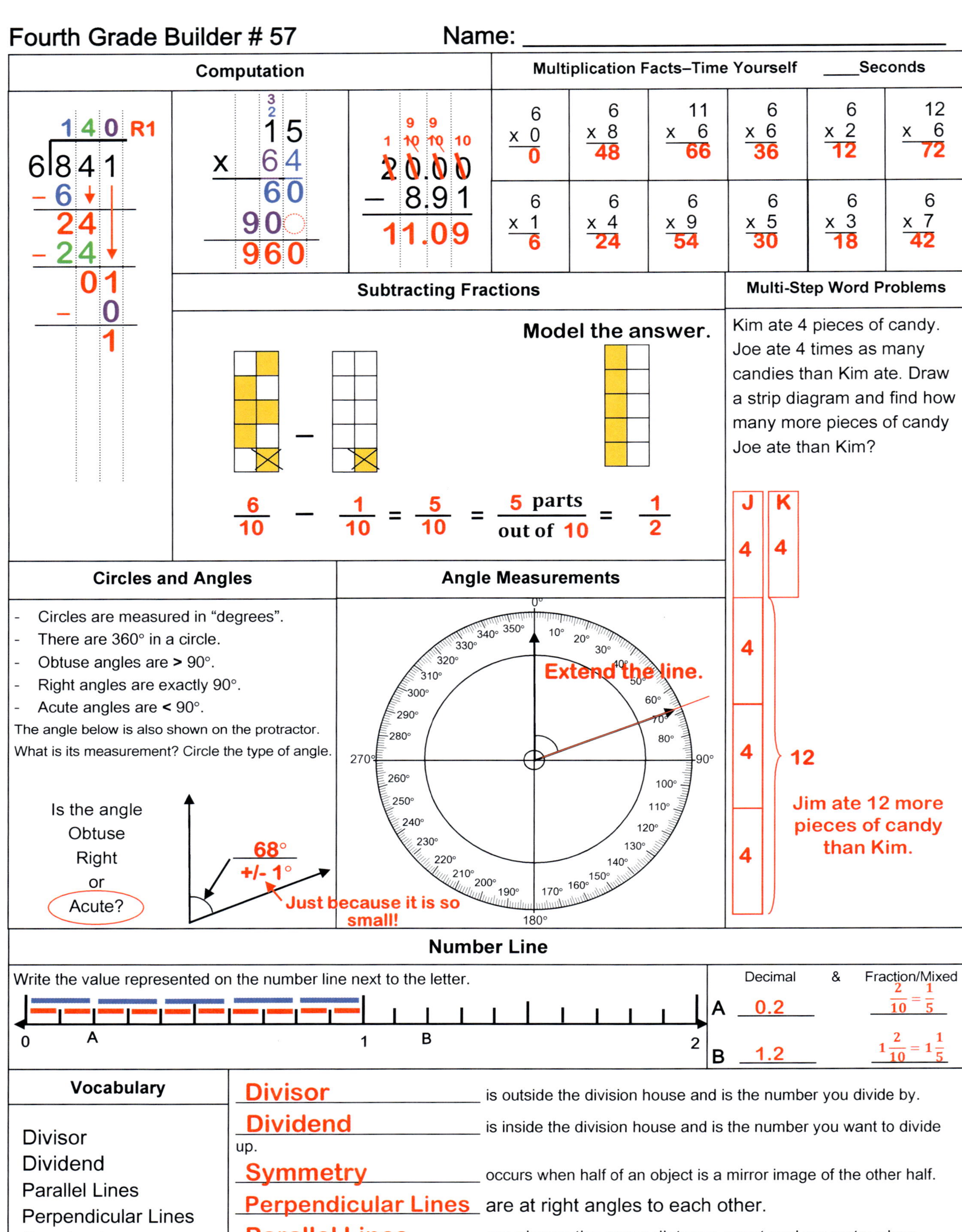

Number Line

Write the value represented on the number line next to the letter.

0 A 1 B 2

	Decimal	& Fraction/Mixed
A	0.2	$\frac{2}{10} = \frac{1}{5}$
B	1.2	$1\frac{2}{10} = 1\frac{1}{5}$

Vocabulary

Divisor
Dividend
Parallel Lines
Perpendicular Lines
Quotient
Symmetry

Divisor is outside the division house and is the number you divide by.

Dividend is inside the division house and is the number you want to divide up.

Symmetry occurs when half of an object is a mirror image of the other half.

Perpendicular Lines are at right angles to each other.

Parallel Lines are always the same distance apart and never touches.

Quotient is the answer to a division problem.

Fourth Grade Builder # 58 Name: ______________________

Computation

8)927 = 115 R7
- 8
12
- 8
47
- 40
7

18 × 84 = 72 + 1440 = 1,512

20.00 − 7.51 = 12.49

Multiplication Facts–Time Yourself ____Seconds

8 x 0 = 0	8 x 8 = 64	11 x 8 = 88	8 x 6 = 48	8 x 2 = 16	12 x 8 = 96
8 x 1 = 8	8 x 4 = 32	8 x 9 = 72	8 x 5 = 40	8 x 3 = 24	8 x 7 = 56

Subtracting Fractions

Model the answer.

$\frac{4}{10} - \frac{4}{10} = \frac{0}{10} = \frac{0 \text{ parts}}{\text{out of } 10} = 0$

Multi-Step Word Problems

Yesterday, the temperature was 38° at 6 am. By noon, the temperature had increased 14°. The high temperature for the day was 61° which occurred at 4:30 pm. Draw a strip diagram and find how much the temperature increased between noon and 4:30 pm.

0°

38° + 14° = 52° at noon

61° − 52° = 9°

The temperature increased 9° between noon and 4:30 pm.

38° 6 am
increased 14°
52° noon
increased 9°
61° 4:30 pm

Circles and Angles

- Circles are measured in "degrees".
- There are 360° in a circle.
- Obtuse angles are > 90°.
- Right angles are exactly 90°.
- Acute angles are < 90°.

The angle below is also shown on the protractor. What is its measurement? Circle the type of angle.

Is the angle Obtuse (circled) Right or Acute?

136° +/- 1°

Angle Measurements

0° 10° 20° 30° 40° 50° 60° 70° 80° 90° 100° 110° 120° 130° 140° 150° 160° 170° 180° 190° 200° 210° 220° 230° 240° 250° 260° 270° 280° 290° 300° 310° 320° 330° 340° 350°

Number Line

Write the value represented on the number line next to the letter.

0 A 1 B 2

	Decimal	& Fraction/Mixed
A	0.3	$\frac{3}{10}$
B	1.1	$1\frac{1}{10}$

Vocabulary

Divisor
Dividend
Parallel Lines
Perpendicular Lines
Quotient
Symmetry

Dividend is inside the division house and is the number you want to divide up.

Divisor is outside the division house and is the number you divide by.

Parallel Lines are always the same distance apart and never touches.

Perpendicular Lines are at right angles to each other.

Quotient is the answer to a division problem.

Symmetry occurs when half of an object is a mirror image of the other half.

Fourth Grade Builder # 59 Name: ______________________

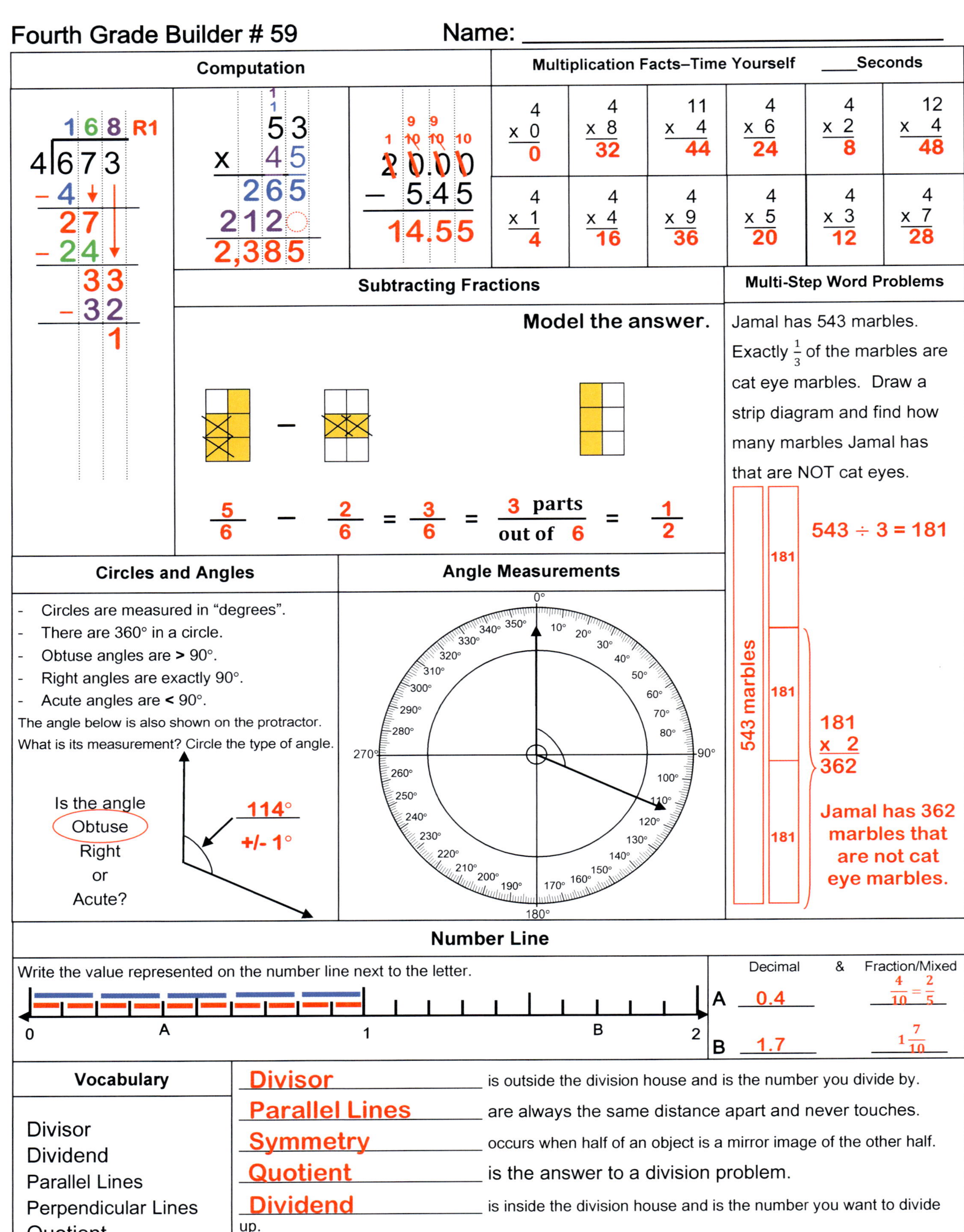

Computation

4)673 = 168 R1

53 × 45 = 265 + 2120 = 2,385

20.00 − 5.45 = 14.55

Multiplication Facts–Time Yourself ____Seconds

4 x 0 = 0	4 x 8 = 32	11 x 4 = 44	4 x 6 = 24	4 x 2 = 8	12 x 4 = 48
4 x 1 = 4	4 x 4 = 16	4 x 9 = 36	4 x 5 = 20	4 x 3 = 12	4 x 7 = 28

Subtracting Fractions

Model the answer.

$\frac{5}{6} - \frac{2}{6} = \frac{3}{6} = \frac{3 \text{ parts}}{\text{out of } 6} = \frac{1}{2}$

Multi-Step Word Problems

Jamal has 543 marbles. Exactly $\frac{1}{3}$ of the marbles are cat eye marbles. Draw a strip diagram and find how many marbles Jamal has that are NOT cat eyes.

543 marbles; 181, 181, 181

543 ÷ 3 = 181

181 x 2 = 362

Jamal has 362 marbles that are not cat eye marbles.

Circles and Angles

- Circles are measured in "degrees".
- There are 360° in a circle.
- Obtuse angles are > 90°.
- Right angles are exactly 90°.
- Acute angles are < 90°.

The angle below is also shown on the protractor. What is its measurement? Circle the type of angle.

Is the angle Obtuse (circled) Right or Acute?

114° +/- 1°

Angle Measurements

Number Line

Write the value represented on the number line next to the letter.

	Decimal	& Fraction/Mixed
A	0.4	$\frac{4}{10} = \frac{2}{5}$
B	1.7	$1\frac{7}{10}$

Vocabulary

Divisor
Dividend
Parallel Lines
Perpendicular Lines
Quotient
Symmetry

Divisor is outside the division house and is the number you divide by.

Parallel Lines are always the same distance apart and never touches.

Symmetry occurs when half of an object is a mirror image of the other half.

Quotient is the answer to a division problem.

Dividend is inside the division house and is the number you want to divide up.

Perpendicular Lines are at right angles to each other.

Fourth Grade Builder # 60 Name: ____________

Computation

102 R3 9)921 − 9 02 − 0 21 − 18 3	43 x 99 387 3870 4,257	20.00 − 17.55 2.45

Multiplication Facts–Time Yourself ____Seconds

9 x 0 = 0	9 x 8 = 72	11 x 9 = 99	8 x 9 = 72	9 x 2 = 18	12 x 9 = 108
9 x 1 = 9	9 x 4 = 36	9 x 9 = 81	9 x 5 = 45	9 x 3 = 27	9 x 7 = 63

Subtracting Fractions

Model the answer.

$\frac{10}{12} - \frac{5}{12} = \frac{5}{12} = \frac{5 \text{ parts}}{\text{out of } 12} = \frac{5}{12}$

Multi-Step Word Problems

Jose has 17 shirts. Five shirts are red, 4 shirts are green, 2 shirts are blue, and the rest are white. Draw a strip diagram and find how many of Jose's shirts are white.

17 Shirts | 5 red | 4 green | 2 blue

5 + 4 + 2 = 11 (11 not white)

17 total
− 11 not white
6 white

Jose has 6 white shirts.

Circles and Angles

- Circles are measured in "degrees".
- There are 360° in a circle.
- Obtuse angles are > 90°.
- Right angles are exactly 90°.
- Acute angles are < 90°.

The angle below is also shown on the protractor. What is its measurement? Circle the type of angle.

Is the angle Obtuse (circled) Right or Acute?

109° +/- 1°

Angle Measurements

0° 10° 20° 30° 40° 50° 60° 70° 80° 90° 100° 110° 120° 130° 140° 150° 160° 170° 180° 190° 200° 210° 220° 230° 240° 250° 260° 270° 280° 290° 300° 310° 320° 330° 340° 350°

Number Line

Write the value represented on the number line next to the letter.

0 A 1 B 2

	Decimal	& Fraction/Mixed
A	0.7	$\frac{7}{10}$
B	1.5	$1\frac{5}{10} = 1\frac{1}{2}$

Vocabulary

Divisor
Dividend
Parallel Lines
Perpendicular Lines
Quotient
Symmetry

Quotient is the answer to a division problem.
Parallel Lines are always the same distance apart and never touches.
Perpendicular Lines are at right angles to each other.
Divisor is outside the division house and is the number you divide by.
Symmetry occurs when half of an object is a mirror image of the other half.
Dividend is inside the division house and is the number you want to divide up.

Fourth Grade Builder # 61 Name: ______________________

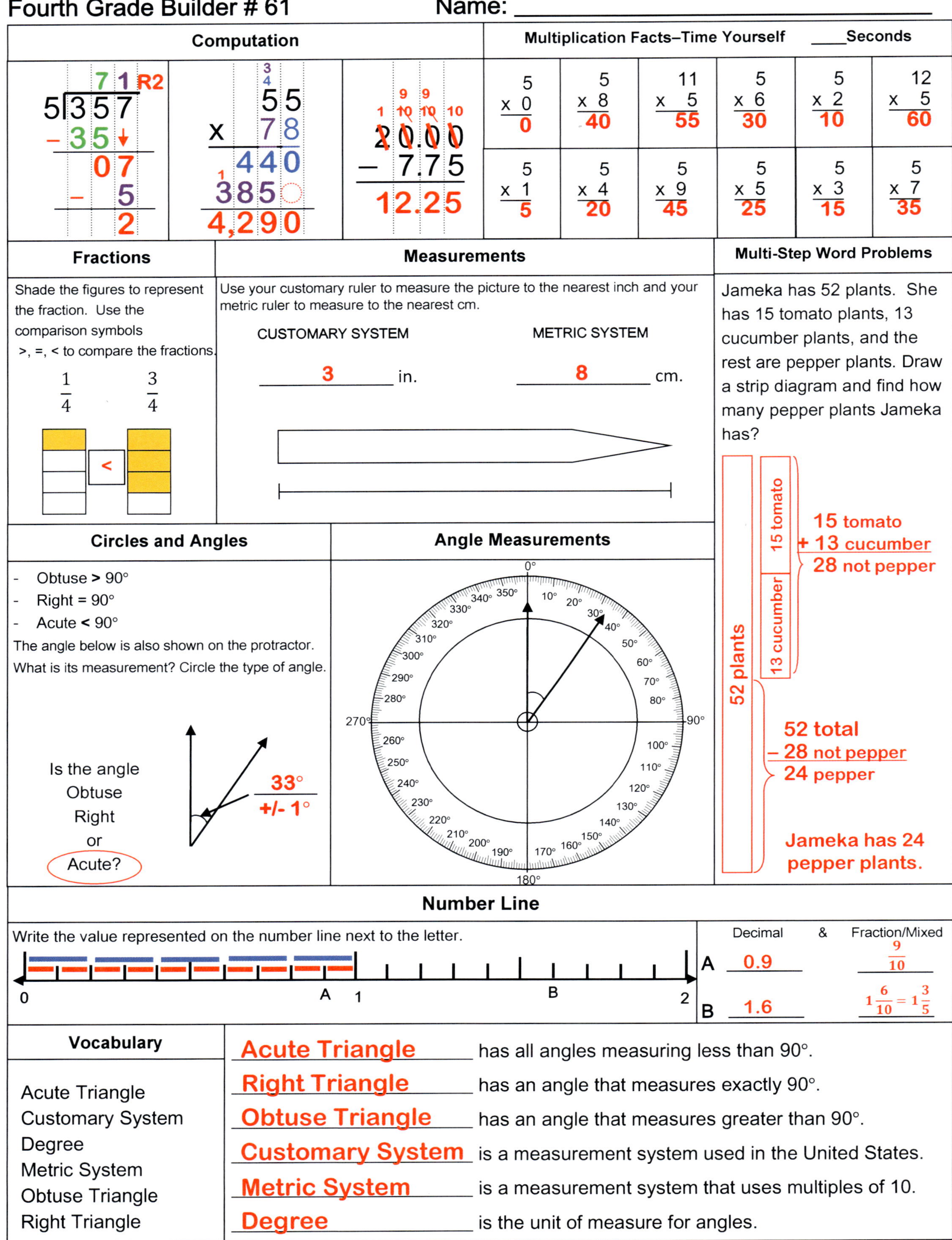

Computation

$5\overline{)357}$ = 71 R2
- 35
 07
- 5
 2

  55
x 78
 440
 385
4,290

  20.00
– 7.75
 12.25

Multiplication Facts–Time Yourself ____Seconds

5 x 0 = 0	5 x 8 = 40	11 x 5 = 55	5 x 6 = 30	5 x 2 = 10	12 x 5 = 60
5 x 1 = 5	5 x 4 = 20	5 x 9 = 45	5 x 5 = 25	5 x 3 = 15	5 x 7 = 35

Fractions

Shade the figures to represent the fraction. Use the comparison symbols >, =, < to compare the fractions.

$\frac{1}{4}$ < $\frac{3}{4}$

Measurements

Use your customary ruler to measure the picture to the nearest inch and your metric ruler to measure to the nearest cm.

CUSTOMARY SYSTEM ___3___ in.

METRIC SYSTEM ___8___ cm.

Multi-Step Word Problems

Jameka has 52 plants. She has 15 tomato plants, 13 cucumber plants, and the rest are pepper plants. Draw a strip diagram and find how many pepper plants Jameka has?

52 plants | 15 tomato | 13 cucumber

15 tomato
+ 13 cucumber
28 not pepper

52 total
– 28 not pepper
24 pepper

Jameka has 24 pepper plants.

Circles and Angles

- Obtuse > 90°
- Right = 90°
- Acute < 90°

The angle below is also shown on the protractor. What is its measurement? Circle the type of angle.

Is the angle Obtuse Right or Acute? (Acute circled)

33° +/- 1°

Angle Measurements

0°, 10°, 20°, 30°, 40°, 50°, 60°, 70°, 80°, 90°, 100°, 110°, 120°, 130°, 140°, 150°, 160°, 170°, 180°, 190°, 200°, 210°, 220°, 230°, 240°, 250°, 260°, 270°, 280°, 290°, 300°, 310°, 320°, 330°, 340°, 350°

Number Line

Write the value represented on the number line next to the letter.

0 A 1 B 2

	Decimal	& Fraction/Mixed
A	0.9	$\frac{9}{10}$
B	1.6	$1\frac{6}{10} = 1\frac{3}{5}$

Vocabulary

Acute Triangle
Customary System
Degree
Metric System
Obtuse Triangle
Right Triangle

Acute Triangle has all angles measuring less than 90°.

Right Triangle has an angle that measures exactly 90°.

Obtuse Triangle has an angle that measures greater than 90°.

Customary System is a measurement system used in the United States.

Metric System is a measurement system that uses multiples of 10.

Degree is the unit of measure for angles.

Fourth Grade Builder # 62   Name: ____________________

Computation

7)357 = 51 R0	47 × 74	20.00 − 2.25
−35, 07, −7, 0	188 + 3290 = 3,478	17.75

Multiplication Facts–Time Yourself ____Seconds

7 × 0 = 0	7 × 8 = 56	11 × 7 = 77	7 × 6 = 42	7 × 2 = 14	12 × 7 = 84
7 × 1 = 7	7 × 4 = 28	7 × 9 = 63	7 × 5 = 35	7 × 3 = 21	7 × 7 = 49

Fractions

Shade the figures to represent the fraction. Use the comparison symbols >, =, < to compare the fractions.

$\frac{3}{4}$ > $\frac{2}{3}$

Measurements

Use your customary ruler to measure the picture to the nearest inch and your metric ruler to measure to the nearest cm.

CUSTOMARY SYSTEM: 2 in.

METRIC SYSTEM: 4 cm.

Multi-Step Word Problems

George has 3 baseball jerseys. He has 6 times as many other types of jerseys as baseball jerseys. Draw a strip diagram and find how many more other jerseys than baseball jerseys George has.

3 } baseball jerseys

other types of jerseys: 3, 3, 3, 3, 3

3 x 5 = 15 (other jerseys)

George has 15 jerseys that are not baseball jerseys.

Circles and Angles

- Obtuse > 90°
- Right = 90°
- Acute < 90°

The angle below is also shown on the protractor. What is its measurement? Circle the type of angle.

158° +/- 1°

Is the angle Obtuse (circled) Right or Acute?

Angle Measurements

0°, 10°, 20°, 30°, 40°, 50°, 60°, 70°, 80°, 90°, 100°, 110°, 120°, 130°, 140°, 150°, 160°, 170°, 180°, 190°, 200°, 210°, 220°, 230°, 240°, 250°, 260°, 270°, 280°, 290°, 300°, 310°, 320°, 330°, 340°, 350°

Number Line

Write the value represented on the number line next to the letter.

0 A 1 B 2

	Decimal	& Fraction/Mixed
A	0.6	$\frac{6}{10} = \frac{3}{5}$
B	1.4	$1\frac{4}{10} = 1\frac{2}{5}$

Vocabulary

Acute Triangle
Customary System
Degree
Metric System
Obtuse Triangle
Right Triangle

Right Triangle has an angle that measures exactly 90°.

Metric System is a measurement system that uses multiples of 10.

Obtuse Triangle has an angle that measures greater than 90°.

Degree is the unit of measure for angles.

Acute Triangle has all angles measuring less than 90°.

Customary System is a measurement system used in the United States.

Fourth Grade Builder # 63 Name: ___________________________

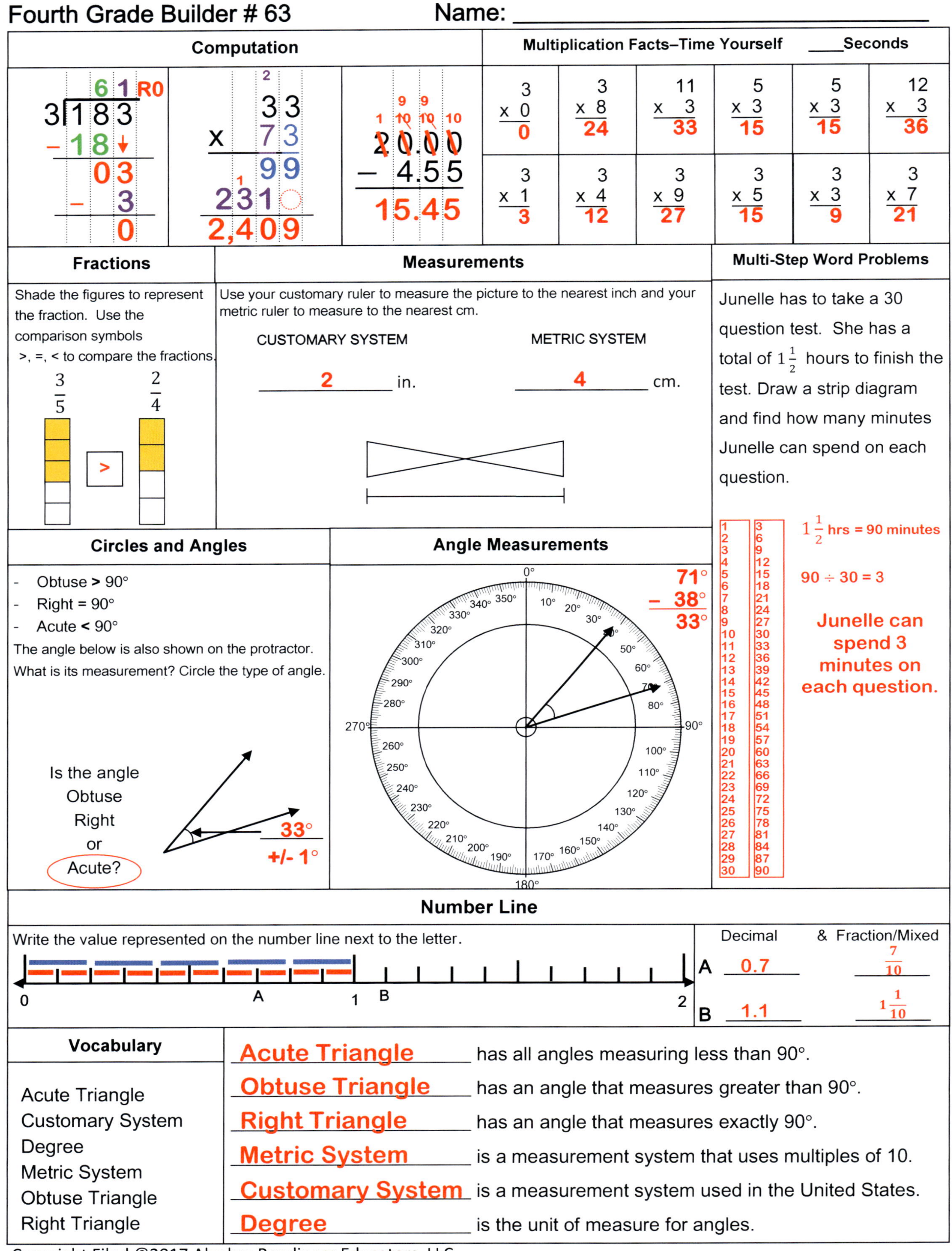

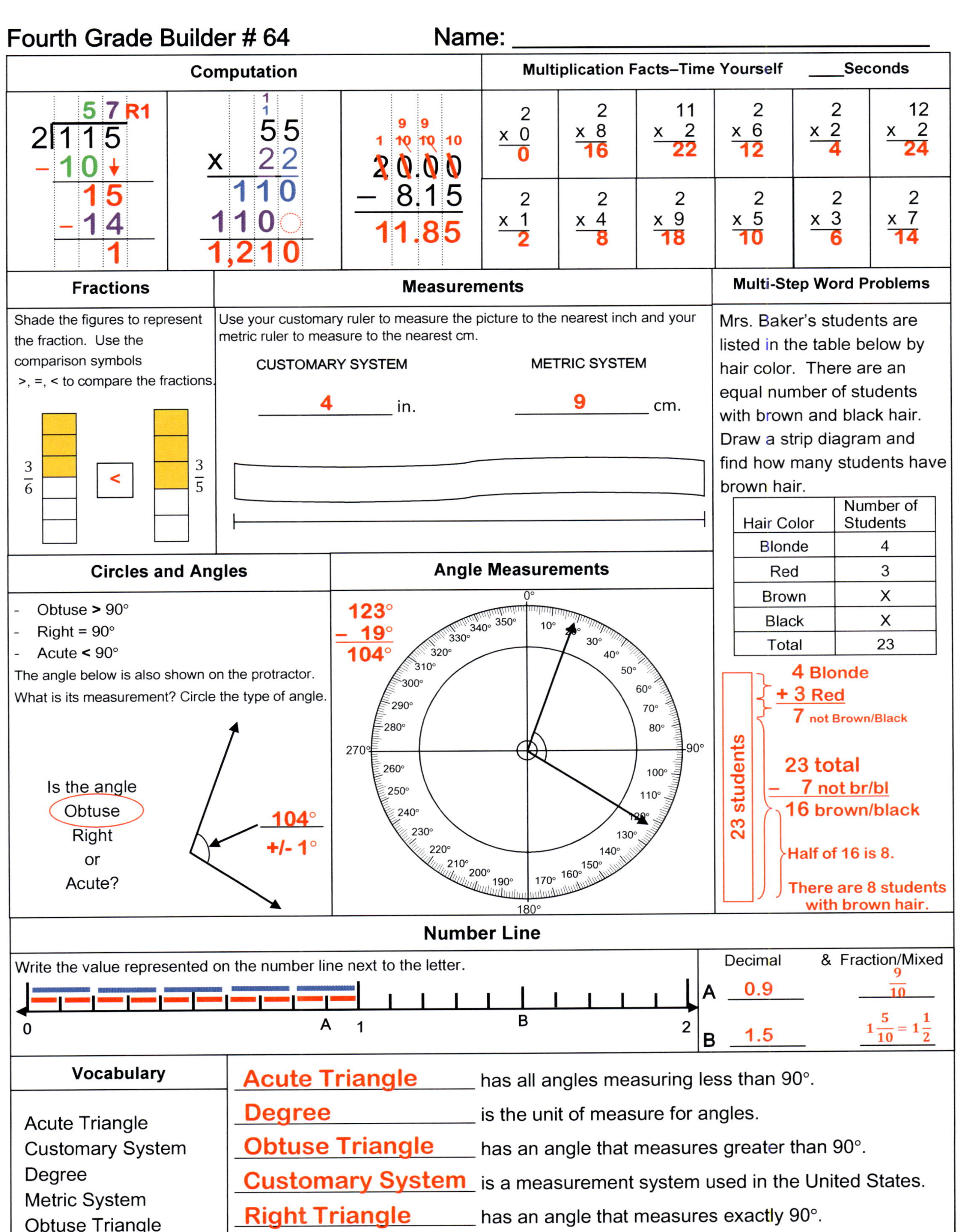

Fourth Grade Builder # 64

Name: ______________________________

Computation

2)115 = 57 R1
− 10 ↓
15
− 14
1

55
x 22
110
1100
1,210

20.00
− 8.15
11.85

Multiplication Facts–Time Yourself ____Seconds

2 x 0 = 0	2 x 8 = 16	11 x 2 = 22	2 x 6 = 12	2 x 2 = 4	12 x 2 = 24
2 x 1 = 2	2 x 4 = 8	2 x 9 = 18	2 x 5 = 10	2 x 3 = 6	2 x 7 = 14

Fractions

Shade the figures to represent the fraction. Use the comparison symbols >, =, < to compare the fractions.

$\frac{3}{6}$ < $\frac{3}{5}$

Measurements

Use your customary ruler to measure the picture to the nearest inch and your metric ruler to measure to the nearest cm.

CUSTOMARY SYSTEM: 4 in.

METRIC SYSTEM: 9 cm.

Multi-Step Word Problems

Mrs. Baker's students are listed in the table below by hair color. There are an equal number of students with brown and black hair. Draw a strip diagram and find how many students have brown hair.

Hair Color	Number of Students
Blonde	4
Red	3
Brown	X
Black	X
Total	23

23 students

4 Blonde
+ 3 Red
7 not Brown/Black

23 total
− 7 not br/bl
16 brown/black

Half of 16 is 8.

There are 8 students with brown hair.

Circles and Angles

- Obtuse > 90°
- Right = 90°
- Acute < 90°

The angle below is also shown on the protractor. What is its measurement? Circle the type of angle.

Is the angle Obtuse (circled) Right or Acute?

104° +/- 1°

Angle Measurements

123°
− 19°
104°

0° 10° 20° 30° 40° 50° 60° 70° 80° 90° 100° 110° 120° 130° 140° 150° 160° 170° 180° 190° 200° 210° 220° 230° 240° 250° 260° 270° 280° 290° 300° 310° 320° 330° 340° 350°

Number Line

Write the value represented on the number line next to the letter.

0 A 1 B 2

	Decimal	& Fraction/Mixed
A	0.9	$\frac{9}{10}$
B	1.5	$1\frac{5}{10} = 1\frac{1}{2}$

Vocabulary

Acute Triangle
Customary System
Degree
Metric System
Obtuse Triangle
Right Triangle

Acute Triangle has all angles measuring less than 90°.

Degree is the unit of measure for angles.

Obtuse Triangle has an angle that measures greater than 90°.

Customary System is a measurement system used in the United States.

Right Triangle has an angle that measures exactly 90°.

Metric System is a measurement system that uses multiples of 10.

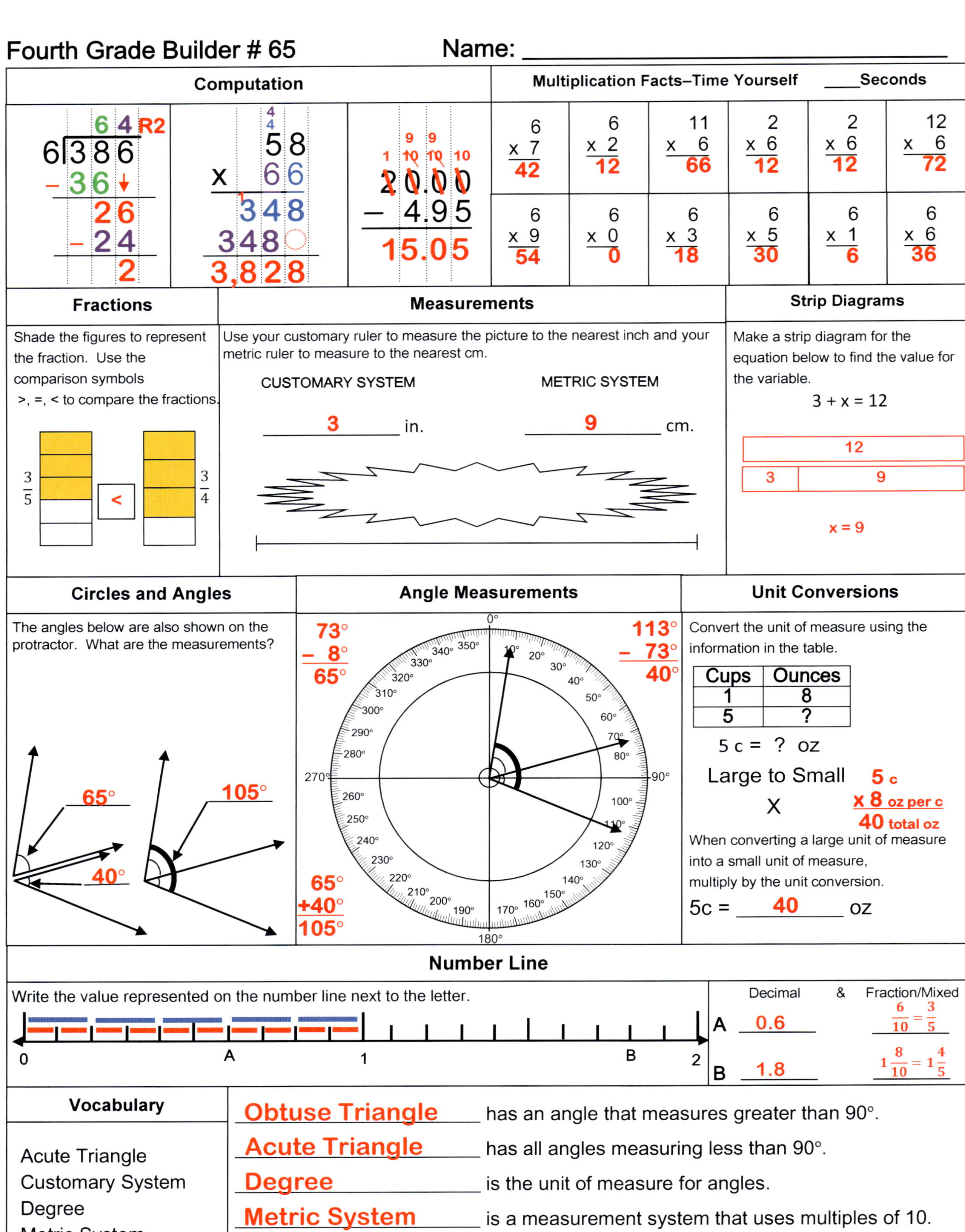

Fourth Grade Builder # 65

Name: ______________________

Computation

6 4 R2
6)386
− 36
26
− 24
2

58
x 66
348
348
3,828

2000.00 (regrouped: 1 9 10 9 10 10)
− 4.95
15.05

Multiplication Facts–Time Yourself ____Seconds

6 x 7 = 42	6 x 2 = 12	11 x 6 = 66	2 x 6 = 12	2 x 6 = 12	12 x 6 = 72
6 x 9 = 54	6 x 0 = 0	6 x 3 = 18	6 x 5 = 30	6 x 1 = 6	6 x 6 = 36

Fractions

Shade the figures to represent the fraction. Use the comparison symbols >, =, < to compare the fractions.

$\frac{3}{5}$ < $\frac{3}{4}$

Measurements

Use your customary ruler to measure the picture to the nearest inch and your metric ruler to measure to the nearest cm.

CUSTOMARY SYSTEM: 3 in.

METRIC SYSTEM: 9 cm.

Strip Diagrams

Make a strip diagram for the equation below to find the value for the variable.

3 + x = 12

12	
3	9

x = 9

Circles and Angles

The angles below are also shown on the protractor. What are the measurements?

65°

40°

105°

Angle Measurements

73° − 8° = 65°

113° − 73° = 40°

65° + 40° = 105°

Unit Conversions

Convert the unit of measure using the information in the table.

Cups	Ounces
1	8
5	?

5 c = ? oz

Large to Small X

5 c
x 8 oz per c
40 total oz

When converting a large unit of measure into a small unit of measure, multiply by the unit conversion.

5c = 40 oz

Number Line

Write the value represented on the number line next to the letter.

0 A 1 B 2

	Decimal	& Fraction/Mixed
A	0.6	$\frac{6}{10} = \frac{3}{5}$
B	1.8	$1\frac{8}{10} = 1\frac{4}{5}$

Vocabulary

Acute Triangle
Customary System
Degree
Metric System
Obtuse Triangle
Right Triangle

Obtuse Triangle has an angle that measures greater than 90°.

Acute Triangle has all angles measuring less than 90°.

Degree is the unit of measure for angles.

Metric System is a measurement system that uses multiples of 10.

Right Triangle has an angle that measures exactly 90°.

Customary System is a measurement system used in the United States.

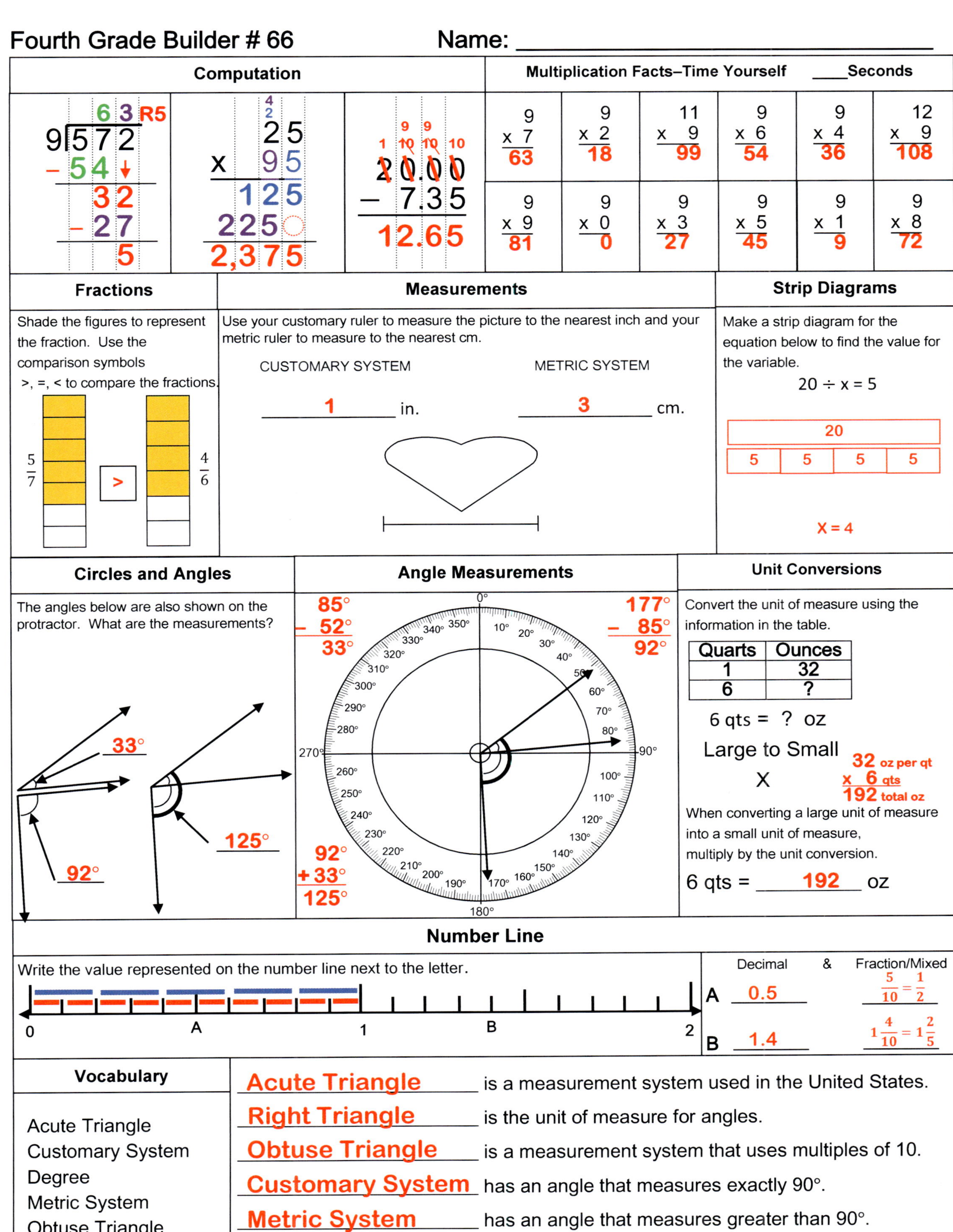

Fourth Grade Builder # 66 Name: ______

Computation

$572 \div 9$	25×95	$20.00 - 7.35$

Multiplication Facts–Time Yourself ____Seconds

9 x 7	9 x 2	11 x 9	9 x 6	9 x 4	12 x 9
9 x 9	9 x 0	9 x 3	9 x 5	9 x 1	9 x 8

Fractions

Shade the figures to represent the fraction. Use the comparison symbols >, =, < to compare the fractions.

$\frac{5}{7}$ ☐ $\frac{4}{6}$

Measurements

Use your customary ruler to measure the picture to the nearest inch and your metric ruler to measure to the nearest cm.

CUSTOMARY SYSTEM ______ in.

METRIC SYSTEM ______ cm.

Strip Diagrams

Make a strip diagram for the equation below to find the value for the variable.

20 ÷ x = 5

Circles and Angles

The angles below are also shown on the protractor. What are the measurements?

Angle Measurements

Unit Conversions

Convert the unit of measure using the information in the table.

Quarts	Ounces
1	32
6	?

6 qts = ? oz

Large to Small

X

When converting a large unit of measure into a small unit of measure, multiply by the unit conversion.

6 qts = ______ oz

Number Line

Write the value represented on the number line next to the letter.

0 A 1 B 2

	Decimal	&	Fraction/Mixed
A			
B			

Vocabulary

Acute Triangle
Customary System
Degree
Metric System
Obtuse Triangle
Right Triangle

______ is a measurement system used in the United States.
______ is the unit of measure for angles.
______ is a measurement system that uses multiples of 10.
______ has an angle that measures exactly 90°.
______ has an angle that measures greater than 90°.
______ has all angles measuring less than 90°.

Fourth Grade Builder # 67

Name: ______________________

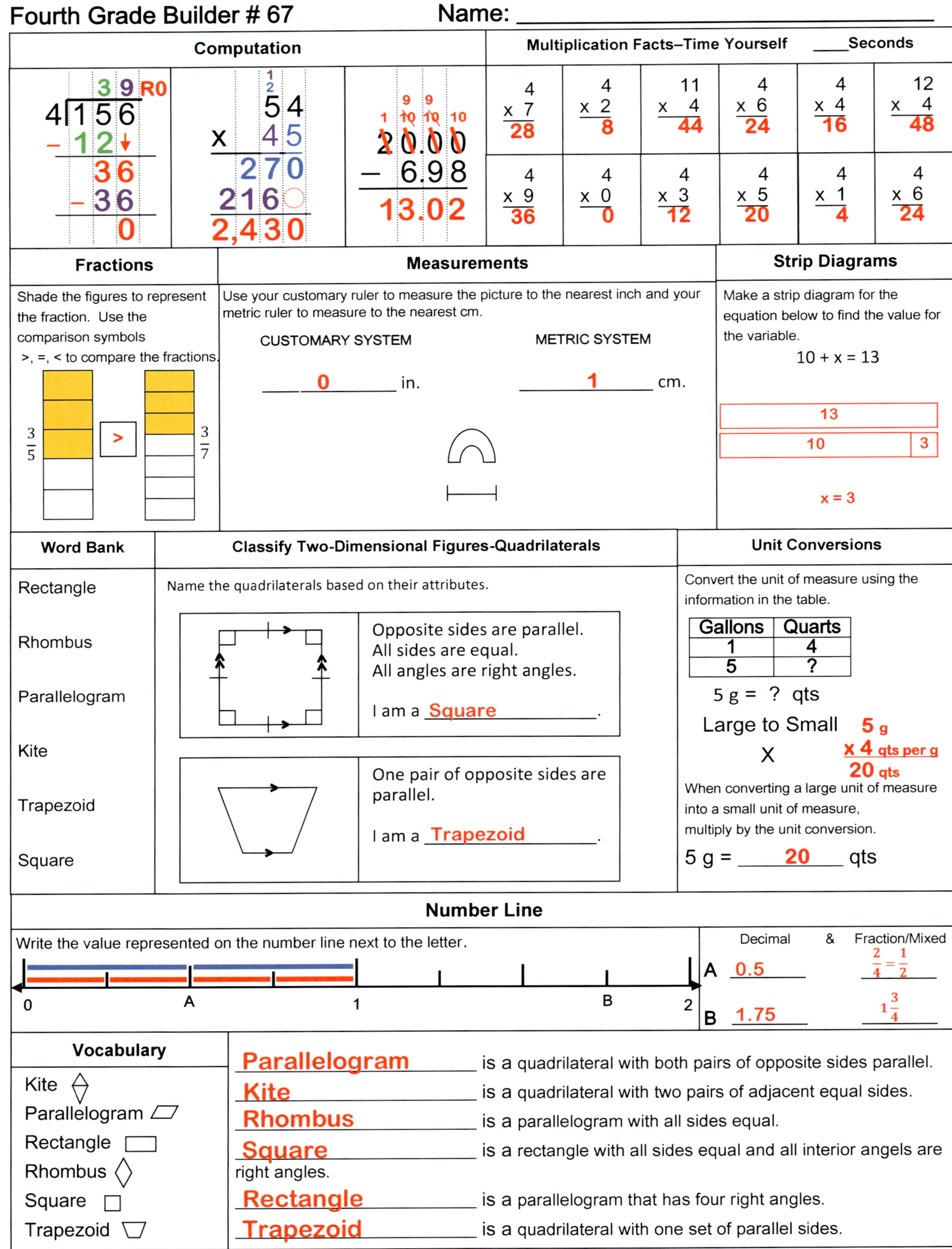

Fourth Grade Builder # 68

Name: ______________________________

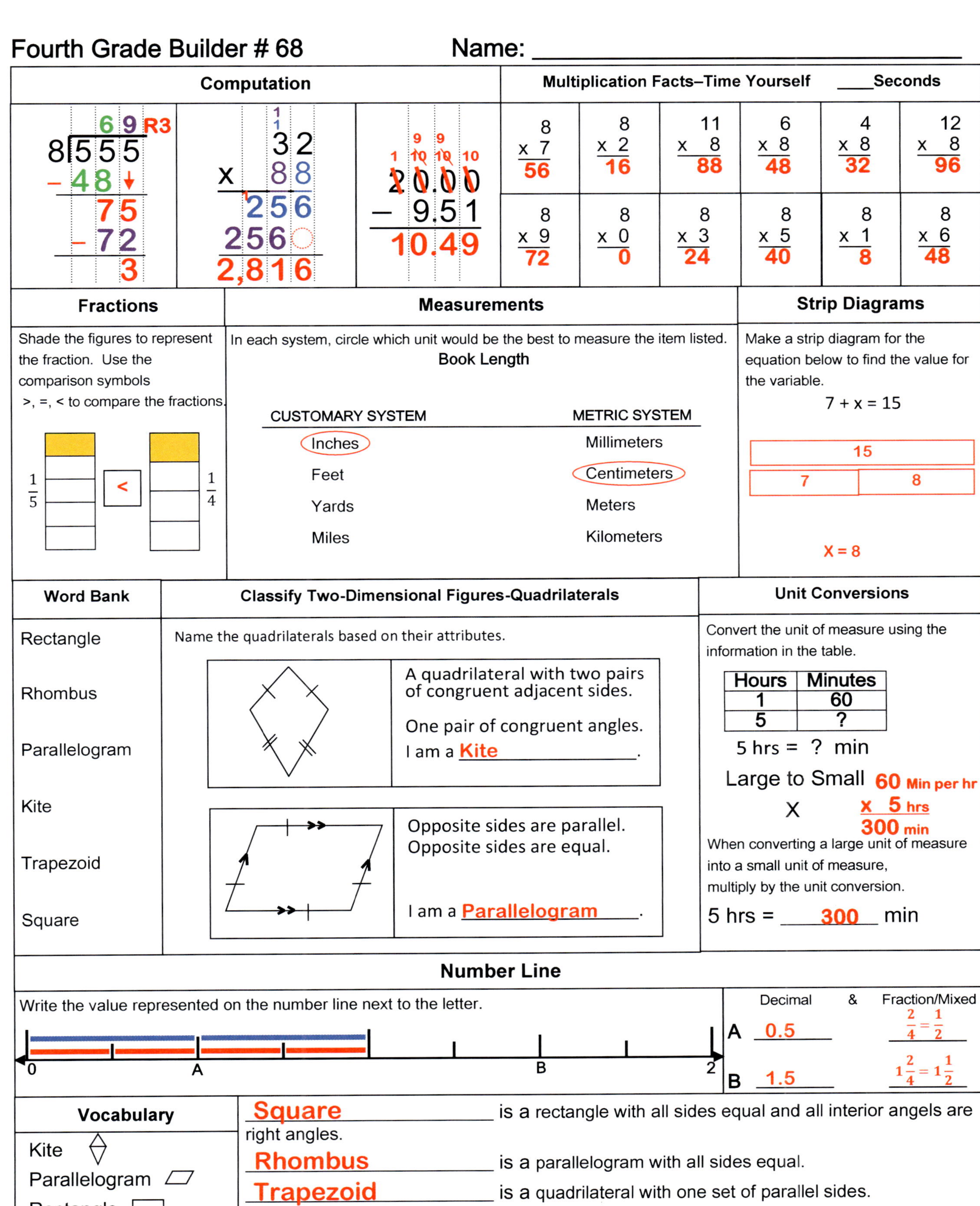

Computation

8)555 = 69 R3
− 48
75
− 72
3

32 × 88 = 256 + 2560 = 2,816

20.00 − 9.51 = 10.49

Multiplication Facts–Time Yourself ____Seconds

8 x 7 = 56	8 x 2 = 16	11 x 8 = 88	6 x 8 = 48	4 x 8 = 32	12 x 8 = 96
8 x 9 = 72	8 x 0 = 0	8 x 3 = 24	8 x 5 = 40	8 x 1 = 8	8 x 6 = 48

Fractions

Shade the figures to represent the fraction. Use the comparison symbols >, =, < to compare the fractions.

$\frac{1}{5}$ < $\frac{1}{4}$

Measurements

In each system, circle which unit would be the best to measure the item listed.

Book Length

CUSTOMARY SYSTEM	METRIC SYSTEM
Inches (circled)	Millimeters
Feet	Centimeters (circled)
Yards	Meters
Miles	Kilometers

Strip Diagrams

Make a strip diagram for the equation below to find the value for the variable.

7 + x = 15

15	
7	8

X = 8

Word Bank

Rectangle

Rhombus

Parallelogram

Kite

Trapezoid

Square

Classify Two-Dimensional Figures-Quadrilaterals

Name the quadrilaterals based on their attributes.

A quadrilateral with two pairs of congruent adjacent sides.

One pair of congruent angles.

I am a Kite.

Opposite sides are parallel.
Opposite sides are equal.

I am a Parallelogram.

Unit Conversions

Convert the unit of measure using the information in the table.

Hours	Minutes
1	60
5	?

5 hrs = ? min

Large to Small
X

60 Min per hr
x 5 hrs
300 min

When converting a large unit of measure into a small unit of measure, multiply by the unit conversion.

5 hrs = 300 min

Number Line

Write the value represented on the number line next to the letter.

0 A B 2

	Decimal	&	Fraction/Mixed
A	0.5		$\frac{2}{4} = \frac{1}{2}$
B	1.5		$1\frac{2}{4} = 1\frac{1}{2}$

Vocabulary

Kite

Parallelogram

Rectangle

Rhombus

Square

Trapezoid

Square is a rectangle with all sides equal and all interior angels are right angles.

Rhombus is a parallelogram with all sides equal.

Trapezoid is a quadrilateral with one set of parallel sides.

Parallelogram is a quadrilateral with both pairs of opposite sides parallel.

Kite is a quadrilateral with two pairs of adjacent equal sides.

Rectangle is a parallelogram that has four right angles.

Fourth Grade Builder # 69 Name: ____________________

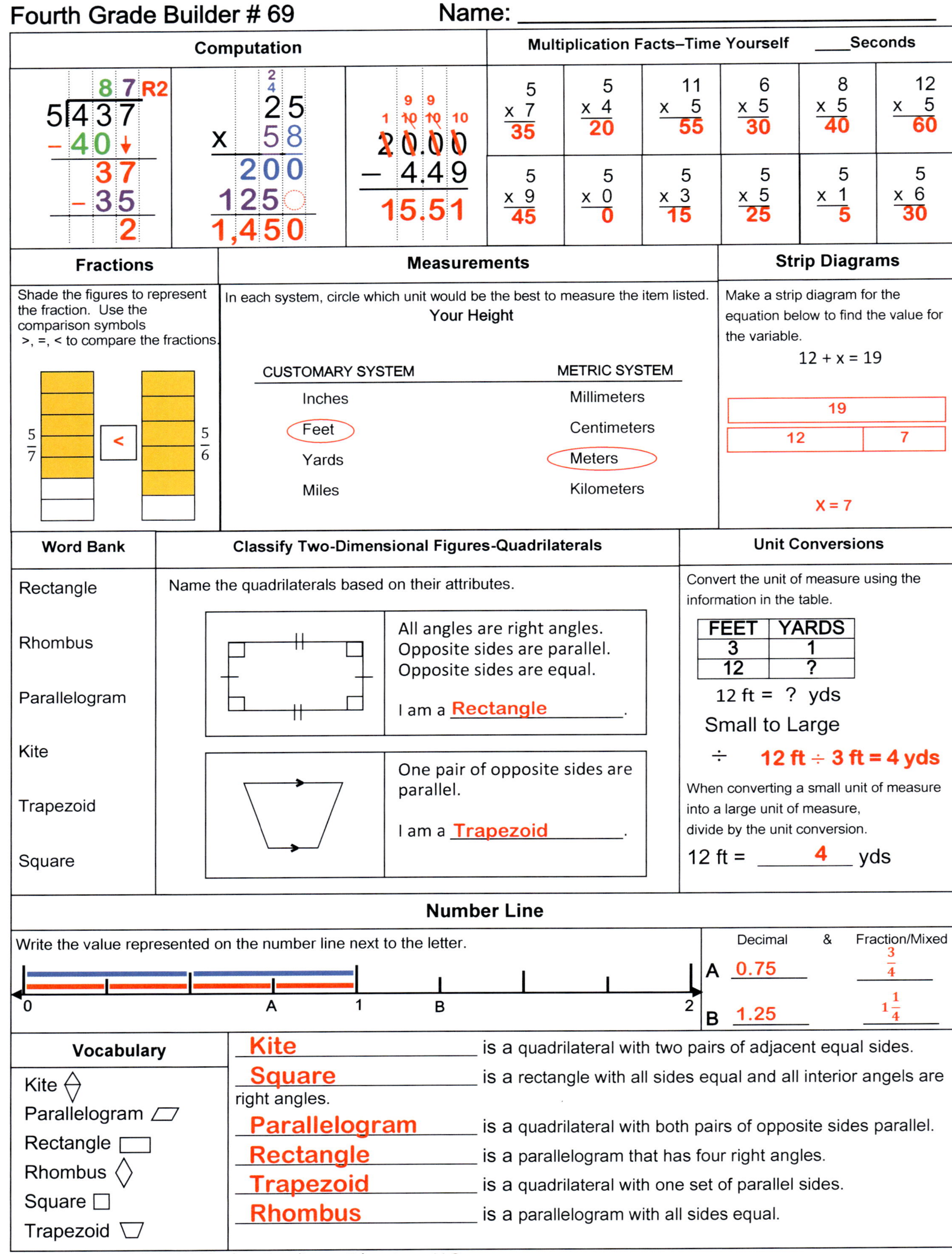

Computation

5)437 = 87 R2; 25 × 58 = 1,450; 20.00 − 4.49 = 15.51

Multiplication Facts–Time Yourself ____Seconds

5 x 7 = 35	5 x 4 = 20	11 x 5 = 55	6 x 5 = 30	8 x 5 = 40	12 x 5 = 60
5 x 9 = 45	5 x 0 = 0	5 x 3 = 15	5 x 5 = 25	5 x 1 = 5	5 x 6 = 30

Fractions

Shade the figures to represent the fraction. Use the comparison symbols >, =, < to compare the fractions.

$\frac{5}{7}$ < $\frac{5}{6}$

Measurements

In each system, circle which unit would be the best to measure the item listed.

Your Height

CUSTOMARY SYSTEM	METRIC SYSTEM
Inches	Millimeters
Feet	Centimeters
Yards	Meters
Miles	Kilometers

Strip Diagrams

Make a strip diagram for the equation below to find the value for the variable.

12 + x = 19

19 | 12 | 7

X = 7

Word Bank

Rectangle

Rhombus

Parallelogram

Kite

Trapezoid

Square

Classify Two-Dimensional Figures-Quadrilaterals

Name the quadrilaterals based on their attributes.

All angles are right angles. Opposite sides are parallel. Opposite sides are equal.

I am a Rectangle.

One pair of opposite sides are parallel.

I am a Trapezoid.

Unit Conversions

Convert the unit of measure using the information in the table.

FEET	YARDS
3	1
12	?

12 ft = ? yds

Small to Large

÷ 12 ft ÷ 3 ft = 4 yds

When converting a small unit of measure into a large unit of measure, divide by the unit conversion.

12 ft = 4 yds

Number Line

Write the value represented on the number line next to the letter.

0 A 1 B 2

	Decimal	& Fraction/Mixed
A	0.75	$\frac{3}{4}$
B	1.25	$1\frac{1}{4}$

Vocabulary

Kite

Parallelogram

Rectangle

Rhombus

Square

Trapezoid

Kite is a quadrilateral with two pairs of adjacent equal sides.

Square is a rectangle with all sides equal and all interior angels are right angles.

Parallelogram is a quadrilateral with both pairs of opposite sides parallel.

Rectangle is a parallelogram that has four right angles.

Trapezoid is a quadrilateral with one set of parallel sides.

Rhombus is a parallelogram with all sides equal.

Fourth Grade Builder # 70 Name: ____________________

Computation

$7\overline{)355}$ = 50 R5
− 35
05
− 0
5

32 × 77 = 224 + 2240 = 2,464

20.00 − 5.19 = 14.81

Multiplication Facts–Time Yourself ____Seconds

7 x 7 = 49	7 x 2 = 14	11 x 7 = 77	4 x 7 = 28	8 x 7 = 56	12 x 7 = 84
7 x 9 = 63	7 x 0 = 0	7 x 3 = 21	7 x 5 = 35	7 x 1 = 7	7 x 6 = 42

Fractions

Shade the figures to represent the fraction. Use the comparison symbols >, =, < to compare the fractions.

$\frac{1}{7}$ < $\frac{1}{6}$

Measurements

In each system, circle which unit would be the best to measure the item listed.

Desk Height

CUSTOMARY SYSTEM	METRIC SYSTEM
Inches	Millimeters
Feet (circled)	Centimeters
Yards	Meters (circled)
Miles	Kilometers

Strip Diagrams

Make a strip diagram for the equation below to find the value for the variable.

20 – x = 16

20	
4	16

X = 4

Word Bank

Rectangle

Rhombus

Parallelogram

Kite

Trapezoid

Square

Classify Two-Dimensional Figures-Quadrilaterals

Name the quadrilaterals based on their attributes.

All angles are right angles.
Opposite sides are parallel.
Opposite sides are equal.

I am a Rectangle.

Opposite sides are parallel.
Parallelogram with all sides equal.
Opposite angles are equal.

I am a Rhombus.

Unit Conversions

Convert the unit of measure using the information in the table.

Centimeters	Meters
100	1
700	?

700 cm = ? m

Small to Large ÷

700 cm ÷ 100 cm = 7 m

When converting a small unit of measure into a large unit of measure, divide by the unit conversion.

700 cm = 7 m

Number Line

Write the value represented on the number line next to the letter.

0 A 1 B 2

	Decimal	& Fraction/Mixed
A	0.5	$\frac{2}{4} = \frac{1}{2}$
B	1.75	$1\frac{3}{4}$

Vocabulary

Kite

Parallelogram

Rectangle

Rhombus

Square

Trapezoid

Kite is a quadrilateral with two pairs of adjacent equal sides.

Square is a rectangle with all sides equal and all interior angels are right angles.

Rectangle is a parallelogram that has four right angles.

Trapezoid is a quadrilateral with one set of parallel sides.

Parallelogram is a quadrilateral with both pairs of opposite sides parallel.

Rhombus is a parallelogram with all sides equal.

Fourth Grade Builder # 71

Name: ______________________

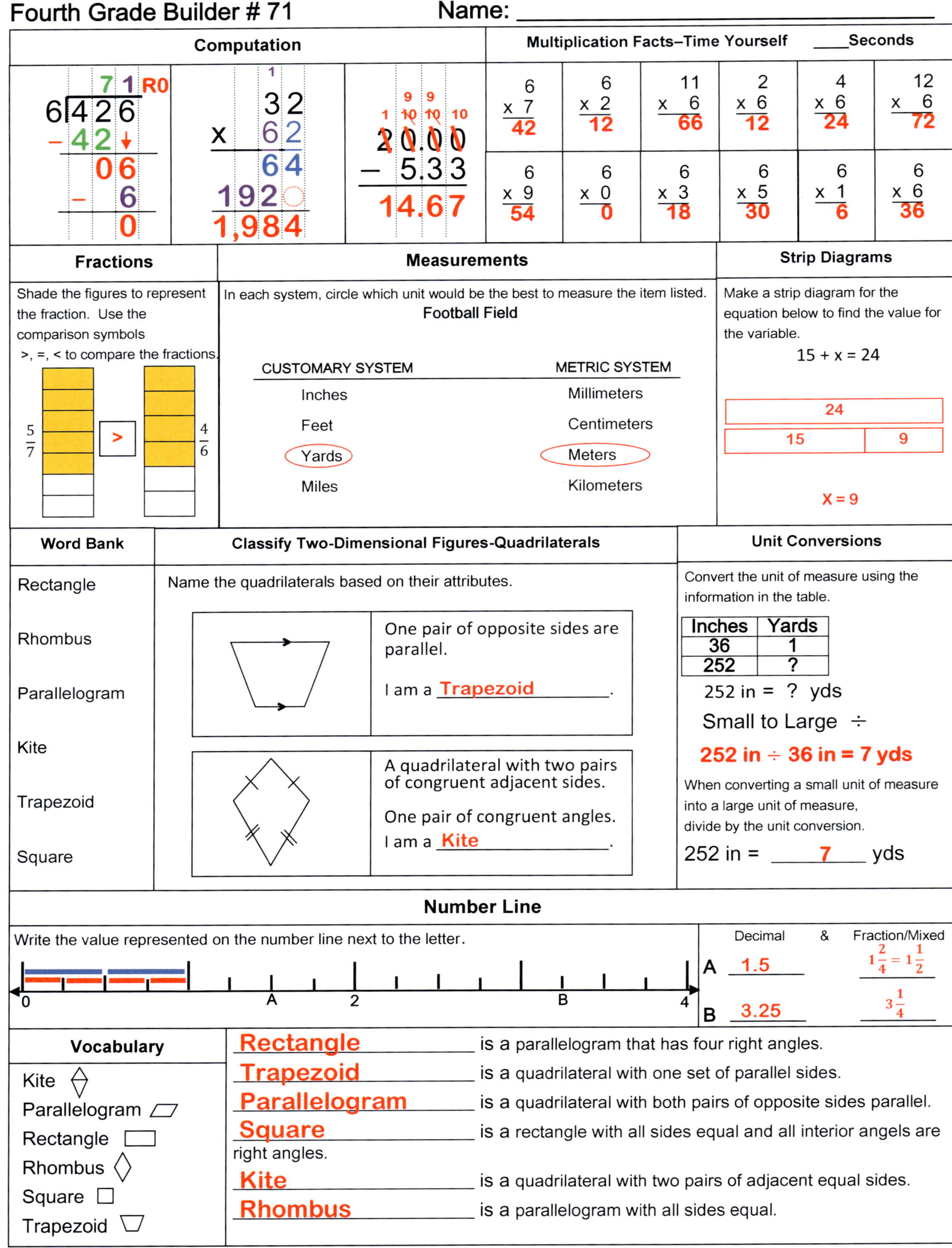

Fourth Grade Builder # 72 Name: ______________________

Computation

$4\overline{)349}$ = 87 R1; − 32, 29, − 28, 1

34 × 42: 68, 1360, 1,428

20.00 − 9.10 = 10.90

Multiplication Facts–Time Yourself ____Seconds

4 x 7 = 28	4 x 2 = 8	11 x 4 = 44	4 x 4 = 16	8 x 4 = 32	12 x 4 = 48
4 x 9 = 36	4 x 0 = 0	4 x 3 = 12	4 x 5 = 20	4 x 1 = 4	4 x 6 = 24

Fractions

Shade the figures to represent the fraction. Use the comparison symbols >, =, < to compare the fractions.

$\frac{6}{7}$ > $\frac{5}{6}$

Measurements

In each system, circle which unit would be the best to measure the item listed.

Distance from Texas to California

CUSTOMARY SYSTEM	METRIC SYSTEM
Inches	Millimeters
Feet	Centimeters
Yards	Meters
(Miles)	(Kilometers)

Strip Diagrams

Make a strip diagram for the equation below to find the value for the variable.

18 – x = 7

18	
11	7

X = 11

Word Bank

Rectangle

Rhombus

Parallelogram

Kite

Trapezoid

Square

Classify Two-Dimensional Figures-Quadrilaterals

Name the quadrilaterals based on their attributes.

Opposite sides are parallel.
Opposite sides are equal.

I am a Parallelogram.

Opposite sides are parallel.
All sides are equal.
All angles are right angles.

I am a Square.

Unit Conversions

Convert the unit of measure using the information in the table.

Millimeters	Centimeter
10	1
45	?

45 mm = ? cm

Small to Large ÷

45 mm ÷ 10mm = 4.5 cm

When converting a small unit of measure into a large unit of measure, divide by the unit conversion.

45 mm = 4.5 cm

Number Line

Write the value represented on the number line next to the letter.

0, A, B, 4

	Decimal	& Fraction/Mixed
A	1.25	$1\frac{1}{4}$
B	2.5	$1\frac{2}{4} = 1\frac{1}{2}$

Vocabulary

Kite

Parallelogram

Rectangle

Rhombus

Square

Trapezoid

Square is a rectangle with all sides equal and all interior angles are right angles.

Kite is a quadrilateral with two pairs of adjacent equal sides.

Trapezoid is a quadrilateral with one set of parallel sides.

Rectangle is a parallelogram that has four right angles.

Rhombus is a parallelogram with all sides equal.

Parallelogram is a quadrilateral with both pairs of opposite sides parallel.

Fourth Grade Builder # 73

Name: ______________________________

Computation		
91 R2 3)275 −27↓ 05 −3 2	34 x 32 68 1020 1,088	20.00 − 6.57 13.43

Multiplication Facts–Time Yourself ____Seconds

3 x 2 = 6	3 x 9 = 27	12 x 3 = 36	5 x 3 = 15	8 x 3 = 24	11 x 3 = 33
3 x 1 = 3	3 x 0 = 0	3 x 4 = 12	3 x 6 = 18	3 x 7 = 21	3 x 3 = 9

Stem and Leaf Plot

Use the data to generate a stem and leaf plot. The stem is the ten's digit and the leaf is the one's digit.

High Temperatures for 1 Week

88, 82, 81, 91, 88, 78, 92

Order data least to greatest first: 78, 81, 82, 88, 88, 91, 92

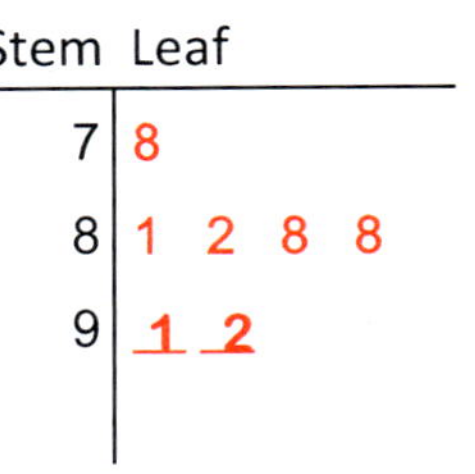

High Temperatures for 1 Week

Stem	Leaf
7	8
8	1 2 8 8
9	1 2

What temperature occurs the most? 88

What is the difference between the least and greatest temperatures? 92 – 78 = 14

What is the middle temperature when the data is in order from least to greatest? 88

Dot Plot

Use the dot plot to answer questions about the data.

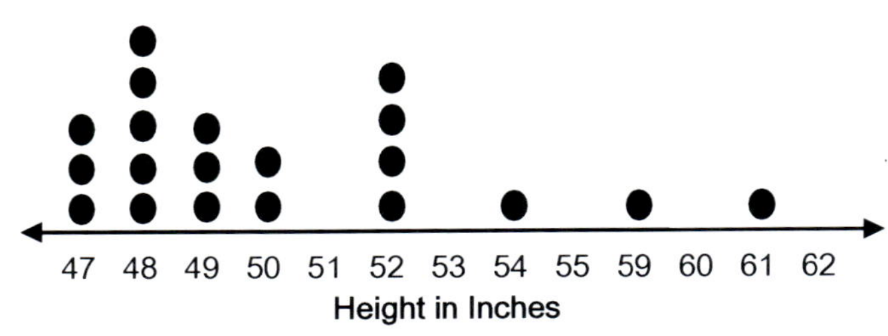

How many students are 52 inches tall? 4

How many students are in this data set? 20 Count the dots!

What is the difference between the tallest and shortest student in this data set in inches? 61 – 47 = 14

Frequency Table

The ages of all the students in 7th period art class are listed below.

12, 12, 11, 13, 12, 13, 14, 13, 14, 12, 13, 12, 11, 13, 12, 14, 14

Use the data to create a frequency table.

Age	Tally	Frequency
11	II	2
12	~~IIII~~ I	6
13	~~IIII~~	5
14	IIII	4

What age occurs the most? 12

What is the difference between the least and greatest ages? 14 – 11 = 3

What is the middle age when data is in order from least to greatest? 13

11, 11, 12, 12, 12, 12, 12, 12, 13, 13, 13, 13, 13, 14, 14, 14, 14

Number Line

Write the value represented on the number line next to the letter.

0 A 4 B

	Decimal	& Fraction/Mixed
A	2.5	$2\frac{2}{4} = 2\frac{1}{2}$
B	5.25	$5\frac{1}{4}$

Vocabulary

Division
Dot Plot
Factors
Frequency Table
Product
Stem & Leaf Plot

Dot Plot is a set of data represented by using dots over a number line.

Division is the operation or process to calculate the quotient.

Factors are numbers you multiply together to get another number.

Stem & Leaf Plot is a display where the data is organized by place value.

Product is the answer when you multiply.

Frequency Table is a method of recording how often each value in a set of data occurs.

Fourth Grade Builder # 74 Name: ______________________

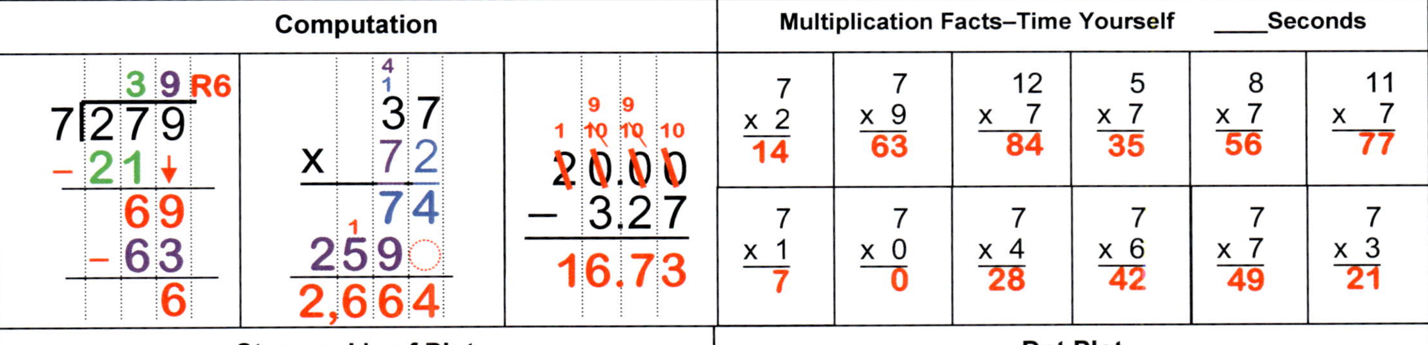

Stem and Leaf Plot

Use the data to generate a stem and leaf plot. The stem is the ten's digit and the leaf is the one's digit.

Ages of Fourth Grade Teachers at Hope Elementary

29, 33, 28, 33, 30, 44, 36

Order data least to greatest first:

28, 29, 30, 33, 33, 36, 44

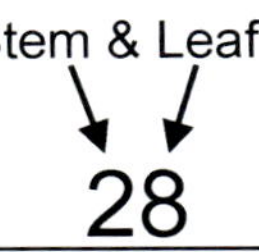

Ages of Fourth Grade Teachers at Hope Elementary

Stem	Leaf
2	8 9
3	0 3 3 6
4	4

What age occurs the most? 33

What is the difference between the least and greatest ages? 44 – 28 = 16

What is the middle age when the data is in order from least to greatest? 33

Dot Plot

Use the dot plot to answer questions about the data.

Pulse Rates at Rest (Beats Per Minute)

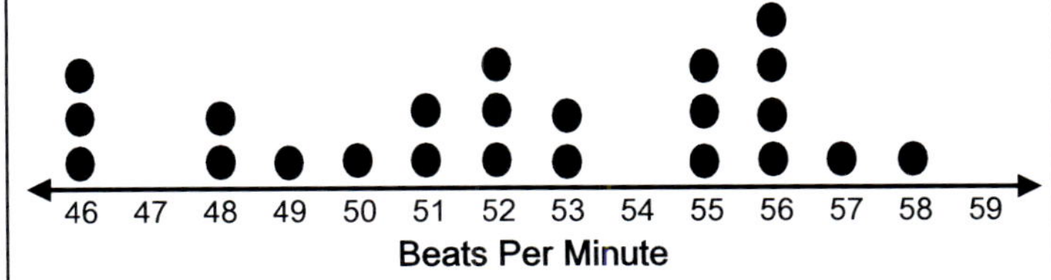

How many patients have pulse rates below 50? 6

How many patients are in this data set? 23

What is the difference between the highest and lowest pulse rate in this data set? 58 – 46 = 12

Frequency Table

The grades on the math test are as follows:

80, 80, 90, 80, 70, 90, 100, 90, 80, 70, 90, 100, 80, 70, 80, 60, 100, 90, 80, 90, 60, 80, 100

Use the data to create a frequency table.

Grade	Tally	Frequency
100	||||	4
90	~~||||~~ |	6
80	~~||||~~ |||	8
70	|||	3
60	||	2

What grade occurs the most? 80

What is the difference between the least and greatest grades? 100 – 60 = 40

What is the middle grade when data is in order from least to greatest? 80

60, 60, 70, 70, 70, 80, 80, 80, 80, 80, 80, 80, 80, 90, 90, 90, 90, 90, 90, 100, 100, 100, 100

Number Line

Write the value represented on the number line next to the letter.

0 A 4 B

	Decimal	& Fraction/Mixed
A	1.25	$1\frac{1}{4}$
B	6.0	$\frac{6}{1}$

Vocabulary

Division
Dot Plot
Factors
Frequency Table
Product
Stem & Leaf Plot

Frequency Table is a method of recording how often each value in a set of data occurs.

Stem & Leaf Plot is a display where the data is organized by place value.

Division is the operation or process to calculate the quotient.

Factors are numbers you multiply together to get another number.

Dot Plot is a set of data represented by using dots over a number line.

Product is the answer when you multiply.

Fourth Grade Builder # 75 Name: ______________________

Computation

$327 \div 4$: 81 R3 (− 32, 07, − 4, 3)	47 × 42 = 94 + 1880 = 1,974	20.00 − 8.16 = 11.84

Multiplication Facts–Time Yourself ____Seconds

4 × 2 = 8	4 × 9 = 36	12 × 4 = 48	5 × 4 = 20	8 × 4 = 32	11 × 4 = 44
4 × 1 = 4	4 × 0 = 0	4 × 4 = 16	4 × 6 = 24	4 × 7 = 28	4 × 3 = 12

Stem and Leaf Plot

Use the data to generate a stem and leaf plot. The stem is the ten's digit and the leaf is the one's digit.

Low Temperatures for 2 Weeks

12, 18, 22, 19, 14, 28, 15, 13, 30, 20, 18, 25, 35

Order data least to greatest first:

12, 13, 14, 15, 18, 18, 19, 20, 22, 25, 28, 30, 35

Stem & Leaf: 12

Low Temperatures for 2 Weeks

Stem	Leaf
1	2 3 4 5 8 8 9
2	0 2 5 8
3	0 5

What temperature occurs the most? 18

What is the difference between the least and greatest temperatures? 35 – 12 = 23

What is the middle temperature when the data is in order from least to greatest? 88

Dot Plot

Use the dot plot to answer questions about the data.

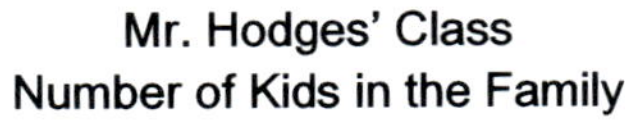

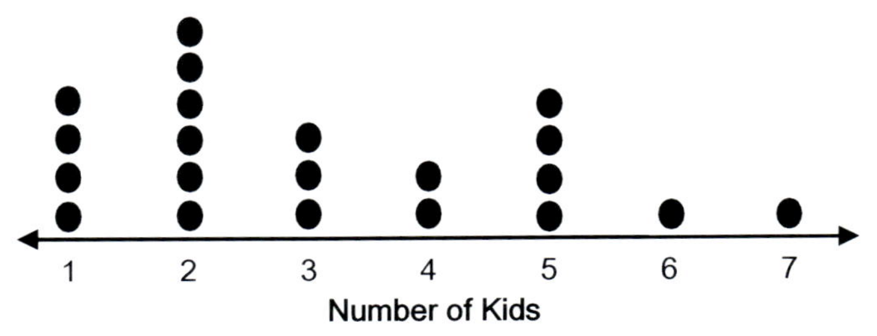

How many families have more than 5 kids? 2

How many families are in this data set? 21

How many families have less than 4 kids? 13

Frequency Table

The ages of all the players on the team are listed below.

13, 15, 16, 15, 13, 16, 16, 15, 14, 13, 13, 14, 16, 16, 14, 15, 16, 15, 16, 16, 14,

Use the data to create a frequency table.

Age	Tally	Frequency
13	IIII	4
14	IIII	4
15	~~IIII~~	5
16	~~IIII~~ III	8

13, 13, 13, 13, 14, 14, 14, 14, 15, 15, 15, 15, 15, 16, 16, 16, 16, 16, 16, 16, 16

What age occurs the most? 16

What is the difference between the least and greatest ages? 16 – 13 = 3

What is the middle age when data is in order from least to greatest? 15

Number Line

Write the value represented on the number line next to the letter.

0 A 4 B

	Decimal	Fraction/Mixed
A	3.5	$3\frac{2}{4} = 3\frac{1}{2}$
B	6.75	$6\frac{3}{4}$

Vocabulary

Division
Dot Plot
Factors
Frequency Table
Product
Stem & Leaf Plot

Frequency Table is a method of recording how often each value in a set of data occurs.

Product is the answer when you multiply.

Stem & Leaf Plot is a display where the data is organized by place value.

Dot Plot is a set of data represented by using dots over a number line.

Division is the operation or process to calculate the quotient.

Factors are numbers you multiply together to get another number.

Fourth Grade Builder # 76 Name: ______________________

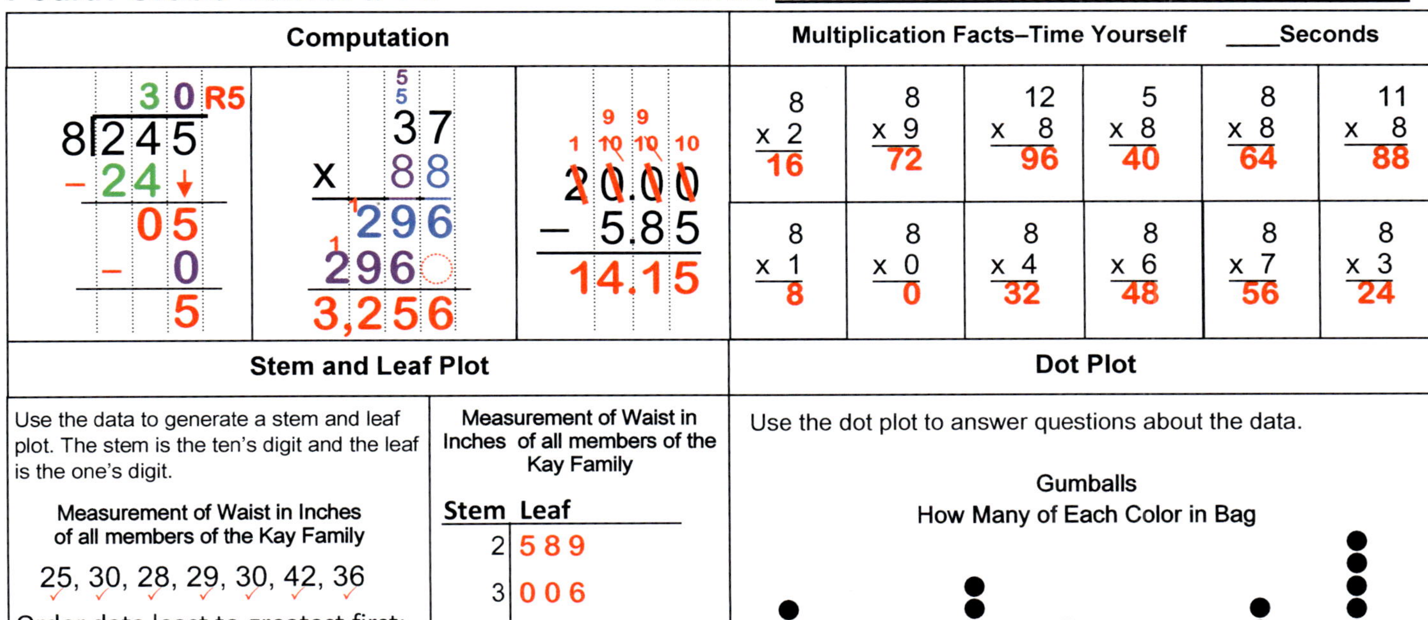

Computation			Multiplication Facts–Time Yourself ____Seconds					
8)245 = 30 R5	37 x 88 = 3,256	20.00 − 5.85 = 14.15	8 x 2 = 16	8 x 9 = 72	12 x 8 = 96	5 x 8 = 40	8 x 8 = 64	11 x 8 = 88
			8 x 1 = 8	8 x 0 = 0	8 x 4 = 32	8 x 6 = 48	8 x 7 = 56	8 x 3 = 24

Stem and Leaf Plot

Use the data to generate a stem and leaf plot. The stem is the ten's digit and the leaf is the one's digit.

Measurement of Waist in Inches of all members of the Kay Family

25, 30, 28, 29, 30, 42, 36

Order data least to greatest first:

25, 28, 29, 30, 30, 36, 42

Measurement of Waist in Inches of all members of the Kay Family

Stem	Leaf
2	5 8 9
3	0 0 6
4	2

What age occurs the most? 30

What is the difference between the least and greatest ages? 42 – 25 = 17

What is the middle age when the data is in order from least to greatest? 30

Dot Plot

Use the dot plot to answer questions about the data.

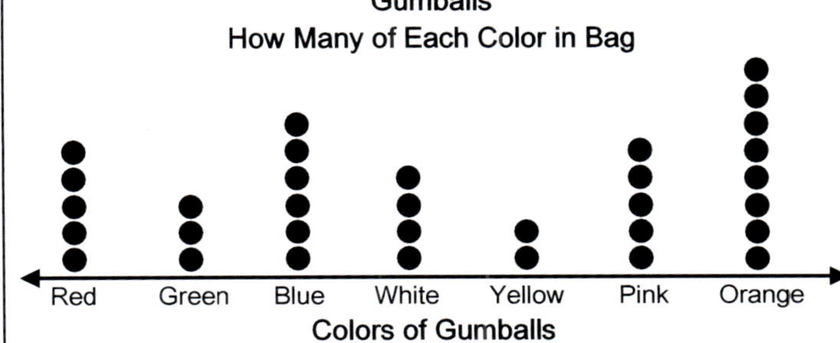

How many gumballs are yellow or pink? 7

How many gumballs are in this data set? 33

How many gumballs are not white? 33 – 4 = 29

Frequency Table

The grades on the math test are as follows:

60, 80, 100, 80, 60, 90, 80, 60, 80, 80, 90, 100, 80, 70, 60, 80, 100, 60, 60, 70, 80, 80, 100, 90

Use the data to create a frequency table.

Grade	Tally	Frequency
100	||||	4
90	|||	3
80	~~||||~~ ||||	9
70	||	2
60	~~||||~~ |	6

60, 60, 60, 60, 60, 60, 70, 70, 80, 80, 80, 80, 80, 80, 80, 80, 80, 90, 90, 90, 100, 100, 100, 100

What grade occurs the most? 80

What is the difference between the least and greatest grades? 100 – 60 = 40

What is the middle grade when data is in order from least to greatest? 80

Number Line

Write the value represented on the number line next to the letter.

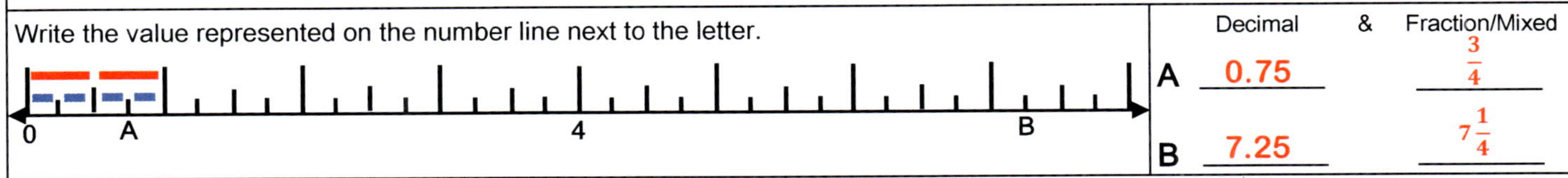

	Decimal	& Fraction/Mixed
A	0.75	$\frac{3}{4}$
B	7.25	$7\frac{1}{4}$

Vocabulary

Division
Dot Plot
Factors
Frequency Table
Product
Stem & Leaf Plot

Product is the answer when you multiply.

Dot Plot is a set of data represented by using dots over a number line.

Division is the operation or process to calculate the quotient.

Stem & Leaf Plot is a display where the data is organized by place value.

Frequency Table is a method of recording how often each value in a set of data occurs.

Factors are numbers you multiply together to get another number.

Fourth Grade Builder # 77 Name: ____________

Computation			Multiplication Facts–Time Yourself ____Seconds					
9)639 = 71 R0; −63; 09; −9; 0	34 × 66; 204; 2040; 2,244	20.00 − 7.62 = 12.38	9 x 2 = 18	9 x 9 = 81	12 x 9 = 108	5 x 9 = 45	8 x 9 = 72	11 x 9 = 99
			9 x 1 = 9	9 x 0 = 0	9 x 4 = 36	9 x 6 = 54	9 x 7 = 63	9 x 3 = 27

Stem and Leaf Plot

Use the data to generate a stem and leaf plot. The stem is the ten's digit and the leaf is the one's digit.

Time Spent Taking Test

26, 23, 18, 30, 30, 29, 19, 30, 26, 23, 22, 17, 15

Order data least to greatest first: 15, 17, 18, 19, 22, 23, 23, 26, 26, 29, 30, 30, 30

Time Spent Taking Test (Minutes)

Stem	Leaf
1	5 7 8 9
2	2 3 3 6 6 9
3	0 0 0

What amount of time occurs the most? 30

What is the difference between the least and greatest amount of times? 30 – 15 = 15

What is the middle amount of time when the data is in order from least to greatest? 23

Dot Plot

Use the dot plot to answer questions about the data.

How many days did it rain more than 0.5 inches? 7

How many days are in this data set? 30

What is the difference between the least and greatest rain amounts in this data set? 1.2 – 0 = 1.2

Frequency Table

The shoe sizes of Zoe's classmates are listed below.

Shoe Sizes of Students

3, 3, 4, 7, 6, 5, 5, 7, 3, 3, 4, 5, 6, 5, 6, 5, 6

Use the data to create a frequency table.

Shoe Size	Tally	Frequency
7	II	2
6	IIII	4
5	~~IIII~~	5
4	II	2
3	IIII	4

What shoe size occurs the most? 5

What is the difference between the least and greatest shoe size? 7 – 3 = 4

What is the middle shoe size when data is in order from least to greatest? 5

3, 3, 3, 3, 4, 4, 5, 5, 5, 5, 5, 6, 6, 6, 6, 7, 7

Number Line

Write the value represented on the number line next to the letter.

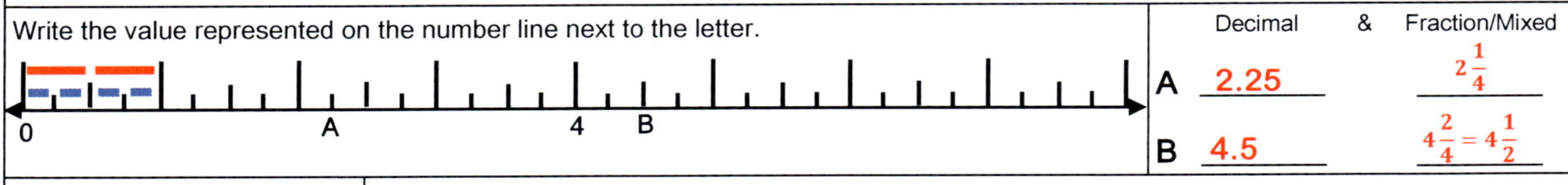

	Decimal	& Fraction/Mixed
A	2.25	$2\frac{1}{4}$
B	4.5	$4\frac{2}{4} = 4\frac{1}{2}$

Vocabulary

Division
Dot Plot
Factors
Frequency Table
Product
Stem & Leaf Plot

Dot Plot is a set of data represented by using dots over a number line.
Division is the operation or process to calculate the quotient.
Factors are numbers you multiply together to get another number.
Stem & Leaf Plot is a display where the data is organized by place value.
Frequency Table is a method of recording how often each value in a set of data occurs.
Product is the answer when you multiply.

Fourth Grade Builder # 78 Name: ______________________

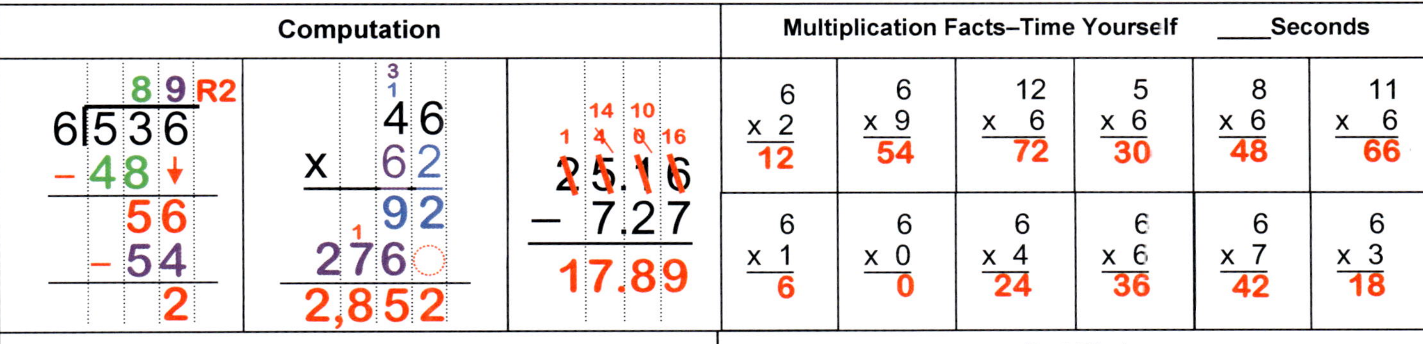

Computation			Multiplication Facts–Time Yourself ____Seconds					
6)536 = 89 R2; −48, 56, −54, 2	46 × 62 = 92 + 2,760 = 2,852	25.16 − 7.27 = 17.89	6 × 2 = 12	6 × 9 = 54	12 × 6 = 72	5 × 6 = 30	8 × 6 = 48	11 × 6 = 66
			6 × 1 = 6	6 × 0 = 0	6 × 4 = 24	6 × 6 = 36	6 × 7 = 42	6 × 3 = 18

Stem and Leaf Plot

Use the data to generate a stem and leaf plot. The stem is the one's digit and the leaf is the fraction part.

$3\frac{1}{2}$, $4\frac{3}{4}$, $2\frac{1}{4}$, $3\frac{3}{4}$, $2\frac{1}{2}$, $3\frac{1}{4}$, $4\frac{1}{4}$, $3\frac{1}{4}$, $2\frac{1}{4}$, $4\frac{1}{4}$, $4\frac{1}{4}$

Order data least to greatest first:

$2\frac{1}{4}$, $2\frac{1}{4}$, $2\frac{1}{2}$, $3\frac{1}{4}$, $3\frac{1}{4}$, $3\frac{1}{2}$, $3\frac{3}{4}$, $4\frac{1}{4}$, $4\frac{1}{4}$, $4\frac{1}{4}$, $4\frac{3}{4}$

Stem & Leaf: $3\frac{1}{2}$

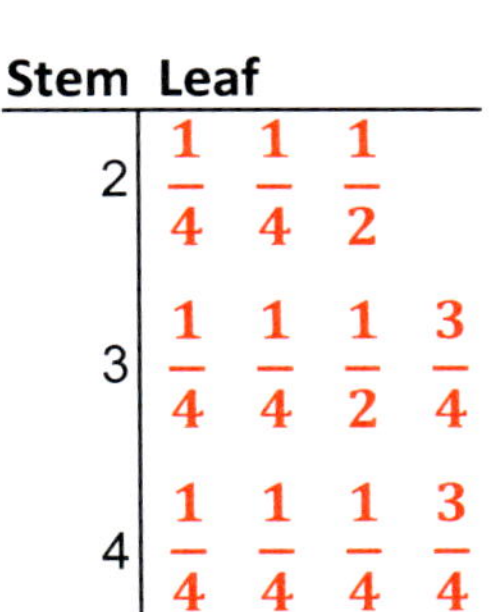

Stem	Leaf
2	$\frac{1}{4}$ $\frac{1}{4}$ $\frac{1}{2}$
3	$\frac{1}{4}$ $\frac{1}{4}$ $\frac{1}{2}$ $\frac{3}{4}$
4	$\frac{1}{4}$ $\frac{1}{4}$ $\frac{1}{4}$ $\frac{3}{4}$

What number occurs the most? $4\frac{1}{4}$

What is the middle number when the data is in order from least to greatest? $3\frac{1}{2}$

Dot Plot

Use the dot plot to answer questions about the data.

Students' Body Temperatures Day 1

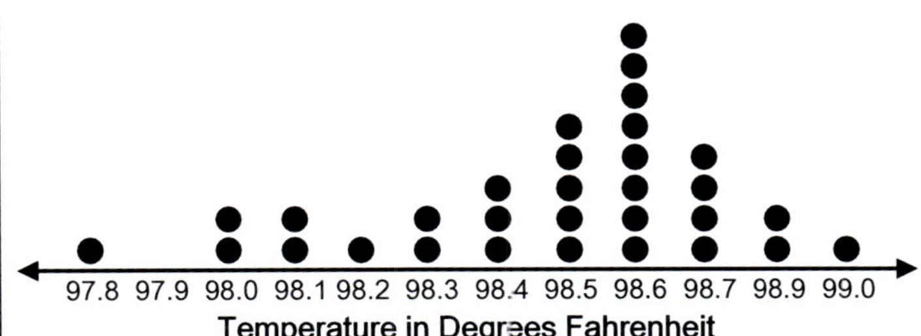

How many students have temperature above 98.6° ? 7

How many students are in this data set? 31

What is the difference between the highest and lowest temperature in this data set? 99.0 – 97.8 = 1.2

Frequency Table

The points scored throwing darts:

25, 30, 15, 20, 25, 30, 15, 20, 10, 25, 30, 10, 15, 15, 10, 15, 15, 20, 30, 15, 10

Use the data to create a frequency table.

Points	Tally	Frequency
10	||||	4
15	~~||||~~ ||	7
20	|||	3
25	|||	3
30	||||	4

10, 10 ,10, 10, 15, 15, 15, 15, 15, 15, 15, 20, 20, 20, 25, 25, 25, 30, 30, 30, 30

What amount of points occurs the most? 15

What is the difference between the least and greatest amounts of points? 30 – 10 = 20

What is the middle amount of points when data is in order from least to greatest? 15

Number Line

Write the value represented on the number line next to the letter.

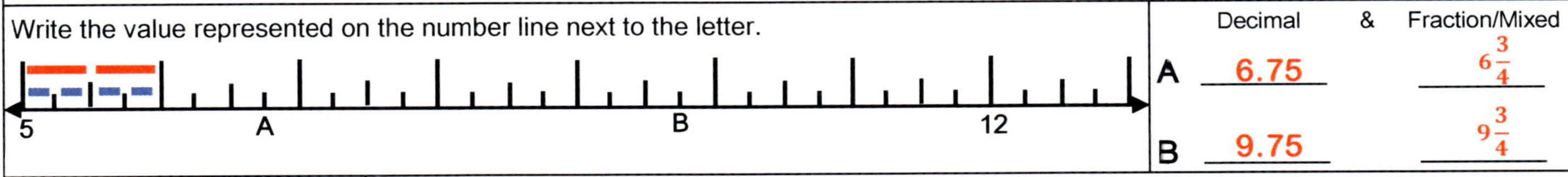

	Decimal	& Fraction/Mixed
A	6.75	$6\frac{3}{4}$
B	9.75	$9\frac{3}{4}$

Vocabulary

Division
Dot Plot
Factors
Frequency Table
Product
Stem & Leaf Plot

Product is the answer when you multiply.
Stem & Leaf Plot is a display where the data is organized by place value.
Division is the operation or process to calculate the quotient.
Dot Plot is a set of data represented by using dots over a number line.
Factors are numbers you multiply together to get another number.
Frequency Table is a method of recording how often each value in a set of data occurs.

Fourth Grade Builder # 79

Name: ______________________________

Computation

$3\overline{)231}$ = 77 R0; − 21, 21, − 21, 0	34 × 32 = 68 + 1020 = 1,088	20.00 − 6.57 = 13.43

Multiplication Facts–Time Yourself ____Seconds

3 x 2 = 6	3 x 9 = 27	12 x 3 = 36	5 x 3 = 15	8 x 3 = 24	11 x 3 = 33
3 x 1 = 3	3 x 0 = 0	3 x 4 = 12	3 x 6 = 18	3 x 7 = 21	3 x 3 = 9

Stem and Leaf Plot

Use the data to generate a stem and leaf plot. The stem is the one's digit and the leaf is the fraction part.

$4\frac{1}{4}$, $5\frac{3}{4}$, $6\frac{3}{4}$, $4\frac{1}{2}$, $4\frac{1}{4}$, $4\frac{1}{4}$, $5\frac{3}{4}$, $5\frac{1}{4}$, $4\frac{1}{2}$

Order data least to greatest first:

$4\frac{1}{4}$, $4\frac{1}{4}$, $4\frac{1}{4}$, $4\frac{1}{2}$, $4\frac{1}{2}$, $5\frac{1}{4}$, $5\frac{3}{4}$, $5\frac{3}{4}$, $6\frac{3}{4}$

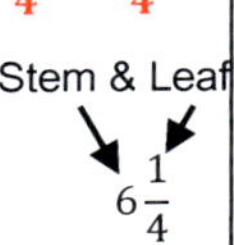

Stem	Leaf
4	$\frac{1}{4}$ $\frac{1}{4}$ $\frac{1}{4}$ $\frac{1}{2}$ $\frac{1}{2}$
5	$\frac{1}{4}$ $\frac{3}{4}$ $\frac{3}{4}$
6	$\frac{3}{4}$

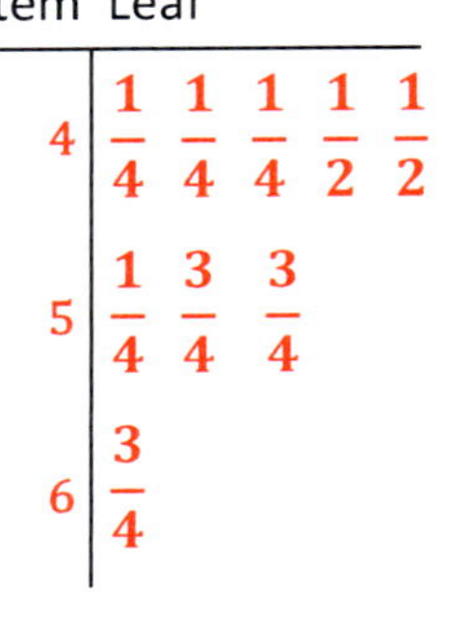

What number occurs the most? $4\frac{1}{4}$

What is the middle number when the data is in order from least to greatest? $4\frac{1}{2}$

Dot Plot

Use the dot plot to answer questions about the data.

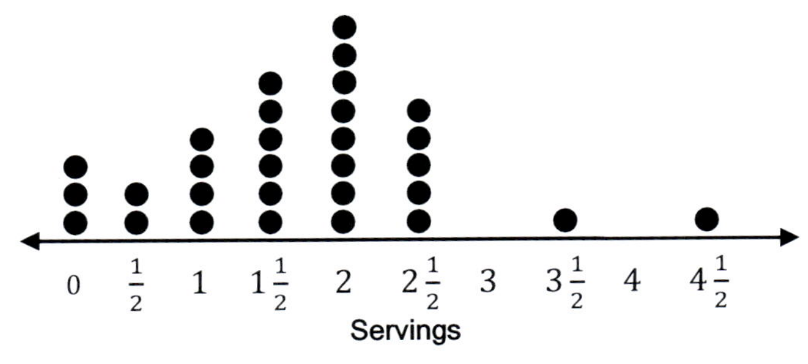

How many days did she eat more than 2 servings? 7

How many days are in this data set? 30

How many servings did she eat the most? 2

Frequency Table

The ages of employees of the mall are listed below.

35, 44, 22, 19, 56, 42, 66, 25, 63, 45, 21, 33, 65, 52, 29, 66, 57, 42, 38, 65, 58, 45, 58, 61, 40, 57, 30, 22

Use the data to create a frequency table.

Age Range	Tally	Frequency
18-30	~~IIII~~ II	7
31-43	~~IIII~~ I	6
44-56	~~IIII~~	5
57-69	~~IIII~~ ~~IIII~~	10

What age range occurs the most? 57-69

How many more people are in the 57-69 range than the 31-43 range? 10 – 6 = 4

What age range occurs the least? 44-56

Number Line

Write the value represented on the number line next to the letter.

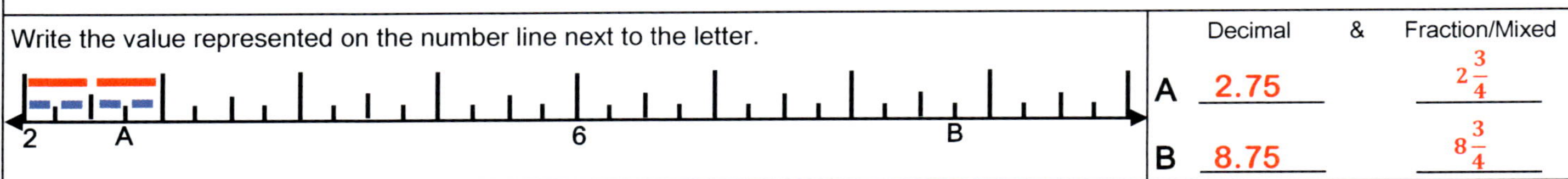

	Decimal	& Fraction/Mixed
A	2.75	$2\frac{3}{4}$
B	8.75	$8\frac{3}{4}$

Vocabulary

Division
Dot Plot
Factors
Frequency Table
Product
Stem & Leaf Plot

Division is the operation or process to calculate the quotient.

Stem & Leaf Plot is a display where the data is organized by place value.

Product is the answer when you multiply.

Frequency Table is a method of recording how often each value in a set of data occurs.

Dot Plot is a set of data represented by using dots over a number line.

Factors are numbers you multiply together to get another number.

Fourth Grade Builder # 80 Name: ___________________________

Computation

77 R0 7)539 – 49 49 – 49 0	56 x 77 392 3920 4,312	48.52 – 3.27 45.25

Multiplication Facts–Time Yourself ____Seconds

7 x 2 = 14	7 x 9 = 63	12 x 7 = 84	5 x 7 = 35	8 x 7 = 56	11 x 7 = 77
7 x 1 = 7	7 x 0 = 0	7 x 4 = 28	7 x 6 = 42	7 x 7 = 49	7 x 3 = 21

Stem and Leaf Plot

Use the data to generate a stem and leaf plot. The stem is the one's digit and the leaf is the fraction part.

$\frac{3}{4}$, $2\frac{1}{4}$, $3\frac{1}{4}$, $2\frac{1}{4}$, $2\frac{1}{2}$, $\frac{1}{4}$, $\frac{1}{2}$, $3\frac{1}{4}$, $3\frac{1}{2}$, $2\frac{3}{4}$, $2\frac{1}{4}$,

Order data least to greatest first:

$\frac{1}{4}$, $\frac{1}{2}$, $\frac{3}{4}$, $2\frac{1}{4}$, $2\frac{1}{4}$, $2\frac{1}{4}$, $2\frac{1}{2}$, $2\frac{3}{4}$, $3\frac{1}{4}$, $3\frac{1}{4}$, $3\frac{1}{2}$

Stem & Leaf: $6\frac{1}{4}$

Stem	Leaf
0	$\frac{1}{4}$ $\frac{1}{2}$ $\frac{3}{4}$
1	
2	$\frac{1}{4}$ $\frac{1}{4}$ $\frac{1}{4}$ $\frac{1}{2}$ $\frac{3}{4}$
3	$\frac{1}{4}$ $\frac{1}{4}$ $\frac{1}{2}$

What number occurs the most? $2\frac{1}{4}$

What is the middle number when the data is in order from least to greatest? $2\frac{1}{4}$

Dot Plot

Use the dot plot to answer questions about the data.

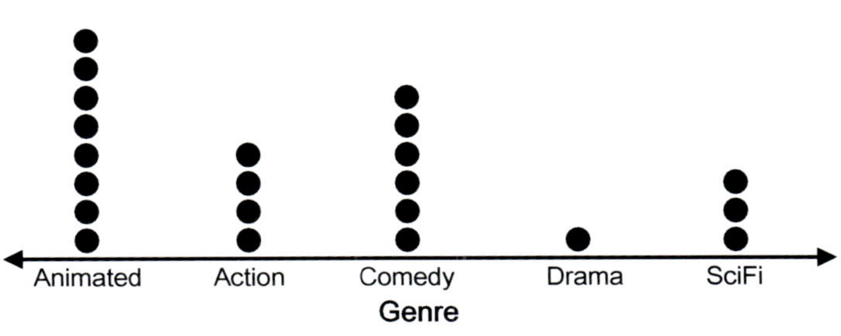

How many more people liked Comedy than SciFi? 6 – 3 = 3

How many people are in this data set? 22

What is the difference between the most and least liked movie genres in this data set? 8 – 1 = 7

Frequency Table

The time spent daily doing homework (in minutes) are as follows:

26, 19, 35, 10, 0, 16, 25, 17, 24, 36, 20, 32, 18, 17, 12, 5, 14, 25, 28, 31, 45, 32, 16, 8

Use the data to create a frequency table.

Minutes	Tally	Frequency
0-9	III	3
10-19	~~IIII~~ IIII	9
20-29	~~IIII~~ I	6
30-39	~~IIII~~	5
40-49	I	1

What time range occurs the most? 10-19

How many more people spent between 10-19 minutes than the 20-29 minutes? 9 – 6 = 3

What time range occurs the least? 40-49

Number Line

Write the value represented on the number line next to the letter.

3 A B 10

	Decimal	& Fraction/Mixed
A	2.5	$2\frac{2}{4} = 2\frac{1}{2}$
B	5.25	$5\frac{1}{4}$

Vocabulary

Division
Dot Plot
Factors
Frequency Table
Product
Stem & Leaf Plot

Division is the operation or process to calculate the quotient.

Factors are numbers you multiply together to get another number.

Stem & Leaf Plot is a display where the data is organized by place value.

Dot Plot is a set of data represented by using dots over a number line.

Frequency Table is a method of recording how often each value in a set of data occurs.

Product is the answer when you multiply.

Vocabulario

Ejercicios de preparación para el álgebra

Matemáticas de Cuarto Grado

Vocabulario - Ejercicios de Cuarto Grado

Adición - es la operación o proceso para calcular la suma.

Ángulo Agudo - es un ángulo que mide menos de 90 °.

Ángulo Obtuso - es un ángulo que mide más de 90 °.

Ángulo Recto - es un ángulo que mide exactamente 90 °.

Area - es la cantidad de espacio en la superficie de una figura de 2dimensiones.

Billones - es 10 veces el lugar de las centenas de millones.

Centena - es 10 veces el lugar de las decenas

Cociente - es la respuesta a un problema de división.

Cometa - es un cuadrilátero con dos pares de lados iguales adyacentes.

Cuadrado - es un rectángulo con los lados iguales y todos los ángulos interiores son rectos.

Decenas - es 10 veces el lugar de las unidades.

Denominador - es el número de piezas del conjunto en que se divide.

Desigualdad - es una oración matemática donde un lado no es igual al del otro lado.

Diferencia - es la respuesta cuando se resta.

Dígitos - son cualquiera de los números 0 a 9 empleados para formar los números.

Dividendo - está dentro de la casa de la división y es el número al que desea dividir.

División - es la operación o proceso para calcular el cociente.

Divisor - está fuera de la casa de la división y es el número se divide por.

Vocabulario - Ejercicios de Cuarto Grado

Ecuación - es una declaración matemática que incluye un signo de igual.

Entrada - es el número o valor que se pone en un proceso.

Equivalente - es tener el mismo valor.

Factores - son números que multiplican para obtener otro número.

Fórmula - es una regla matemática escrita usando símbolos.

Grado - es la unidad de medida de ángulos.

Gráfica de hoja y tallo - es una pantalla en la que se organizan los datos por el valor relativo.

Gráfica de puntos - es un conjunto de datos representados mediante puntos sobre una recta numérica.

Línea - es la ruta recta que conecta dos puntos y que se extiende más allá en ambas direcciones.

Líneas perpendiculares - son líneas que se cruzan y están en ángulo recto entre sí.

Mayor que - se muestra el uso de >.

Menor que - se muestra el uso de <.

Millar - es 10 veces el lugar de las centenas.

Multiplicación - es la operación o proceso para calcular el producto.

Notación extendida - es un número escrito a cabo para mostrar todos los valores de lugar.

Numerador - es el número que indica el número de piezas.

Número decimal - son números en el sistema de base 10 con uno o más lugares a la derecha del punto decimal.

Números enteros - son un conjunto de números comienzan en " 0 " y el aumento de " 1 " .

Vocabulario - Ejercicios de Cuarto Grado

Paralelogramo - es un cuadrilátero con ambos pares de lados opuestos paralelos.

Parallel Lines - son líneas que siempre estan a la misma distancia y nunca toca.

Perímetro - es la distancia alrededor de una figura de 2 dimensiones.

Período - es cada grupo de tres dígitos separados por comas en el gráfico el valor relativo.

Producto - es la respuesta cuando se multiplica .

Rayo - es una parte de una línea que comienza en un punto y se extiende más allá en una dirección.

Rectángulo - es un paralelogramo que tiene cuatro ángulos rectos.

Rombo - es un paralelogramo con todos los lados iguales.

Salida - es el número o valor que sale de un proceso.

Segmento de línea - es parte de una línea entre dos puntos llamados puntos finales.

Simetría - se produce cuando el medio de un objeto es una imagen especular de la otra mitad.

Sistema ingles - es un sistema de medición utilizado en los Estados Unidos.

Sistema Métrico - es un sistema de medición que utiliza múltiplos de 10.

Suma - es la respuesta cuando se agrega

Sumados – consiste en añadir un número a otro.

Sustracción - es la operación o proceso para calcular la diferencia.

Tabla de frecuencia - es un método de grabación con qué frecuencia ocurre cada valor en un conjunto de datos.

Trapezoide - es un cuadrilátero con un conjunto de lados paralelos.

Valor posicional - es el valor de la posición de un dígito en un número.

AUTORES

Después de haber pasado varios años en busca de un recurso que cambiara las habilidades necesarias para el éxito en matemáticas, decidimos escribir el nuestro. Los resultados de nuestros estudiantes en la prueba obligatoria del estado mejoraron drásticamente después de la puesta en práctica de nuestros ejercicios.

Disfrutar del mismo éxito mediante la aplicación de los ejercicios como sus tareas diarias.

Nerys Resto de Jesús

Nacida y criada en la ciudad de Bayamón, PR. Empecé mis estudios en la Universidad de Puerto Rico, en Bayamón con concentración en programación informática. Siendo mi interés diferente, decidí cambiar al Instituto Tecnológico de San Juan, Recinto de Río Piedras para continuar con mi pasión por la ingeniería civil en la que complete todos los cursos de concentración. Aunque no tengo un título universitario, mi éxito profesional no ha sido limitado.

He vivido en Beaumont, Texas, durante los pasados 10 años, en los que he trabajo como trabajadora social para el estado. Mi esposo Ellery Colón Sierra y mi hija Gabymarie Colón Resto son mi razón de vivir. La traducción de este libro fue algo compleja porque aunque se hable español en toda América Latina, tenemos diferentes culturas y costumbres que hacen de nuestro lenguaje uno tan diverso.

Born and raised in the city of Bayamon, PR. I began my studies at the University of Puerto Rico, in Bayamon in the concentration of Computer Programming. My interest being another, I change to the Technological Institute of San Juan, in Rio Piedras Campus to pursue my passion for civil engineering where I complete all the concentration courses. Although I do not have a college degree, my professional success was not limited.

I have lived in Beaumont, Texas, for last 10 years and I work as a social worker for the state. My husband, Ellery Colón Sierra and my daughter Gabymarie Colón Resto are my reason for living. The translation of this book was somewhat complex because although Spanish is spoken throughout Latin America, we have different cultures and customs that make our language one so diverse.

Made in United States
Orlando, FL
11 May 2022

17760698R00097